国家社会科学基金项目“时变提前期下非线性供应链鲁棒运作策略研究”（17BGL222）研究成果

时变提前期下非线性供应链鲁棒运作策略研究

张松涛　郑全军◎著

Research on Robust Operation Strategy of Nonlinear Supply Chain under Time-varying Lead Time

经济管理出版社
ECONOMY & MANAGEMENT PUBLISHING HOUSE

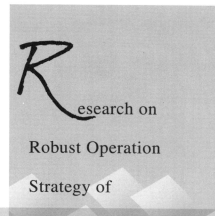

图书在版编目（CIP）数据

时变提前期下非线性供应链鲁棒运作策略研究 / 张松涛，郑全军著 . -- 北京 ：经济管理出版社，2024. 6.
ISBN 978-7-5096-9747-4

Ⅰ. F252. 1

中国国家版本馆 CIP 数据核字第 20240XT619 号

组稿编辑：郭丽娟
责任编辑：郭丽娟　杜羽茜
责任印制：黄章平
责任校对：张晓燕

出版发行：经济管理出版社
（北京市海淀区北蜂窝 8 号中雅大厦 A 座 11 层　100038）
网　　址：www. E-mp. com. cn
电　　话：（010）51915602
印　　刷：北京晨旭印刷厂
经　　销：新华书店
开　　本：720mm×1000mm/16
印　　张：10
字　　数：168 千字
版　　次：2024 年 8 月第 1 版　　2024 年 8 月第 1 次印刷
书　　号：ISBN 978-7-5096-9747-4
定　　价：88. 00 元

前　言

由于竞争的加剧和科学技术的日新月异，一个企业很难仅依靠产品质量和产品价格长期保持竞争优势。因此，企业的管理者们便将焦点转向了能提高客户满意度的“时间”上。上述情况同样也出现在了供应链系统中，即“时间”对于一个供应链的竞争力起着举足轻重的作用，在时间上占得先机将成为供应链系统在竞争中获胜的有力武器（Perdikaki et al.，2016）。提前期的大小能够直接体现出供应链系统运作成本的高低、响应客户需求速度的快慢及服务水平的高低。因而，在供应链系统中，基于提前期的竞争越来越受到高度重视，并已经成为当今供应链与供应链之间竞争的一种主要手段。

由于供应链系统所处的自然环境、政治环境、经济环境、国际环境、社会环境等不断发生变化，导致提前期呈现出高度的不确定性，并将随着时间不断发生变化，因此，在供应链系统的实际运作过程中，提前期不是一成不变的，而是时变的，时变的提前期可能服从某一概率分布，也可能由于突发事件而导致突变。在供应链系统中，时变的提前期增加了系统的动态性和复杂性，成为系统平稳运作的一个主要障碍。

本书首先深入分析了形成提前期时变的各种因素，对时变提前期进行分类，并识别形成提前期时变的关键因素，进而提出相应的提前期时变的预防策略。然后，对于可控的时变提前期，建立时变提前期的压缩量与压缩成本之间的函数关系式，并在此基础上构建可控时变提前期下的非线性供应链切换模型；对于不可控的时变提前期，在分析供应链之间的合作方式、合作流程和节点企业的供需关系的基础上，构建不可控时变提前期下的非线性供应链应急合作模型。为了降低供应链系统内的多种不确定参数、系统外客户的不确定需求以及时变提前期对非线性供应链的干扰，保证系统低成本鲁棒运行，本书将基于鲁棒性较高的模糊控制系统，分别提出满足一定性能指标的非线性供应链模糊鲁棒控制策略和模糊鲁棒应急策略。

本书的主要研究内容如下：

（1）提前期时变的预防策略。界定供应链中提前期的形成原因，从各种提前期形成因素中分析提前期时变的形成因素；按照是否可控，将时变提前期分为可控的时变提前期和不可控（突变）的时变提前期。对于时变提前期，利用灰色关联度方法在时变提前期形成因素中识别出关键形成因素，针对关键形成因素，提出提前期时变的预防策略。

（2）可控时变提前期下非线性供应链鲁棒控制策略。对于可控时变提前期，研究考虑提前期压缩的非线性供应链动态系统的鲁棒控制策略。首先，构建时变提前期的压缩量和压缩成本之间的函数关系式，并基于时变提前期压缩成本和缺货成本的大小，提出降低供应链系统成本的优化策略。其次，针对时变提前期，分别建立考虑单时变提前期压缩、多时变提前期压缩、多时变提前期压缩且不确定的非线性供应链的库存基本模型和总成本基本模型，并根据模糊系统理论，将上述模型转化为非线性 Takagi－Sugeno 模糊控制模型，借助线性矩阵不等式（Linear Matrix Inequality，LMI）算法，提出两种模糊鲁棒控制策略以实现各子模型间的柔性切换，降低时变提前期对非线性供应链系统的干扰，进而在保证非线性供应链系统低成本运行的同时，提高非线性供应链系统的鲁棒性。最后，通过几个仿真例子说明本书提出的鲁棒控制策略对可控时变提前期抑制的可行性与优越性。

（3）不可控时变提前期下非线性供应链鲁棒应急策略。本书对于受到突发事件影响而在供应链中出现的某一过长且不可控的时变提前期，以供应链中制造商对分销商提前期传递中断为例，研究不可控时变提前期下的非线性供应链鲁棒应急策略。在为不可控时变提前期导致提前期传递中断的非线性供应链规划一个备份制造商的前提下，本书提出的供应链应急策略为：发生提前期传递中断的分销商可以向备份制造商订购，该供应链系统中没有发生提前期传递中断的分销商可以向发生提前期传递中断的分销商串货，以及以上两种应急措施同时使用。然后，考虑系统运作过程中制造商产能的限制，建立基于提前期传递中断的供应链应急非线性 Takagi-Sugeno 模糊基本模型；在基本模型的基础上，考虑供应链应急系统运作过程中的多种不确定性因素，构建一类基于提前期传递中断的不确定供应链应急非线性 Takagi-Sugeno 模糊模型；考虑供应链应急系统中非紧急订购方式的订购时变提前期和生产时变提前期，构建一类时变提前期下基于提前期传递中断的供应链应急非线性模型。针对上述模型提出模糊鲁棒应急策略以抑制不可控时变提前期下供应链应急非线性系统运作的波动，在控制供应链应急系统的总成本增长的同时使供应链应急系统达到鲁棒稳定。通过三个钢铁行业的仿真例子，验证本书提出的不可控时变提前期下非线性供应链鲁棒应急策略的有效性。

本书属于管理科学与工程和控制科学与工程相交叉的应用基础研究，研究成果对于提高供应链的整体竞争力、减少供应链的风险和增强供应链的鲁棒性均具有十分重要的意义。

目 录

第一章　绪论

第一节　研究背景

有效的供应链管理可以使节点企业在提高市场竞争力、改善服务水平、提高客户满意度、降低经营成本等方面获得令人满意的成效。因此，供应链管理受到了企业管理者的高度关注，并将其视为一种运营战略。近 20 年来，企业间的个体性竞争态势已经转向供应链间的群体性竞争态势，并且，作为企业适应全球化竞争的一种有效途径和现代企业的重要管理模式，供应链及供应链管理已经被各方面高度重视（Hole et al.，1996；柴跃廷、刘义，2001；赵林度，2003；刘永胜，2003；Nagatani，2004）。近年来，我国一直非常重视供应链的研究进展，要求进一步加大供应链的创新，力求在各个领域建立具有竞争力的供应链。2017 年 10 月 13 日，国务院办公厅印发了《关于积极推进供应链创新与应用的指导意见》（国办发〔2017〕84 号），要求以提高经济发展质量和效益为中心，以供应链与互联网、物联网深度融合为路径，以信息化、标准化、信用体系建设和人才培养为支撑，创新发展供应链新理念、新技术、新模式，高效整合各类资源和要素，提升产业集成和协同水平，打造大数据支撑、网络化共享、智能化协作的智慧供应链体系。2017 年 10 月 18 日，习近平总书记在中国共产党第十九次全国代表大会上的报告中首次提出了现代供应链思想：在现代供应链等领域培育新的增长点、形成新动能。因此，在供应链领域加强创新、培育现代供应链是未来一段时间需要努力的方向。

作为一种集成管理的理念和方法，供应链管理对企业适应制造全球化和客户需求多样化起到了至关重要的作用，而对供应链运作的研究则是有效进行供应链管理的前提。由于供应链系统所处的自然环境、政治环境、经济环境、国际环境、社会环境等不断发生变化，必将导致供应链系统具有高度的复杂性（Fleischmann et al.，1997；Bhatnagar and Sohal，2005；Peidro et al.，2009）。这种高度的复杂性直接表现为供应链系统的动态性，即表征供应链系统各种行为的因素均是随时间而动态变化的。面对供应链系统的动态性，传统的供应链管理方法已不再适应当前瞬息万变的市场需求。如何分析与控制动态供应链的运作变得日益迫切，并且已经成为供应链管理未来发展的必然趋势。20 世纪 90 年代以来，供应链动态系统的建模与控制已成为供应链管理理论研究和应用发展的重要方向，同时也为信息与控制学科的发展创造了新的机遇和挑战。

在供应链管理中，有效的提前期管理可以提高供应链系统外部客户需求的水平。提前期的长短标志着供应链反应速度的快慢和服务水平的高低。截至目前，关于供应链中提前期的研究大多只是针对固定的提前期，而现实中的提前期是高度不确定的，并随着时间不断发生变化，其可能服从某一概率分布，也可能受到天气、设备、劳动力等因素的影响而发生突变。时变的提前期进一步增加了供应链系统（尤其是易逝品供应链系统）的动态性和复杂性，这使得实现供应链平稳运作变得更加困难。因此，迫切需要分析时变提前期的形成原因及类别，进而有针对性地对时变提前期进行预防和控制。

时变提前期将导致供应链中各节点企业的库存水平不唯一。针对不同的库存水平，各节点企业将采取不同的生产或订货策略来降低企业的运作成本。因此，供应链系统实际上是一个分段切换的非线性系统。在时变提前期的影响下，为了保证供应链系统能够低成本稳定运行，必须提高系统的鲁棒性。鲁棒性是指一个系统面临内部结构和外部环境变化时，能够保持其系统功能的能力（俞立，2002）。而供应链的鲁棒性，是指供应链系统在受到内部运作和外部突发应急事件等不确定的干扰下，仍然能够保持供应链的收益和持续性运行的功能（黄小原、晏妮娜，2007；邱若臻，2012）。在时变提前期下，鲁棒稳定的非线性供应链系统能够使系统的各种变量在短时间内达到平稳；不具有鲁棒稳定的系统可能导致系统的各种变量不收敛，甚至导致供应链系统崩溃，这将使供应链系统的运作费用高昂，如混沌状态下供应链系统的运作费用会比稳定状态下高出500倍（Larsen et al.，1999）。因此，在时变提前期下，迫切需要一种有效的鲁棒控制策略来加强供应链系统的抗扰性，并保证供应链系统的鲁棒稳定运作，进而降低供应链的运作总成本。

近年来，世界各地的突发事件层出不穷，突发事件导致的过长的提前期使供应链中的企业因停产或供货短缺而造成重大损失。例如，2005年因“卡特里娜”飓风使美国新奥尔良的印刷企业无法及时获得原材料，致使该地区的印刷行业遭受重创；2014年8月，江苏省昆山市昆山中荣金属制品有限公司发生粉尘爆炸事故，直接导致了手机生产线上的合金部件电镀的供应量短缺，并造成小米手机4和iPhone6产能下滑；2021年3月，一艘中国台湾货轮发生事故，横向堵死苏伊士运河，造成40年来该运河最严重的中断事故，使本已紧张的全球供应链进一步吃紧。面对突发事件导致的不可控的过长提前期，如何进行企业和供应链的鲁棒应急管理，成为亟须解决的问题。

20世纪80年代，一种具有较高鲁棒性的Takagi-Sugeno模糊控制系统（Takagi and Sugeno，1985）被提出。基于局部线性化，该模型应用模糊推理来表征整个系统的非线性，因此，该系统可以以任意的精度表征各种非线性系统，并且可以实现各子系统间的柔性切换。基于Takagi-Sugeno模糊控制系统的以上优点，用Takagi-Sugeno模糊控制系统来构建分段切换的非线性供应链系统，实现非线性供应链系统的各子系统间的柔性切换，可以达到供应链系统的低成本鲁棒运作。

基于以上背景，本书拟研究时变提前期下的非线性供应链鲁棒运作策略。通过识别形成提前期时变的关键因素，确定时变提前期的压缩量与压缩成本之间的函数关系，分析供应链节点企业间的合作方式和供需关系，构建非线性供应链切换模型。基于Takagi-Sugeno模糊系统，提出可以减少时变提前期对供应链干扰的预防、控制和应急三位一体的运作策略。

第二节　研究目的和研究意义

一、研究目的

由于时变提前期不仅会使供应链系统的性能降低，还有可能导致整个系统的不稳定，因此鲁棒性成为衡量一个供应链能否抵御系统内外部风险的标尺。如何通过提高供应链系统的鲁棒性来保证系统在各种干扰下仍能低成本稳定运行，是值得深入研究的问题。

本书针对时变提前期下的非线性供应链动态系统，研究提前期时变形成的关键因素，分别建立可控时变提前期下的非线性供应链动态模型和不可控时变提前期下的非线性供应链应急模型，并将上述模型转化为可以描述非线性供应链动态系统的 Takagi-Sugeno 模糊模型，提出鲁棒控制策略和鲁棒应急策略来提高供应链的抗干扰能力。本书希望对于时变提前期的预防、控制和应急提供有效的管理策略，以及对供应链系统管理的实践提供理论上的指导和方法的支持。

二、研究意义

（一）理论意义

本书可以扩展和深化供应链管理基本理论，所进行的研究具有的重要理论意义主要体现在以下几个方面：

1. 提前期理论的扩展

现有的提前期理论绝大多数仅是针对固定提前期而言的，如提前期形成的原因、提前期压缩理论等，即使是有关时变提前期的研究也仅局限在随机提前期。本书将针对时变提前期，分析其形成的关键因素，并将其分类，提出预防提前期时变的策略，确定可控时变提前期压缩量与压缩成本之间的量化关系，从而扩展提前期的相关理论。

2. 鲁棒运作和鲁棒策略理论的深化

本书将考虑供应链中的可控时变提前期，通过构建非线性供应链的库存和总成本动态演化模型，应用模糊系统理论设计鲁棒控制策略，该控制策略将保证供应链系统在可控时变提前期的干扰下鲁棒稳定运作，并保持较低的运作成本。由于鲁棒运作和鲁棒策略是弹性供应链和供应链风险管理研究的核心问题，因此，对供应链鲁棒运作的研究将进一步深化与拓展供应链管理的相关理论，为研究可控时变提前期下的供应链鲁棒运作提供理论参考。

3. 应急管理理论的延伸

由突发事件导致的不可控时变提前期将使供应链系统中原有的供应关系中断。在不可控时变提前期下，通过分析供应节点企业间的合作方式和供需关系，构建不可控时变提前期下的供应链应急合作模型，结合模糊鲁棒控制方法，提出鲁棒应急策略，该应急策略将保证供应链在不可控时变提前期的干扰下鲁棒稳定运作，这将延伸应急管理理论，并为供应链应急预案的制定提供指导。

4. 供应链切换理论的丰富

目前供应链切换理论主要应用的是现代控制理论，其实现的是硬切换，因此该切换过程会使供应链控制变量和状态变量发生较大的波动。本书拟应用智能控制理论中的模糊控制方法实现柔性切换，保证切换过程的平稳，进而丰富和完善供应链切换理论。

（二）现实意义

面对瞬息万变的各种环境以及日益激烈的市场竞争，加深对形成提前期时变的关键因素的研究，加强对时变提前期的预防、控制和应急管理，对于减轻时变提前期对供应链的冲击，降低“牛鞭效应”，减少供应链系统中不必要的生产和库存，增加供应链系统的利润，提高节点企业和供应链系统的竞争力，减少供应链系统的风险，增强供应链的协调性，实现经济的健康稳定发展均具有十分重要的现实意义。

因此，对于供应链中的节点企业，本书研究成果将对时变提前期的预防、控制和应急管理提供有益的指导和建议。

第三节　国内外研究现状

一、时变提前期

（一）时变提前期形成的原因

只有获悉时变提前期形成的原因，才能有的放矢地对时变提前期进行预防和控制。而深入研究时变提前期形成原因的文献寥寥可数：周欣和霍佳震（2012）认为，由于制造与运输存在的不确定性，致使循环取货的总提前期的波动大大增加，因此形成了随机提前期；由于供应链系统中的生产、运输、仓储和配送等环节存在不可预知事件，因此 Zipkin（2000）认为必须将提前期作为一个随机变量来考虑；陈震等（2015）认为订货提前期会随着订货量的变化而变化，即随着订货量的不断增加，订货提前期是一种 U 型函数。

本书将系统地分析形成时变提前期的各种因素，并甄别出关键的因素，为后续的时变提前期的预防和控制研究夯实基础。

（二）时变提前期的类别

目前对时变提前期的研究均将提前期作为随机变量来考虑。杨飞雪和胡劲松（2009）在三角形模糊随机提前期和确定需求的情况下，建立了连续盘点存储策略的模糊随机最小成本模型，随后设计了一种连续盘点存储策略算法。丛建春和杨玉中（2010）针对需求和提前期均是随机的情况，建立了一种多级库存优化模型，并以系统成本最低为目标函数，设计了一种最优订货策略。Sajadieh 和 Akbari Jokar（2009）在随机供应提前期下构建了一种包含一个供应商和一个买方的一体化供需合作供应链模型，并基于供应商和买方的整体目标总成本，确定了最优再订购点和最优订购量。在随机提前期、随机处理时间和随机需求下，Song（2009）研究了一种最优的一体化订购和生产控制策略。Abginehchi 和 Farahani（2010）研究了在随机提前期下如何确定最优供应商的问题。针对库存管理中面对的随机提前期和不确定需求，孙磊等（2010）探讨了企业利用紧急订货方法进行库存的决策管理。Nasri 等（2012）建立了一种具有有限随机提前期的可调整质量的经济批量模型。Das 和 Hanaoka（2014）建立了一种提前期和需求均为均匀分布的人道主义救援库存模型。将各供应商的生产提前期和运输提前期作为随机变量，周欣和霍佳震（2015）讨论了如何合理压缩循环取货过程中的总提前期波动来降低供应链的总成本。Heydari 等（2016）提出了一种激励机制来抑制制造商和分销商的随机提前期共同对供应链系统性能的影响。Wang 和 Disney（2017）应用比例控制方法来降低由随机提前期引起的供应链的“牛鞭效应”。

然而，时变提前期不是仅仅有随机提前期这一种。由于每一个提前期均有可能遭受供应链系统内外部因素的重大冲击而发生突变，因此，时变提前期还应包含不可控的突变提前期，但是目前尚未发现相关研究的文献。

（三）可控提前期

对于时间的有效把控，将会提高供应链的竞争优势。因此，时间这个关键因素已经成为供应链在提供产品或服务时最被重视的竞争因素之一。针对一种含可控提前期的供应链系统，Li 等（2012）认为压缩提前期可以在一定程度上降低系统的成本。在可控提前期下，Yang 和 Lo（2011）研究了如何确定合理的库存和采购管理策略来最小化库存总成本。因此，国内外诸多文献对可控（或可变）提前期下的库存优化与控制进行了研究。

1. 提前期优化

在信用策略下，Uthayakumar 和 Rameswari（2013）探讨了提前期的最优问题。在一体化决策的供应链中，赵晓宇等（2011）假设提前期与提前期成本服从幂函数关系，生产商允许零售商延期付款，得出了系统存在唯一最优生产量、提前期和生产商每个生产周期内的运输批次，使得供应链总成本最小。邱晗光等（2010）建立了可控提前期下考虑部分短缺量拖后率随等待时间和价格折扣变化的库存模型，并将提前期作为一种决策变量，探讨了提前期与系统总成本的量化关系。曾顺秋等（2014）在考察供应商所拥有的提前期控制权对零售商库存策略的影响后，将交易信用作为一个协调变量，研究了供应商如何制定交易信用契约来协调零售商和供应商。桂华明（2014）分别建立了供应链分散决策下的库存模型和供应链集中决策下的库存模型，给出了提前期等决策变量的最优解。Jha 和

Shanker（2013）建立了具有可控提前期和服务水平约束的一体化库存系统，提出了一种拉格朗日乘数技术来确定最优提前期和最优订货批量以实现系统总成本最低。李群霞等（2015）假设提前期服从均匀分布，在构建以库存成本为目标函数的供应链提前期供需库存模型的基础上，给出了一种联合优化解决方案。

以上文献均是将提前期作为决策变量来研究静态系统的优化问题，并没有考虑时变提前期在动态系统中的影响。然而，供应链系统是处于动态变化的环境中，而且系统内的各种参数也会经常发生变化，因此，相较于供应链静态系统，在供应链动态系统中管理时变提前期将具有更大的现实性。

基于客户需求的不确定和系统内部参数的不确定，研究供应链动态系统中关于时变提前期的管理策略，对于降低管理成本和改善客户服务水平均具有重要的意义。这将是本书的主要研究内容之一。

2. 提前期压缩

宋华明和马士华（2007）在分析压缩提前期对供应链及其节点企业效益影响的基础上，提出了实现供应链渠道协调的途径。基于供应商承担的压缩成本，李明等（2008）在研究提前期压缩对供应链及其节点企业效益影响的基础上，设计了一种供应链价格协调机制。Leng 和 Parlar（2009）在提前期压缩下提出了一种收益共享契约来实现二级供应链的协调。李怡娜和徐学军（2011）探讨了信息不对称条件下提前期通过额外的赶工成本来加以控制的两级供应链协调问题。假设可控提前期可以通过额外赶工成本被压缩，Jamshidi 等（2015）研究了供应链运输成本的优化问题。然而，以上文献在研究提前期压缩时，均没有考虑提前期的压缩量与压缩成本的量化关系。

苏菊宁等（2013）研究了提前期压缩对供应链决策的影响，以及在此影响下供应链的协调问题。在压缩提前期将增加供应商的生产成本的假设下，余大勇和骆建文（2011）比较了供应链系统存在一个供应商的零售商最优采购策略和供应链系统存在多个供应商的零售商最优采购策略。Mahajan 和 Venugopal（2011）研究了具有自相关需求的二级供应链关于信息共享和压缩提前期的价值问题，得出的结论是，在信息共享的条件下，压缩提前期可使零售商比制造商减少更多的成本。徐贤浩等（2010）在通过向供应商支付额外的赶工成本来缩短提前期的基础上，建立了短生命周期产品的库存模型，并提出了最优的求解方法。在假定制造商的单位生产成本是关于提前期的减函数的前提下，王圣东和周永务（2010）构建了一种具有提前期压缩的供应链协调报童模型，并分析了压缩提前期对供应链及其节点企业效益的影响。基于在供应链系统中共享压缩提前期产生的额外收益，丁胡送和徐晓燕（2009）分析了提前期压缩和零售商库存管理的决策问题。为了研究提前期压缩对需求预测风险和生产成本的影响，Jian 等（2015）建立了一类考虑提前期压缩量的经典报童模型。将提前期压缩视为可控决策变量，将批发价格结构、生产成本结构和市场需求的预测结构设定为关于提前期压缩的一般性范式函数关系，方新等（2017）构建了一种可进行提前期压缩的供应链协调报童模型。

以上文献考虑了提前期压缩量与压缩成本的关系，但是所考虑的提前期仅为固定提前期。目前，仅有极少数文献研究了随机提前期压缩的情形。杜少甫等（2009）研究了补货提前期随机且可压缩情况下的库存补货与运输排程的时基补货发货策略。Hayya 等（2011）研究了指数形式的随机提前期压缩对库存成本的影响。Lin（2016）建立了提前期波动可压缩的集成采购—生产模型，并给出了求解算法。但杜少甫等（2009）、Hayya 等（2011）和 Lin（2016）仅在静态系统中讨论了随机提前期压缩对系统的影响。

从以上文献可以看出，绝大多数文献只是针对一个可控提前期进行研究，没有提及提前期压缩的具体方法和措施，也尚未发现关于不可控提前期研究的相关文献。本书不仅对含有多个可控时变提前期的供应链系统提出提前期压缩策略，而且对于含有不可控时变提前期的供应链系统提出应急策略。

二、供应链鲁棒运作策略

（一）供应链鲁棒优化策略

基于价值表现，Hahn 和 Kuhn（2012）应用了鲁棒优化方法来应对不确定事件引起的供应链运作风险。针对逆向物流流量不确定的闭环供应链，基于情景分析方法，朱云龙等（2009）建立了一种鲁棒线性优化模型。于丽萍等（2010）利用鲁棒线性规划方法，建立了由一个制造商和一个供应商构成的多产品、多阶段供应链在资本成本不确定条件下的多目标鲁棒优化模型。在不确定供应链中，Mirzapour Al-e-hashem 等（2011）提出了一种多目标鲁棒混合整数非线性规划模型来解决生产计划问题。Huang 和 Goetschalckx（2014）应用帕累托均衡策略设计了一种鲁棒性较高的不确定供应链系统。对于外部客户需求未知的供应链系统，邱若臻和黄小原（2011）采用鲁棒优化方法设计了集成供应链的鲁棒订货策略和分散供应链的鲁棒协调策略。Ramezani 等（2013）采用了一种鲁棒优化的方法来抑制闭环供应链中需求和回购率不确定性的影响。田俊峰等（2012）在不确定性环境下构建了针对设施选址—需求分配的供应链网络设计的鲁棒优化模型，并提出了供应链节点配置的禁忌搜索算法。在人道主义救援供应链中，Ben-Tal 等（2011）应用了一种鲁棒优化的方法来处理应急响应与交通疏散的问题。朱雷等（2015）研究了不确定条件下应急管理人力供应链多功能资源配置的鲁棒优化问题。结合数据包络模型，Omrani 等（2017）应用基于场景的鲁棒优化方法设计了一种兼顾效率和成本的具有不确定数据的供应链网络。

（二）供应链鲁棒控制策略

鲁棒优化策略多数是针对静态系统的决策策略。相较于鲁棒优化策略，鲁棒控制策略更适合于具有不确定系统参数、提前期、系统外部不确定客户需求的动态系统。

Li 和 Marlin（2009）研究了一种鲁棒预测控制策略来提高不确定供应链系统的效益。Huang 等（2009）构建了一种含有系统内外不确定因素和提前期的闭环供应链动态系统，并给出了一种相应的鲁棒 H_∞ 控制策略。张雪峰等（2011）在具有生产提前期、电子分销提前期、外部需求及回收不确定的环境下，构建了一种双渠道的闭环供应链动态系统，并给出了解决该动态系统的鲁棒 H_∞ 控制策略。Li 和 Liu（2013）应用一种鲁棒库存控制方法研究了在不确定环境下如何降低供应链“牛鞭效应”的影响。刘春玲等（2009）提出了一种鲁棒控制策略以处理不确定客户需求下的多个战略合作供应链的跨链库存合作问题。唐亮和靖可（2012）分析了网络化制造模式下不确定供应链动态系统的鲁棒控制问题。徐君群（2012）建立了包含多个生产商和分销商的供应链网络动态模型，并提出了一种针对该模型的鲁棒 H_∞ 控制方法。Pishvaee 等（2012）针对闭环供应链网络的设计提出了一种鲁棒规划策略。Norouzi Nav 等（2017）应用一种具有线性矩阵不等式技术的鲁棒控制方法来控制供应链网络的混沌行为。针对线性时滞不确定性供应链系统，张宝琳等（2017）提出了一种时滞依赖状态反馈鲁棒镇定的充分条件和状态反馈控制器设计方法。

由于供应链系统所处的各种环境经常发生变化，供应链内节点企业的库存水平也经常发生变化。为了降低成本，各个企业会依据当前的库存水平选择不生产或不采购、正常生产或正常采购、加快生产或加快采购。因此，供应链系统实际上是一个非线性切换系统，而上述文献均未研究非线性供应链系统。

针对非线性不确定供应链系统，葛汝刚和黄小原（2009）提出了一种鲁棒切换控制律。刘春玲等（2012）设计了一种多供应链动态切换系统的鲁棒切换控制算法。Rodrigues 和 Boukas（2006）应用分段线性 H_∞ 策略来降低库存切换时的波动幅度。对于供应链切换系统，不同的切换规则会导致不同的系统性能（Wei et al.，2013），葛汝刚和黄小原（2009）、刘春玲等（2012）、Rodrigues 和 Boukas（2006）均实现的是系统间的硬切换。供应链系统的各种变量在硬切换时将会产生较高的波动幅度，进而使供应链系统更加复杂和难以控制。

本书将选择模糊鲁棒控制方法来保证非线性动态供应链各子系统间的柔性切换，降低系统各变量的波动幅度，保证系统的鲁棒稳定运作。并且，对于含有可控时变提前期的非线性供应链动态系统，对时变提前期进行压缩，从而进一步有效地抑制时变提前期对非线性供应链动态系统的影响。

三、供应链应急策略

基于研究流体同步的方法，姚珣等（2010）构建了一种可定量分析供应商和零售商从运作协调到发生应急事件的动态供应链模型，并提出了一种应急事件持续时间的求解方法。

（一）供应链应急协调

基于系统动力学，黎继子等（2009）提出了一种契约以协调多个供应链的跨链调度。吴忠和等（2012）研究了突发事件导致客户需求和下游订购成本均大幅度变化时的集权和分权供应链应对突发事件的最优策略，并设计了新的数量折扣契约来使扰动后的供应链达到协调。对于具有应急后备采购的供应链，Chen 和 Yang（2014）提出了一种对不确定需求和不确定产量的风险处理与风险共担协调机制。针对突发事件，朱晓迪等（2011）采用可拓学的方法构建了供应链应急协调的相关物元模型，并提出一种应急协调策略使供应链重新达到协调。对于一对多型供应链的外部客户需求、采购成本和提前期均发生较大变化的情形，吴忠和等（2014）通过设定收益共享契约的参数来实现供应链的重新协调。朱传波等（2011）针对突发性需求，运用能力预约契约分别对突发性需求信息对称且完全、对称但不完全、不对称三种情形下的供应链能力决策进行了协调，并就各种情形下供应链的最优能力及相应的利润进行了比较分析。在突发事件引起市场需求大幅波动、市场价格随着市场需求随机变化的情形下，刘浪等（2016）运用数量弹性契约研究了再次实现二级供应链协调的内在约束条件。基于服务提供商与客户的双方公平关切和服务合作价值，马雪松和陈荣秋（2017）构建了服务供应链的应急管理模型，并结合 Nash 博弈框架提出了服务供应链的契约协调应急策略。

（二）供应链应急处理

基于分级与客户行为理论，姚珣等（2011）研究了一种应急事件下量化供应链系统损失的方法，该方法将决定供应链应急预案的介入时刻。于辉等（2011）构建了一种应用条件风险价值（CVaR）来描述突发事件下应急目标的供应链应急援助模型，并给出了在一定置信水平控制下的最优援助额。傅克俊等（2007）构建了一种以弹性策略和鲁棒性策略为核心的供应链系统应急策略体系。Chern 等（2010）提出了一种应急救援运输规划的启发式算法来进行应急供应链的管理。以供应链系统总成本最低为目标，闫妍等（2010）分别研究了网络正常运行和单一节点失效下供应链的应急调度成本优化问题。基于二级物流服务供应链分析紧急订购分配机制，Liu 等（2011）提出了一种多目标规划模型来协助管理者处理好紧急系数、不确定和应急成本之间的关系。Zheng 和 Ling（2013）提出了一种协作模糊优化方法来对灾难救援型供应链进行应急运输规划管理。为了改进供应中断风险管理的效果，Zhang 等（2014）构建了一种供应链的供应中断应急管理模型，得出的事例推理决策机制能有效地应对供应中断的风险。将应急库存和实物期权相结合，张松（2011）设计了一种树形供应链中断风险的应急策略，该策略既考虑了风险防范与应急供应所引发的成本，同时也考虑了供应链系统中断导致的损失。Taskin 和 Lodree Jr（2011）提出了一种飓风实时预测的贝叶斯决策模型，并将其应用到需求受飓风影响的由单供应商和多零售商组成的供应链应急供应库存管理中。为了解决应急需求和采购成本间的矛盾，赵志刚和李向阳（2008）提出了一种由约束满意优化模型转换、搜索算法、满意度函数和满意度要求调整方法构成的交互式满意决策方法。Lee 等（2013）研究了具有多阶段提前期的应急供应链调度问题，应用多项时间算法实现了客户订单履行总冗余时间最小的生产和配送调度。在两级供应链中建立短生命周期产品订货量决策模型的基础上，汪传旭和许长延（2015）分析了市场需求满足率和单位产品转运费用对应急转运策略的影响。崔玉泉和张宪（2016）研究了信息不对称情况下突发事件导致市场需求规模和供应商生产成本同时改变时的供应链应急管理问题。在供应链设计过程中，Mohammaddust 等（2017）构建了一个混合整数非线性鲁棒模型来实现供应链的应急管理。

尽管关于供应链应急策略的文献很多，但尚无从不可控时变提前期的角度进行供应链系统的鲁棒性研究，而在不可控时变提前期下研究供应链系统的鲁棒应急切换，保证系统低成本稳定运作，具有重要的现实意义。

第四节　主要内容及技术路线

一、主要内容

（一）提前期时变的预防策略研究

分析形成提前期时变的各种因素，对时变提前期进行分类，识别形成提前期时变的关键因素，进而提出提前期时变的预防策略。

（二）可控时变提前期下非线性供应链系统的鲁棒控制策略研究

1. 时变提前期压缩

针对可控时变提前期，确定时变提前期的压缩量与压缩成本之间的函数关系。

2. 非线性供应链模型的构建

综合客户需求的不确定性和制造商的生产时变提前期两个层面，同时考虑时变提前期的压缩量与压缩成本的函数关系，构建可控时变提前期下的包含库存状态动态演化和总成本动态演化的非线性供应链切换模型。

3. 非线性供应链动态系统的鲁棒控制策略

对于库存量分别处于零库存、安全库存和期望库存等不同库存水平下，制定制造商和零售商的生产策略和订购策略；结合模糊鲁棒控制方法，基于不同的库存水平提出鲁棒控制策略，实现供应链各子系统间的柔性切换，保证系统低成本鲁棒稳定运作。

（三）不可控时变提前期下非线性供应链鲁棒应急策略研究

1. 应急合作供应链的选择

选择生产同类型产品的制造商作为供应链系统的备份制造商，确定应急合作供应链的结构、应急合作的触发条件和合作策略。

2. 供应链应急合作模型的构建

确定供应链系统中各节点企业的供需关系，分别构建包含库存状态动态演化和总成本动态演化的非线性供应链合作切换模型。

3. 供应链系统的鲁棒应急策略

设计在供应链系统中进行同级串货或向备份制造商订供货的应急补货策略，提出模糊鲁棒应急策略，实现供应链应急系统的低成本鲁棒稳定运作。

（四）仿真研究

以不同行业供应链为例，应用本书提出的鲁棒控制策略和鲁棒应急策略进行仿真研究，验证上述策略的有效性。

二、技术路线

本书是按照提出问题→分析问题→解决问题的脉络展开研究的，以分析提前期时变为切入点，运用智能控制理论中的模糊控制方法，通过设计库存切换律，最终实现供应链低成本鲁棒稳定运行的目标。本书的技术路线详见图 1-1。

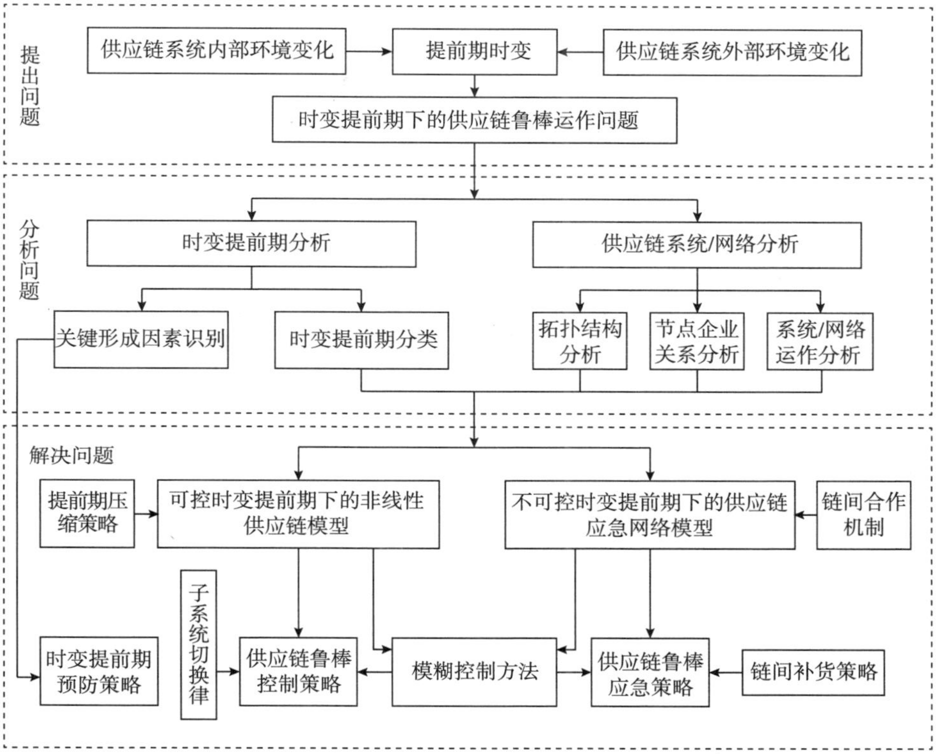

图 1-1　本书的技术路线

第五节　研究方法与创新之处

一、研究方法

本书采用理论研究与仿真研究相结合、定性研究与定量研究相结合的研究方法，具体如下：

（一）时变提前期分析的数理统计方法

运用灰色关联度方法识别对提前期时变影响较大的因素，并将其作为预防的重点。

（二）供应链系统建模方法

应用系统建模方法，构建时变提前期下的非线性供应链模型和供应链应急合作模型，分析时变提前期对系统的影响程度，并将其作为提高系统鲁棒性的实验载体。

（三）系统柔性切换方法

对于时变提前期下的非线性供应链动态系统，根据各节点企业的安全库存和期望库存，应用模糊控制方法实现各子系统间的平稳柔性切换及系统鲁棒稳定，保证系统低成本运作。

（四）仿真研究方法

模拟时变提前期及不确定的不同形式，研究时变提前期下非线性供应链系统的动态性能。通过设定供应链系统的性能指标，应用仿真研究的方法，验证模糊鲁棒控制策略的控制效果。

（五）鲁棒策略的案例研究方法

将不同种类时变提前期所对应的不同鲁棒策略，分别应用到不同行业的供应链中，验证所提出的策略的可行性和有效性。

二、创新之处

针对时变提前期，本章应用鲁棒控制等方法，提出时变提前期的预防策略、鲁棒控制策略和鲁棒应急合作策略，最大程度地降低时变提前期对供应链系统的影响。具体的创新点如下：

（一）学术思想的创新

将时变提前期作为贯穿整个研究的主线，从源头上系统全面地揭示时变提前期形成的原因和关键影响因素，从根源上研究如何减少时变提前期对供应链系统的影响。

（二）学术观点的创新

将时变提前期分为可控时变提前期和不可控（突变）时变提前期，并提出由事前预防、事中鲁棒控制和事后鲁棒应急响应组成的一体化的供应链运作策略。

（三）研究方法的创新

跨学科地将模糊鲁棒控制方法应用到时变提前期下非线性供应链系统中，提出非线性供应链动态系统的鲁棒控制策略和鲁棒应急策略。本书是管理科学与工程和控制科学与工程交叉的应用基础研究。

第二章　相关基础知识

第一节　提前期压缩成本模型分类

所谓提前期，是指在供应链的供需环节中，下游客户订购某种产品（或服务）时需要上游供应商提前准备该产品（或服务）的时间。提前期是由准备时间、加工时间、排队时间、运输时间、等待时间等构成的。在以时间段滚动为运作基础的物料需求计划（MRP）、制造资源计划（MRP Ⅱ）、企业资源计划（ERP）和供应链管理系统中，提前期是进行各项计划和作业的重要基础数据。

关于提前期压缩成本与提前期压缩量之间的函数表达式，有以下两种类型：①视提前期为一个统一整体，基于此构建提前期压缩成本与提前期压缩量之间的函数表达式；②视提前期为由 n 个相互独立的部分组成的分段提前期，基于此分别计算每一部分的压缩成本，并对其进行累计相加，进而求得提前期压缩的总成本。

一、基于整体提前期的提前期压缩成本模型

将提前期作为一个统一的整体而建立的成本模型，目前主要有如下三种：

（一）分段函数形式

本书以梅晚霞和马士华（2007）提出的分段函数形式的提前期压缩成本模型为例，该模型描述如下：

$$\varphi(\tau)=\begin{cases}c(-1+a/\tau), & \tau\in(0\sim a)\\ 0, & \tau\in[a\sim 1]\\ c(-1+1/\tau), & \tau\in(1\sim+\infty)\end{cases} \tag{2-1}$$

其中，a 和 c 是常数，且 $a\in(0\sim1]$；$\tau(\tau=t/T)$ 是提前期的加速因子，t 是期望的目标提前期，T 是实际的运作提前期；$\varphi(\tau)$ 代表赶工成本，即提前期由 T 压缩到 t 需要额外投入的生产要素的成本。

式（2-1）考虑了压缩成本 $\varphi(\tau)=0$ 的情形，即在实际管理过程中，供应链中的节点企业通过深度合作和供应链组织内部的优化整合来缩短提前期，而缩短提前期不会产生额外的成本。

（二）一次函数形式

本书以苏菊宁等（2011）提出的一次函数形式的提前期压缩成本模型为例，该模型描述如下：

$$C=c+(T-t)y \tag{2-2}$$

其中，C 为提前期压缩成本；c 为标准生产成本；T 为标准订货提前期；$t(t\in[0\sim T])$ 为期望的订货提前期，即期望的被压缩的提前期；$T-t$ 代表提前期的压缩量；y 代表边际生产成本。

（三）二次函数形式

本书以余大勇和骆建文（2011）提出的二次函数形式的提前期压缩成本模型为例，该模型描述如下：

$$c(t)=\alpha+\beta t^2 \tag{2-3}$$

其中，$c(t)$ 代表提前期单位压缩成本，α 代表边际生产成本，α 和 β 是常数（α 和 β 的具体数值视实际情况而定），t 代表提前期的压缩量。由式（2-3）可知，$c(t)$ 是 t 的二次函数，即提前期压缩成本随 t 的增长而出现指数增长。

二、基于分段提前期的提前期压缩成本模型

本书以吕芹和霍佳震（2009）提出的基于分段提前期的提前期压缩成本模型为例，该模型描述如下：

$$R(L)=c_i(L_{i-1}-L)+\sum_{j=1}^{i-1}c_j(b_j-a_j),\ L\in[L_i\sim L_{i-1}] \tag{2-4}$$

其中，R（L）代表提前期压缩的总成本；L 代表采购提前期，该提前期由订单处理时间、产品运输时间等 n 个相互独立的时间部分组成，并且设第 i 个部分包含一个标准工时 b_i 和一个压缩工时 a_i；c_i 代表单位边际生产成本。为了计算上的方便，将 c_i 按照从小到大的顺序排列。

以上列举了目前几种比较有代表性的提前期压缩成本与压缩量之间的量化关系模型。由式（2-1）至式（2-4）可知，所有的模型均体现出提前期压缩成本与提前期压缩量呈反向关系。目前绝大多数文献将提前期视为固定值，然而这无法体现出提前期的压缩过程。在基于整体提前期的提前期压缩成本模型中，无法知晓提前期的各个组成部分被压缩的情况，而在基于分段提前期的提前期压缩成本模型中，将提前期视为由 n 个部分组成，符合提前期由多个部分组成的事实，既可以识别提前期每个独立组成部分的重要程度，也可以分析提前期各个独立组成部分压缩成本与压缩时间之间的量化关系，即可以按照不同的目的有选择地压缩提前期的组成部分。因此，鉴于依据分段提前期的提前期压缩成本模型的诸多优点，本书在后续章节研究时变提前期压缩时将采用这一量化关系模型。

第二节　提前期传递中断概述

一、提前期传递中断的概念

本书的一个重要内容就是针对突发事件导致供应链中的提前期过长，即提前期发生突变而成为不可控时变提前期，从而导致供应链中上下游企业之间发生提前期传递中断的情形，如何采取有效的应急策略，在低成本下维持供应链系统正常运作。

中断是指遭受突发事件等因素的干扰而无法正常执行预定计划而必须调整的一种状态（Clause et al.，2001）。产生中断的原因可分为自然因素和人为因素，供应链中发生的中断将导致系统流通不畅，严重时将导致系统崩溃（Kleindorfer and Saad，2005）。

基于上述关于中断的分析，本书将提前期传递中断界定为：提前期传递中断是突发的自然灾害或者意外的人为事故引发的使供应链的管理决策者应用之前的常规管理办法无法持续达到正常运行的最低限度，从而需要对供应链系统的结构进行重新调整设计，或者对供应链系统中的物流、信息流、资金流进行相应的替代或补救来缓解提前期传递中断给供应链系统带来的损失。

本书将从以下三个方面对提前期传递中断的具体含义进行详细的阐述：

（1）自然灾害或者人为的突发事件导致的不可控时变提前期是提前期传递中断的诱导因素，这些自然灾害和人为的突发事件并不是特指管理制度或者管理系统中的风险（如资料备份不完全、库存控制制度缺陷等），而是指通过管理决策不可以控制和规避的风险（如罢工等人为事件，地震、火灾等自然灾害），比如，地震破坏了制造商的生产车间，制造商无法生产而导致无法向下游供货，此时下游就出现了提前期传递中断。

（2）提前期传递中断是结果，即突发事件导致的不可控时变提前期已经造成了供应链出现提前期传递中断的问题，直观的表现是供应链上的一个或者几个节点企业的物流、信息流、资金流等的停滞，从而在系统结构上导致供应链发生改变。

（3）突发事件造成的不可控时变提前期，进而出现的提前期传递中断问题给供应链系统带来的损害程度大于运作偏差给供应链系统带来的损害程度，而小于毁灭性的灾害给供应链系统带来的损害程度。运作偏差将导致供应链系统经营绩效指标达不到预期期望，而供应链系统可以持续运作；毁灭性的灾害将导致供应链系统崩溃，并且这种结果是无法挽回的，如“9·11”恐怖袭击等灾难性事件对全球供应链的打击。提前期传递中断对供应链系统的损害程度则是介于两者之间。

二、提前期传递中断的特征

（一）客观无序性

提前期传递中断的含义表明，提前期传递中断的结果存在客观无序性，而供应链系统的链式结构将导致提前期传递中断的必然发生。供应链系统是由不同的客观主体链接组合而成的，因此，中断的无序性来源于各个客观主体的主观行为。

（二）层次性

提前期传递中断的层次性是由供应链的网络化结构和层次性特点所决定的。各个节点企业在供应链系统中扮演的角色不同，因此，不同的节点企业发生提前期传递中断对整体供应链的影响程度也不同，所以，供应链系统中的提前期传递中断具有层次性的属性。

（三）复杂传递性

由于供应链系统中的各个节点企业的管理水平和资源条件均不相同，因此，突发事件导致的提前期传递中断问题在供应链中的蔓延也呈现出高度的复杂性。

第三节　供应链应急策略概述

供应链应急策略主要分为供应管理角度下供应链应急策略、需求管理角度下供应链应急策略、生产管理角度下供应链应急策略、信息管理角度下供应链应急策略。

一、供应管理角度下供应链应急策略

（一）多源供应商策略

采用单源供应的节点企业如果不能与供应商保持异常紧密和深层次的合作，那么突发事件发生时供应环节就可能随时崩溃。节点企业在实际运营过程中，维护与供应商的亲密关系需要付出相当多的成本和精力，而多源供应商策略可以有效地规避常态供应链管理中的常规运营风险和应急事件风险。因此，诸多企业采取了向多个供应商订购产品的策略来分散单一供应商供应产品带来的风险。

（二）战略应急库存策略

供应链系统中的节点企业在设置安全库存的同时，还会设置一个战略应急库

存量，以供在紧急供应中断情况下应急。当突发事件导致某一节点企业不能被上游企业正常供应，战略应急库存可以满足本节点企业客户的需求，降低甚至消除供应中断风险。因为战略应急库存在节点企业正常运营中呈闲置状态，所以这将增加部分成本。

（三）实物期权策略

实物期权策略是指供应链中的节点企业在正常运营中，以投资的方式向上游其他制造商预定部分生产能力，即企业向上游其他制造商支付一定的期权，被购买期权方将为此节点企业预留一部分生产能力，以备突发事件造成该节点企业供应中断时使用。

二、需求管理角度下供应链应急策略

（一）响应定价策略

在突发事件造成提前期传递中断的情况下，如果供应链系统中某个节点企业的客户需求不能被满足，则供应链通过价格策略将客户需求引导到相似产品中。这种响应定价的应急策略适用于供应链中的主营产品具有极强的可替代性。而本书研究是基于客户需求的产品不具有可替代性而展开的。

（二）需求延迟策略

面临不可控的时变提前期造成供应链系统部分节点企业的提前期传递中断，管理决策者通过价格折扣的方式使下游节点企业同意延迟到货。需求延迟策略可以给受突发事件影响的供应链系统带来更多的应急恢复时间。

三、生产管理角度下供应链应急策略

（一）可替代策略

可替代策略的基础是标准化，适用于以生产型企业为核心企业的供应链系统。当突发事件导致供应链系统中的生产型企业遭受提前期传递中断时，应用标准化替代品在生产流程上可为处理风险留出额外的柔性时间。

（二）生产延迟策略

生产延迟策略是通过设计生产标准件产品过程中的最大化流程，实现缩短或者延后标准件产品定制化的生产流程。此策略可以提高生产流程和生产过程的柔性，进而可以有效地应对受突发事件影响而出现的需求的剧烈波动。

四、信息管理角度下供应链应急策略

（一）信息共享策略

信息共享策略是指供应链系统的各种信息均可在系统成员间共享。实施信息共享策略的供应链可以使节点企业随时掌握其上下游企业的库存水平、生产状况、外部客户需求等信息，因此可以降低整个供应链系统的“牛鞭效应”，提高客户的满意度。尤其当突发事件导致供应链系统中某一提前期传递中断时，由于信息共享，系统内其他节点企业可以及时应对与补救，将损失降低到最低。

（二）弹性的信息系统策略

近年来，供应链系统中的诸多生产型节点企业增加了信息系统以加强对生产经营（如库存、财务、人员等）的管理。然而，当突发事件导致信息系统瘫痪时，生产型节点企业的生产将会受到严重影响乃至停产，这将给其所在的供应链系统带来严重打击。因此，应用弹性的信息系统策略，将信息系统进行数据备份和系统备份，当突发事件对节点企业产生干扰时，该节点企业及其供应链系统具有能够尽快恢复正常运转的备份的软硬件。

第四节　常态供应链管理和应急供应链管理的比较

在供应链的常态运作环境下，管理决策者侧重于节点企业的日常运作和常态事件的过程控制。然而，当危害巨大的突发事件发生时，供应链的常态运作环境瞬间变为应急的非常态环境，此时管理决策者将立即按照突发事件的影响范围、影响程度来调整管理决策，控制供应链系统因突发事件而造成的损失最小。因此，常态供应链管理和应急供应链管理在管理目的、范围和内容上均不相同，具体阐述如下：

一、管理目的不同

在管理目的上，常态供应链管理的终极目标是实现供应链系统整体效益最大，或者供应链系统的总成本最小，并且供应链系统中所有节点企业均共享供应链的收益。而应急供应链管理的目的是使临近崩溃边缘的供应链系统在达到新的稳定运行的条件下付出最低系统成本。

二、管理范围不同

在管理范围上，常态供应链管理涉及供应链中所有节点成员，包含上游企业的上游、下游企业的下游。而应急供应链管理除了常态供应链管理的范围外，还包括供应链系统备份的经营主体及其他资源。

三、管理内容不同

在管理内容上，常态供应链管理采用集成化的管理方式，在战术层面和战略层面上将供应链系统内的所有资源进行统筹整合，以达到有效利用；而应急供应链管理在突发事件发生时，将协调供应链系统内外各种经营主体、设施资源和功能服务，以弥补突发事件对供应链系统造成的损失。

第五节　模糊控制概述

一、Takagi-Sugeno 模糊模型简介

作为非线性系统建模的一种有效工具，Takagi-Sugeno 模糊模型已经在系统识别与控制领域得到了广泛的应用，因为该模型不仅建立起了模糊控制系统与线性控制系统之间的联系，同时也创新了一套模糊模型辨识方法。Takagi-Sugeno 模糊模型可以以任意精度逼近定义在紧集上的非线性函数（王立新，1995），即将整个输入空间分成若干模糊子空间，在每一个输入模糊子空间中构建一个局部

线性模型，通过隶属度函数将每个局部线性模型连接起来，从而形成具有非线性函数特征的全局模糊模型。Takagi-Sugeno 模糊模型由不同的模糊逻辑规则构成，每个逻辑规则由 If 和 then 语句构成，“If…”部分称为前件部分，该部分包含语言变量和模糊集合两部分，“then…”部分称为后件部分，该部分是解析表达式。对于一类非线性动态系统，可由 r 个模糊逻辑规则构成的 Takagi-Sugeno 模糊模型表示，其第 i 条模糊逻辑规则可表示如下：

R_i：If $x_1(k)$ *is* M_1^i，$x_2(k)$ *is* M_2^i，…，and $x_n(k)$ *is* M_n^i，

$$\text{then}\begin{cases}\boldsymbol{x}(k+1)=\boldsymbol{A}_i\boldsymbol{x}(k)+\boldsymbol{B}_i\boldsymbol{u}(k)\\ \boldsymbol{x}(k)=\boldsymbol{\varphi}(k),\ i=1,\ 2,\ \cdots,\ r\end{cases} \tag{2-5}$$

其中，R_i 是第 i 条模糊规则，r 是系统中的模糊规则数量；M_n^i 代表模糊集合；$\boldsymbol{x}(k)=[x_1(k),\ x_2(k),\ \cdots,\ x_n(k)]^T$ 代表前件状态变量；$\boldsymbol{u}(k)$ 代表控制向量；$\boldsymbol{A}_i$ 与 $\boldsymbol{B}_i$ 分别代表第 i 个子系统的系数矩阵；$\boldsymbol{\varphi}(k)$ 代表初始向量。

对式（2-5）采用单点模糊化、乘积推理与平均加权反模糊化方法，可以得到如下所示的模糊系统的整个状态方程：

$$\begin{aligned}\boldsymbol{x}(k+1)&=\frac{\sum_{i=1}^{r}\mu_i(\boldsymbol{x}(k))(\boldsymbol{A}_i\boldsymbol{x}(k)+\boldsymbol{B}_i\boldsymbol{u}(k))}{\sum_{i=1}^{r}\mu_i(\boldsymbol{x}(k))}\\&=\sum_{i=1}^{r}h_i(\boldsymbol{x}(k))[\boldsymbol{A}_i\boldsymbol{x}(k)+\boldsymbol{B}_i\boldsymbol{u}(k)]\end{aligned} \tag{2-6}$$

其中，$\mu_i(\boldsymbol{x}(k))=\prod_{j=1}^{n}M_j^i(x_j(k))$，$h_i(\boldsymbol{x}(k))=\dfrac{\mu_i(\boldsymbol{x}(k))}{\sum_{i=1}^{r}\mu_i(\boldsymbol{x}(k))}$，$\boldsymbol{\mu}_i(x(k))$ 满足 $0\leqslant\mu_i(\boldsymbol{x}(k))\leqslant1(i=1,\ 2,\ \cdots,\ r)$，$M_j^i(x_j(k))$ 是 $x_j(k)$ 关于模糊集 M_j^i 的隶属度函数，$h_i(\boldsymbol{x}(k))$ 满足 $h_i(\boldsymbol{x}(k))\geqslant0$，$\sum_{i=1}^{r}h_i(\boldsymbol{x}(k))=1(i=1,\ 2,\ \cdots,\ r)$。

通常情况下，应用并行分配补偿机制设计 Takagi-Sugeno 模糊系统的控制器。并行分配补偿机制所构造的模糊控制器的前件与模糊模型的前件相同，而后件是一个线性反馈控制器，其模糊规则如下：

K^i：$If\ x_1(k)\ is\ M_1^i,\ x_2(k)\ is\ M_2^i,\ \cdots,\ and\ x_n(k)\ is\ M_n^i,\ then$

$$\boldsymbol{u}(k)=\boldsymbol{K}_i\boldsymbol{x}(k) \tag{2-7}$$

其中，$\boldsymbol{K}_i$ 是状态反馈增益矩阵。

模糊系统的全局控制器由模糊隶属度函数连接局部的线性控制器构成，其可以表示如下：

$$\boldsymbol{u}(k)=\frac{\sum_{i=1}^{r}\mu_i(\boldsymbol{x}(k))\boldsymbol{K}_i\boldsymbol{x}(k)}{\sum_{i=1}^{r}\mu_i(\boldsymbol{x}(k))}=\sum_{i=1}^{r}h_i(\boldsymbol{x}(k))\boldsymbol{K}_i\boldsymbol{x}(k) \tag{2-8}$$

本书将应用 Takagi-Sugeno 模糊系统表示非线性供应链系统，即库存水平作为前件变量，生产量（订购量）作为控制变量，而后件表示为离散的线性库存动态演化系统和线性供应链系统总成本动态演化系统。

二、标准模糊分划

本书在后续章节提出鲁棒策略时将会用到如下定义和性质：

定义 2-1 （修智宏等，2004）：称模糊集组 $\{F_j^m,\ m=1,\ 2,\ \cdots,\ q_j\}$ 为论域 X 的一个标准模糊分划（Standard Fuzzy Partition，SFP）；如果每个 F_j^m（$m=1,\ 2,\ \cdots,\ q_j$）在论域 X 上是全交叠的，称 q_j 为论域 X 的第 j 个输入变量的模糊分划数。

定义 2-2 （修智宏等，2004）：在所有交叠规则组中，包含规则数最多的交叠规则组称为最大交叠规则组（Maximal Overlapped-Rules Group，MORG）。

性质 2-1 （修智宏等，2004）：如果模糊控制系统的各输入变量均采用 SFP，则任一交叠规则组中所包含的规则均包含于某一 MORG 中。

三、Lyapunov 稳定性分析

时变提前期将直接影响供应链系统的稳定性，为了抑制时变提前期的负面作用，本书将应用 Lyapunov 直接法提出鲁棒控制策略和鲁棒应急策略。根据 Lyapunov 直接法，判定控制系统稳定性的充分条件如下：

定理 2-1 （Tanaka and Sugeno，1992）：对于离散系统 $\boldsymbol{x}(k+1)=f(\boldsymbol{x}(k))$，

$\boldsymbol{x}(k)\in R^n$，$f(\boldsymbol{x}(k))$是 $n\times 1$ 的函数向量，并且对所有的 k 满足 $f(0)=0$。若在 $\boldsymbol{x}(k)$上的连续标量函数 $V(\boldsymbol{x}(k))$满足：①$V(\boldsymbol{0})=0$，②对所有的 $\boldsymbol{x}(k)\neq\boldsymbol{0}$，$V(\boldsymbol{x}(k))>0$；③当$\|\boldsymbol{x}(k)\|\rightarrow\infty$ 时，$V(\boldsymbol{x}(k))\rightarrow\infty$；④对所有的 $\boldsymbol{x}(k)\neq\boldsymbol{0}$，$H=V(\boldsymbol{x}(k+1))-V(\boldsymbol{x}(k))<0$，则系统的平衡状态 $\boldsymbol{x}_e(k)=\boldsymbol{0}$ 对所有的 k 是大范围渐近稳定的，且 $V(\boldsymbol{x}(k))$是 *Lyapunov* 函数。

在第四章的定理证明过程中，将会遇到非线性矩阵不等式转化为线性矩阵不等式的情况，针对这种情况的处理将会用到矩阵的 *Schur* 补及其性质，现介绍如下：

定义 2-3 （俞立，2002）：考虑一个矩阵 $\boldsymbol{S}\in R^{n\times n}$，并将 $\boldsymbol{S}$ 进行分块：

$$\boldsymbol{S}=\begin{bmatrix}\boldsymbol{S}_{11} & \boldsymbol{S}_{12}\\ \boldsymbol{S}_{21} & \boldsymbol{S}_{22}\end{bmatrix}$$

假定 $\boldsymbol{S}_{11}$($r\times r$ 维)是非奇异的，则 $\boldsymbol{S}_{22}-\boldsymbol{S}_{21}\boldsymbol{S}_{11}^{-1}\boldsymbol{S}_{12}$ 称为 $\boldsymbol{S}_{11}$ 在 $\boldsymbol{S}$ 中的 Schur 补。

引理 2-1 （俞立，2002）：对于给定的对称矩阵 $\boldsymbol{S}=\begin{bmatrix}\boldsymbol{S}_{11} & \boldsymbol{S}_{12}\\ \boldsymbol{S}_{21} & \boldsymbol{S}_{22}\end{bmatrix}$（$\boldsymbol{S}_{11}$ 是 $r\times r$ 维），满足以下三个条件等价：①$\boldsymbol{S}<\boldsymbol{0}$；②$\boldsymbol{S}_{11}<\boldsymbol{0}$，$\boldsymbol{S}_{22}-\boldsymbol{S}_{12}^{T}\boldsymbol{S}_{11}^{-1}\boldsymbol{S}_{12}<\boldsymbol{0}$；③$\boldsymbol{S}_{22}<\boldsymbol{0}$，$\boldsymbol{S}_{11}-\boldsymbol{S}_{12}\boldsymbol{S}_{22}^{-1}\boldsymbol{S}_{12}^{T}<\boldsymbol{0}$。

四、鲁棒性能测定参数

非线性供应链动态系统在运行的过程中将会受到时变提前期、外部客户需求不确定等因素的干扰，而鲁棒控制可以在一定程度上降低这些因素对供应链系统的影响，使系统稳定运行。鲁棒控制实际上是系统通过反馈输出的库存状态来控制产品的生产与订购，以实现降低时变提前期和系统外部客户不确定需求等对非线性供应链系统干扰的目标，从而达到供应链系统的鲁棒稳定运行。应用参数 γ 来表征本书提出的鲁棒策略对上述扰动因素的抑制情况，即

$$\frac{\|\text{非线性供应链总成本}\|_2}{\|\text{外部需求}\|_2}\leqslant\gamma \tag{2-9}$$

其中，$\|\cdot\|_2$ 代表函数 ℓ_2［0，∞）范数。式（2-9）刻画了非线性供应链系统的总成本与系统外部客户需求之间的增益比。γ 的值越小则表明非线性供应链系统的鲁棒性越高，即系统抗干扰的性能越高。

第三章　时变提前期预防策略研究

第一节　引言

在企业竞争层面，基于时间竞争的绩效指标（如新产品研发时间、制造提前期、交货速度、客户响应度）与企业间竞争的指标（如资产回报率、投资回报率）存在正相关关系；进而，在供应链竞争层面，基于时间竞争的绩效指标与供应链间竞争的指标也存在正相关关系。因此，基于时间的管理已成为供应链间竞争的关键点，供应链的核心战略也集中在了对提前期的管理上。此外，受各种因素影响，现实中的提前期是高度不确定的，是随着时间不断发生变化的。时变的提前期将严重影响供应链系统的正常运作，因此，本章将首先分析形成时变提前期的各种因素，对时变提前期进行分类，然后通过灰色关联分析法识别出关键影响因素，基于此，提出提前期时变的预防策略。

第二节　提前期的分类

本章应用马士华教授在《供应链管理》中关于提前期的定义，即提前期是由几个独立作业部分的时间（如订单准备时间、运输时间、等待时间等）构成的。

依据不同的分类方法，提前期可以分为如下几类：

一、依据不同视角分类

（一）生产加工的视角

从生产加工的视角来看，提前期是指生产产品周期。

（二）营销的视角

从营销的视角来看，提前期是指订单周转周期。

（三）供应链系统的视角

从供应链系统的视角来看，提前期是指生产产品周期与产品流通周期之和。

（四）财务的视角

从财务的视角来看，提前期是指资金在生产产品过程和产品流通过程中所消耗的时间总和。

二、依据供应链流程分类

依据供应链流程，提前期可被分为四种类型，如图 3-1 所示。

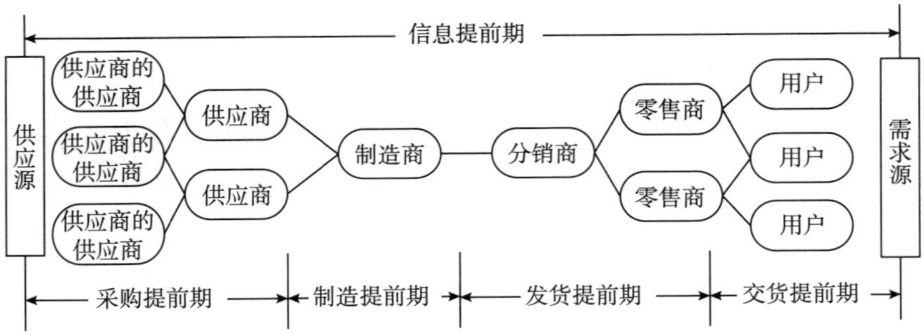

图 3-1 依据供应链流程的提前期分类

（一）采购提前期

如图 3-2 所示，采购提前期由三个部分组成，即由下达采购订单前的采购预处理提前期、按订单生产产品的采购处理提前期、收验产品及其入库的采购后处理提前期组成。

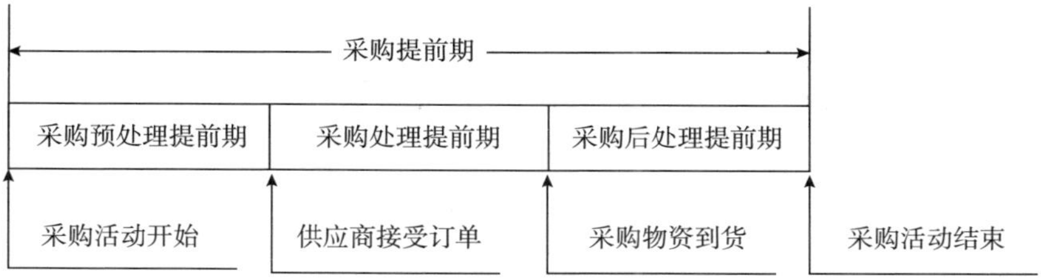

图 3-2　采购提前期的组成

（二）制造提前期

制造提前期由三个部分组成，即由制造预处理提前期、制造过程提前期和制造后处理提前期组成。

（三）发货提前期

发货提前期是指产品从仓库被移至指定地方所耗费的时间。

（四）交货提前期

交货提前期是指客户从订货到收到产品所耗费的时间。

由图 3-1 可知，在供应链流程中，提前期也包括信息提前期。信息提前期体现了供应链内各种信息的延迟。

三、依据是否随时间变化分类

（一）固定提前期

固定提前期是指不随时间改变而改变的提前期。固定提前期可以被量化。

（二）时变提前期

时变提前期是指随时间改变而变化的提前期。时变提前期分为随机提前期和突变提前期。

1. 随机提前期

随机提前期是随时间变化而呈波动性变化的时变提前期。由于该类提前期受环境等因素的影响较大，因此不能对此提前期的数值进行准确计算。但是，可以通过统计分析获知一些随机提前期服从某一分布。

2. 突变提前期

突变提前期是指供应链系统遭受突发事件的冲击而导致系统中的提前期发生突变，由原来的固定提前期或随机提前期突然变为提前期过长且在短期内无法恢复的提前期。

四、依据是否可控分类

(一) 可控提前期

可控提前期是指该提前期可以控制。可控提前期可以通过压缩提前期来缩短提前期。

(二) 不可控提前期

不可控提前期是指该提前期无法控制，如由突发事件引起的突变提前期就是不可控提前期。

本章将根据本节对提前期的分类，在后续章节中分别针对可控时变提前期和不可控时变提前期提出非线性供应链鲁棒控制策略和鲁棒应急策略。

第三节　提前期时变因素分析

在供应链管理过程中，对提前期管理应用的方法及其产生的效果是评判供应链管理绩效的重要依据。在研究时变提前期的控制方法和应急方法之前，本章首先分析提前期时变的形成因素，然后应用灰色关联分析法识别出提前期时变的关键因素，最后提出提前期时变的预防策略。

基于第三章第二节的阐述，本章将从以下 11 个方面分析形成提前期时变的因素。

(1) 采购批量变动。通常情况下，供应链系统中各节点企业的合作程度不高，信息共享程度也不高，下游节点企业为了预防缺货的发生，将安全库存纳入采购批量。而安全库存量的设置经常由于管理决策者对需求市场反应的主观判断的不同而发生变化，因此，采购批量的变动直接影响上游节点企业制造时间的长短，即采购批量的变化将导致制造提前期的时变。

（2）配送条件变动。如前所述，在供应链系统中，采购提前期和交货提前期中均包含配送环节。配送环节中的配送方式、配送路线的选择以及原材料和产成品检验入库的速度都决定了采购提前期和交货提前期的长短。因此，配送条件的不同将导致提前期的时变。

（3）价格变动。商品价格的变化将直接影响消费者对该商品的购买行为。当某种商品的价格低于正常价格时，将会刺激消费者大量购买，此时制造提前期和交货提前期由于需求的紧迫性均需要缩短；当某种商品的价格高于正常价格时，消费者将保持观望并延迟购买该商品，此时制造商将采取生产延迟策略，即延长制造提前期。因此，当商品的市场价格波动时，将直接导致该商品市场需求量的变动，并随之形成制造提前期的时变。

（4）供应链成员间供需关系变动。当某种商品供大于求时，制造商将采取延迟生产策略；当某种商品供不应求时，一方面要压缩制造提前期从而导致制造提前期的变动，另一方面由于供应量的不足，供应商将按照订单量进行限额分配，这也会导致订单处理提前期的变化。

（5）资金状况变动。当经济环境较差时，政府金融政策的变化将直接影响节点企业的融资计划，这会导致众多企业资金短缺。由于人力和原材料的供给受资金的限制，在这种情况下生产预处理提前期将变长。与此相反，当经济环境较好时，生产预处理提前期将变短。因此，资金状况变动将导致制造提前期变化。

（6）供应链系统结构。供应链系统是由诸多节点企业组成的复杂网链结构，供应链的每一层级涉及多个企业，每个企业也同时参与到多个供应链中的节点中。在如此复杂的供应链系统结构下，经常出现信息不对称的现象，即信息的传递会出现失真。供应链链级越长，上游企业距离需求市场越远，信息滞后现象越严重，信息处理越延迟，进而导致订单交付和订单处理涉及的提前期随之变动。

（7）企业间信息互联程度。虽然供应链系统建立在信息共享的基础上，但是实际上系统中的各种信息的共享互联程度并不理想。因此，节点企业间信息互联的长度对每个批次的采购量影响较大，进而导致订货提前期的变化。

（8）供应商能力变化。供应商的交货能力、信息处理能力、物流管理能力等的变化将直接导致供应商采购提前期的变化。

（9）产品生命周期变化。随着现代科技的飞速发展，新产品层出不穷，产品的生命周期也越来越短。产品生命周期的变化成为提前期时变的一个因素。

（10）生产方式转变。为了迎合客户的个性化和多样化需求，越来越多的企业由单一品种大批量生产转向多品种小批量的混流生产。但是，这种混流生产方式致使生产作业计划具有较低的准确性和灵活性，进而降低了生产的稳定性与平衡性。生产方式的转变使得产品的采购提前期和制造商提前期均发生变化。

（11）外部随机扰动因素。外部随机扰动因素，如天气、生产机器、人员、运输线路上的突发情况，临时订单的下达，订单的撤回等将使采购提前期、制造提前期、发货提前期和交货提前期均出现波动。

第四节　提前期时变因素分类

由于提前期受到各种因素的影响而发生时变，时变的提前期进一步增加了供应链系统的动态性和复杂性，这就使供应链实现平稳运作变得更加困难，因此，本节对提前期时变形成的因素进行分类，帮助管理者对于不同类别的时变提前期进行预防和控制，以降低时变提前期对供应链系统经营运作产生的消极影响。现将本章第三节提出的 11 种导致提前期时变的因素进行分类，如表 3-1 所示。

表 3-1　提前期时变形成因素分类

序号	提前期时变形成因素	可控/不可控
1	采购批量变动	可控
2	配送条件变动	可控
3	价格变动	不可控
4	供应链成员间供需关系变动	可控
5	资金状况变动	可控
6	供应链系统结构	可控
7	企业间信息互联程度	可控

续表

序号	提前期时变形成因素	可控/不可控
8	供应商能力变化	可控
9	产品生命周期变化	不可控
10	生产方式转变	可控
11	外部随机扰动因素	不可控

由表3-1可知，采购批量变动、配送条件变动、供应链成员间供需关系变动、资金状况变动、供应链系统结构、企业间信息互联程度、供应商能力变化、生产方式转变这8个提前期时变形成因素是可控的，而价格变动、产品生命周期变化和外部随机扰动因素是来自市场变化，属于不可控的形成提前期时变的因素。

第五节　基于灰色关联分析的时变提前期关键形成因素识别

一、灰色关联分析理论

由本章第四节的分析可知，有2类共11种因素导致提前期发生时变。在这些因素中，将识别出哪些是影响提前期时变的主要因素，哪些是影响提前期时变的次要因素，从而确定影响提前期时变的关键因素，并将其作为供应链提前期时变的预防重点。

随着时间或者不同对象而变化的两个系统之间的因素的关联性大小的量度，称为关联度（卢戈梅，2007）。在系统的发展过程中，如果两个因素的变化具有一致的趋势，则两者的关联程度较高；反之，则较低。作为一种多因素统计分析的方法，灰色关联分析基于各种因素的样本数据，用灰色关联度来刻画因素间关系的强弱、大小和次序。

相较于回归分析和其他系统分析方法，灰色关联分析的特点如下：①灰色关联分析是分析因子间的发展趋势的；②灰色关联分析是基于定性分析的定量分析；③灰色关联分析是注重基本态势的分析、全过程态势的分析和宏观的分析；④灰色关联分析不需要大量的数据；⑤灰色关联分析不需要数据的典型分布。

灰色关联分析法是根据各种因素变化的趋势所进行的分析，因此无需大量的数据样本，对于数据样本也无需良好的分布规律，因而分析的计算量较小，也不会出现灰色关联量化分析的结果同定性分析的结果不一致情形的。

二、提前期时变因素的灰色关联度计算

确定影响提前期时变的关键因素可以为供应链提前期管理提供重要参考，同时可以为提前期时变制定预防策略提供直接的依据。按照形成提前期时变的 8 个可控因素和 3 个不可控因素，本节将应用灰色关联分析法分析提前期时变因素中的关键因素，然后，针对分析出的提前期时变关键因素，提出提前期时变的预防策略。

提前期时变形成的因素及表示符号如表 3-2 所示。本节采取问卷打分的方法获取比较序列，具体是通过电子邮件的形式邀请 n 名调查对象按照表 3-2 进行问卷打分，即调查对象对表 3-2 中的 11 个因素分别打分，10 分为最高分，表示该因素对提前期时变的影响最大，1 分为最低分，表示该因素对提前期时变几乎没有影响，在此区间内分数越高表示该因素对提前期时变的影响越大。

表 3-2　提前期时变形成因素及表示符号

序号	时变提前期的形成因素	表示符号	影响大小
1	采购批量变动	X_1	m
2	配送条件变动	X_2	m
3	供应链成员间供需关系变动	X_3	m
4	资金状况变动	X_4	m
5	供应链系统结构	X_5	m
6	企业间信息互联程度	X_6	m
7	供应商能力变化	X_7	m
8	生产方式转变	X_8	m

续表

序号	时变提前期的形成因素	表示符号	影响大小
9	价格变动	X_9	m
10	产品生命周期变化	X_{10}	m
11	外部随机扰动因素	X_{11}	m

设置参考序列为 $Y=\{X_0(k),\ k=1,\ 2,\ \cdots,\ n\}$（$n$ 为样本数据总量）。由于本节是分析提前期时变形成的因素对提前期时变影响作用的大小，因此参考序列值选择影响作用最大的分值，即 $X_0(k)=10$；各问卷调查对象对表 3-2 中的各个影响因素赋予的分值组成的数据序列即为比较序列 $X_i=\{X_i(k),\ i=1,\ 2,\ \cdots,\ 11;\ k=1,\ 2,\ \cdots,\ n\}$。由专家打分法得到的原始数列为统一的计量标准，不需要对数据进行无量纲化处理。因此，对于收集到的各问卷调查对象的打分值如表 3-3 所示。

表 3-3　打分表

$X_i(k)$ / 调查对象 k	$X_1(k)$	$X_2(k)$	……	$X_i(k)$	……	$X_{10}(k)$	$X_{11}(k)$
调查对象 1	$X_1(1)$	$X_2(1)$	……	$X_i(1)$	……	$X_{10}(1)$	$X_{11}(1)$
调查对象 2	$X_1(2)$	$X_2(2)$	……	$X_i(2)$	……	$X_{10}(2)$	$X_{11}(2)$
……	……	……	……	……	……	……	……
调查对象 k	$X_1(k)$	$X_2(k)$	……	$X_i(k)$	……	$X_{10}(k)$	$X_{11}(k)$
……	……	……	……	……	……	……	……
调查对象 $n-1$	$X_1(n-1)$	$X_2(n-1)$	……	$X_i(n-1)$	……	$X_{10}(n-1)$	$X_{11}(n-1)$
调查对象 n	$X_1(n)$	$X_2(n)$	……	$X_i(n)$	……	$X_{10}(n)$	$X_{11}(n)$

计算各个比较序列同参考序列同一问卷调查对象的绝对差 $\Delta_i(k)=|X_0(k)-X_i(k)|$，得到的绝对差计算数据如表 3-4 表示。

表 3-4　绝对差计算

$\Delta_i(k)$ 调查对象 k	$\Delta_1(k)$	$\Delta_2(k)$	……	$\Delta_i(k)$	……	$\Delta_{10}(k)$	$\Delta_{11}(k)$
调查对象 1	$\Delta_1(1)$	$\Delta_2(1)$	……	$\Delta_i(1)$	……	$\Delta_{10}(1)$	$\Delta_{11}(1)$
调查对象 2	$\Delta_1(2)$	$\Delta_2(2)$	……	$\Delta_i(2)$	……	$\Delta_{10}(2)$	$\Delta_{11}(2)$
……	……	……	……	……	……	……	……
调查对象 k	$\Delta_1(k)$	$\Delta_2(k)$	……	$\Delta_i(k)$	……	$\Delta_{10}(k)$	$\Delta_{11}(k)$
……	……	……	……	……	……	……	……
调查对象 $n-1$	$\Delta_1(n-1)$	$\Delta_2(n-1)$	……	$\Delta_i(n-1)$	……	$\Delta_{10}(n-1)$	$\Delta_{11}(n-1)$
调查对象 n	$\Delta_1(n)$	$\Delta_2(n)$	……	$\Delta_i(n)$	……	$\Delta_{10}(n)$	$\Delta_{11}(n)$

关联系数 $\zeta_i(k)$ 可根据下式进行计算：

$$\zeta_i(k)=\frac{\min\limits_{i}\min\limits_{k}|X_0(k)-X_i(k)|+\rho\cdot\max\limits_{i}\max\limits_{k}|X_0(k)-X_i(k)|}{|X_0(k)-X_i(k)|+\rho\cdot\max\limits_{i}\max\limits_{k}|X_0(k)-X_i(k)|} \tag{3-1}$$

其中，ρ 为分辨系数。

根据式（3-1）计算出所有的关联系数，如表 3-5 所示。

表 3-5　关联系数

$\zeta_i(k)$ 调查对象 k	$\zeta_1(k)$	$\zeta_2(k)$	……	$\zeta_i(k)$	……	$\zeta_{10}(k)$	$\zeta_{11}(k)$
调查对象 1	$\zeta_1(1)$	$\zeta_2(1)$	……	$\zeta_i(1)$	……	$\zeta_{10}(1)$	$\zeta_{11}(1)$
调查对象 2	$\zeta_1(2)$	$\zeta_2(2)$	……	$\zeta_i(2)$	……	$\zeta_{10}(2)$	$\zeta_{11}(2)$
……	……	……	……	……	……	……	……
调查对象 k	$\zeta_1(k)$	$\zeta_2(k)$	……	$\zeta_i(k)$	……	$\zeta_{10}(k)$	$\zeta_{11}(k)$
……	……	……	……	……	……	……	……
调查对象 $n-1$	$\zeta_1(n-1)$	$\zeta_2(n-1)$	……	$\zeta_i(n-1)$	……	$\zeta_{10}(n-1)$	$\zeta_{11}(n-1)$
调查对象 n	$\zeta_1(n)$	$\zeta_2(n)$	……	$\zeta_i(n)$	……	$\zeta_{10}(n)$	$\zeta_{11}(n)$

灰色关联度可由以下公式得出：

$$\gamma_i=\frac{1}{n}\sum_{k=1}^{n}\zeta_i(k) \tag{3-2}$$

其中，$0<\gamma_i\leqslant 1$。

依据灰色关联分析法的基本原理，若 $0<\gamma_i\leqslant 0.35$，则表示关联程度较低，即该因素对提前期时变的影响作用较弱；若 $0.35<\gamma_i\leqslant 0.65$，则表示关联程度中等，即该因素对提前期时变的影响作用中等；若 $0.65<\gamma_i\leqslant 0.85$，则表示关联程度较高，即该因素对提前期时变的影响作用较强；若 $0.85<\gamma_i\leqslant 1$，则表示关联程度极强，即该因素对提前期时变的影响作用极强。

按照关联度的大小进行排序，关联度大的因素是形成提前期时变的关键因素，同时也是供应链提前期时变预防和管理的重点。

本节选取了国际供应链协会大中华地区 5 名专业委员会成员、5 名专家和供应链运营领域中各行业的 30 名供应链管理工作人员作为调查对象，通过电子邮件收集到了 40 份调查问卷。在调查问卷中得到的数据如表 3-6 所示。

表 3-6　原始数据

X_i（k） 调查对象 k	X_0（k）	X_1（k）	X_2（k）	X_3（k）	X_4（k）	X_5（k）	X_6（k）	X_7（k）	X_8（k）	X_9（k）	X_{10}（k）	X_{11}（k）
调查对象 1	10	8	8	6	7	10	10	9	5	6	7	10
调查对象 2	10	9	8	5	7	10	10	9	6	8	9	9
调查对象 3	10	10	8	7	7	9	10	10	6	5	8	10
调查对象 4	10	8	8	5	6	9	10	10	7	7	7	10
调查对象 5	10	8	7	5	8	10	9	10	4	7	8	10
调查对象 6	10	8	7	5	6	8	10	10	4	5	8	10
调查对象 7	10	9	7	7	8	10	8	9	6	9	6	9
调查对象 8	10	10	8	5	5	10	9	10	6	6	7	9
调查对象 9	10	7	8	5	7	9	10	10	6	6	7	10
调查对象 10	10	8	8	5	7	10	10	9	6	8	7	10
调查对象 11	10	7	8	5	6	10	10	9	4	5	9	10
调查对象 12	10	8	9	5	5	8	10	10	6	6	8	10
调查对象 13	10	10	7	7	8	10	10	9	5	7	6	10
调查对象 14	10	6	7	5	8	9	10	10	4	7	6	8
调查对象 15	10	8	7	5	8	10	10	9	4	6	7	10
调查对象 16	10	7	9	4	7	10	10	8	6	8	8	10

续表

$X_i(k)$ 调查对象 k	$X_0(k)$	$X_1(k)$	$X_2(k)$	$X_3(k)$	$X_4(k)$	$X_5(k)$	$X_6(k)$	$X_7(k)$	$X_8(k)$	$X_9(k)$	$X_{10}(k)$	$X_{11}(k)$
调查对象 17	10	10	9	4	6	10	10	8	7	7	8	10
调查对象 18	10	8	9	5	5	10	7	8	4	6	9	10
调查对象 19	10	10	9	7	7	10	10	8	5	8	8	10
调查对象 20	10	8	9	5	8	10	7	8	4	6	7	9
调查对象 21	10	7	6	5	8	9	10	10	7	7	9	10
调查对象 22	10	8	8	4	7	10	10	7	6	7	9	10
调查对象 23	10	8	8	4	5	9	8	7	6	6	7	9
调查对象 24	10	9	9	6	6	10	10	8	5	5	8	10
调查对象 25	10	7	6	4	8	9	10	10	5	7	7	10
调查对象 26	10	8	8	6	5	10	10	7	9	6	9	10
调查对象 27	10	7	9	6	5	10	8	10	4	6	8	10
调查对象 28	10	8	8	6	9	10	10	7	4	8	8	10
调查对象 29	10	9	9	6	6	10	10	8	5	7	8	10
调查对象 30	10	8	6	4	6	10	10	8	9	5	7	9
调查对象 31	10	8	6	7	6	9	10	10	8	8	7	10
调查对象 32	10	10	6	5	9	10	10	8	4	7	8	10
调查对象 33	10	7	6	5	9	8	10	10	4	7	5	10
调查对象 34	10	8	6	5	9	10	10	8	4	8	8	10
调查对象 35	10	10	7	6	9	10	8	10	4	6	8	10
调查对象 36	10	9	6	5	8	10	10	8	9	7	7	10
调查对象 37	10	8	6	5	9	8	10	10	5	7	7	10
调查对象 38	10	7	7	6	9	10	10	8	6	8	8	10
调查对象 39	10	9	7	6	9	8	10	10	4	7	9	9
调查对象 40	10	8	7	6	9	10	8	10	5	8	8	10

依据 $\Delta_i(k)=|X_0(k)-X_i(k)|$，计算各比较序列同参考序列 $X_0(k)$ 同一问卷调查对象的绝对差后，得到的绝对差如表 3-7 所示。

表 3-7　绝对差

$\Delta_i(k)$ / 调查对象 k	$\Delta_1(k)$	$\Delta_2(k)$	……	$\Delta_{10}(k)$	$\Delta_{11}(k)$
调查对象 1	2	2	……	3	0
调查对象 2	1	2	……	1	1
……	……	……	……	……	……
调查对象 39	1	3	……	1	1
调查对象 40	2	3	……	2	0

设分辨系数 $\rho=0.5$，应用式（3-1）计算关联系数，具体如表 3-8 所示。

表 3-8　关联系数计算结果

$\zeta_i(k)$ / 调查对象 k	$\zeta_1(k)$	$\zeta_2(k)$	……	$\zeta_{10}(k)$	$\zeta_{11}(k)$
调查对象 1	0. 6	0. 6	……	0. 5	1
调查对象 2	0. 75	0. 6	……	0. 75	0. 75
……	……	……	……	……	……
调查对象 39	0. 75	0. 5	……	0. 75	0. 75
调查对象 40	0. 6	0. 5	……	0. 6	1

根据式（3-2），计算灰色关联度，具体如表 3-9 所示。

表 3-9　灰色关联度

γ_1	γ_2	γ_3	γ_4	γ_5	γ_6	γ_7	γ_8	γ_9	γ_{10}	γ_{11}
0. 67	0. 57	0. 40	0. 55	0. 90	0. 91	0. 79	0. 42	0. 49	0. 58	0. 95

根据灰色关联度的数值，各因素对提前期时变的影响作用大小可如表 3-10 所示。

表 3-10　形成提前期时变的因素影响作用

序号	时变提前期的形成因素	表示符号	γ_i	极性
1	采购批量变动	X_1	0.67	较强
2	配送条件变动	X_2	0.57	中等
3	供应链成员间供需关系变动	X_3	0.40	中等
4	资金状况变动	X_4	0.50	中等
5	供应链系统结构	X_5	0.90	极强
6	企业间信息互联程度	X_6	0.91	极强
7	供应商能力变化	X_7	0.79	较强
8	生产方式转变	X_8	0.42	中等
9	价格变动	X_9	0.49	中等
10	产品生命周期变化	X_{10}	0.58	中等
11	外部随机扰动因素	X_{11}	0.95	极强

由表 3-10 可知，在提前期时变形成因素中，供应链系统结构、企业间信息互联程度、外部随机扰动因素的极性为极强，应在预防提前期时变时将这三个因素作为重中之重；采购批量变动、供应商能力变化的极性为较强，应在预防提前期时变时将这两个因素作为重点；配送条件变动、供应链成员间供需关系变动、资金状况变动、生产方式转变、价格变动和产品生命周期变化的极性为中等，应在预防提前期时变时将这六个因素作为一般因素考虑。

第六节　提前期时变预防策略

依据本章第四节对提前期时变形成因素的分类和本章第五节对提前期时变形成因素的分析，下面将分别针对可控时变提前期形成的四个关键因素和不可控时变提前期形成的关键因素提出提前期时变的预防策略。

一、可控提前期时变预防策略

（一）供应链系统结构的简化

由表 3-10 可知，作为可控提前期时变形成因素之一的供应链系统结构，其对形成提前期时变有较强的影响作用。依据对供应链系统中核心企业流程影响的重要程度，将供应商群体和客户群体均分为支持型和重要型。支持型群体是指对产品的生产和流通起到支持作用的参与者，如提供贷款的银行、维护生产设备的设备供应商、运输企业等。重要型群体是指对产品增值起到重要作用的参与者，如不易获得的原材料供应者、某些技术的支持者、有较好销售渠道的批发商等。要想简化供应链系统的结构，则应保留重要型参与者，剔除支持型参与者。简化后的供应链将具有合适的长度和宽度。因此，从供应链系统结构入手，可以减少提前期时变的可能性。

（二）节点企业间的信息共享和协同预测

由表 3-10 可知，作为可控提前期时变形成因素之一的企业间的信息互联程度，其对形成提前期时变有极强的影响作用。在可控提前期时变形成的因素中，导致提前期时变的主要原因之一是来自节点企业间的信息失真现象。控制提前期时变最根本的方式之一是节点企业间建立起战略合作伙伴关系，进而实现供应链系统内的信息共享。在信息共享的基础上，供应链各节点企业对顾客需求进行协同预测，可以从根本上解决由于不可控提前期时变的形成因素——价格变动和可控提前期时变的形成因素——采购批量变动带来的信息扭曲现象。供应链中的各节点企业可充分利用现代化技术，降低信息传递的成本，提高信息共享的效率。

（三）专业采购团队的构建

由表 3-10 可知，作为可控提前期时变形成因素之一的采购批量变动，其对形成提前期时变有较强的影响作用。应对采购部组织架构进行调整，成立开发处、业务处和管理处（含供应商绩效评估办公室）。开发处负责新供应商的招标、新产品的开发和新客户的挖掘；业务处负责处理订单、到货跟踪以及发票入账、付款等事宜；管理处负责产品订单的审核与分配、供应商的维护与管理等，管理处的供应商绩效评估办公室负责供应商的绩效评价。分工明确的采购团队将全面精准地掌握实时采购批量变化，进而可以有针对性地实时采取应对措施。因此，构建专业的采购团队可以预防采购提前期的时变。

（四）多方面供应商能力的提升

由表 3-10 可知，作为可控提前期时变形成因素之一的供应商能力变化，其对提前期时变有较强的影响作用。提升原材料供应商的能力，将减少生产的等待时间，即提升企业的生产能力，随之将降低产品的生产时间，同时也降低了企业的供货时间；提高供应商的仓储能力，即供应商提前备好库存，可以降低生产的备货时间，因此采购提前期将被降低；提升供应商的运输能力，可以降低货物运输过程的流转时间；提升供应商的资金实力，供应商可以购买生产设备以加大产能，这可以提高供应商的生产能力和交货能力，进而降低供应商的供货时间；提升供应商的技术管理水平与质量管理水平，可以降低由产品的质量事故导致的供货延迟与特殊插单引起生产计划混乱现象，并可以压缩生产过程所需要的时间。

二、不可控提前期时变预防策略

由表 3-10 可知，作为不可控提前期时变形成因素之一的外部随机扰动因素，其对提前期时变有极强的影响作用。由供应链系统外部的风险因素导致的系统节点企业提前期传递中断，可能使节点企业的生产或销售终止，严重时将导致供应链系统崩溃。通过建立供应链信息共享机制，从系统的角度预测系统外部的随机扰动因素，制定防范随机扰动的应对预案；建立供应链战略伙伴关系，提升系统的应急处置能力。

第四章　可控时变提前期下非线性供应链鲁棒控制策略

第一节　引言

在第三章中，本书已经将时变提前期分为可控时变提前期和不可控时变提前期两大类。对于可控时变提前期，对其进行压缩已成为供应链之间基于时间竞争的一种重要手段。缩短提前期可以缩短供货时间，提高客户的满意度，提升市场份额。那么，是否提前期被压缩得越短越好呢？答案显然是否定的，因为压缩提前期必然要付出压缩成本的代价，几种提前期压缩成本与提前期压缩量之间的函数表达式已在第二章第二节表述过，这些表达式反映出一个共同的特点，即提前期的压缩量越大，提前期的压缩成本也越高。那么，如果片面追求过短的提前期，将会出现提前期压缩成本远大于收益的现象。因此，应用提前期压缩策略时必须考虑可控时变提前期的压缩量与压缩成本之间的关系。另外，供应链系统处在时刻发生变化的环境中，这种环境导致的供应链系统外客户需求的不确定变化和系统内各种参数的不确定变化，将严重影响供应链系统的平稳运作。

因此，在提高客户满意度的同时，也需衡量压缩可控时变提前期的幅度，即以适当的成本满足客户的需求。另外，必须有效抑制供应链系统内外部不确定因素对系统的干扰，保证系统低成本鲁棒运行。

基于以上分析，本章假设在第三章第五节中识别出的可控时变提前期形成的关键因素，已应用在第三章第六节提出的相应的预防策略中并预防了可控提前期的时变，预防的结果可以降低可控提前期时变的范围。在上述假设的基础上，本章首先构建可控时变提前期的压缩成本模型，基于此，比较可控时变提前期的压缩成本和缺货成本，以低成本为原则设计系统的成本优化策略。其次，以构建的三种不同非线性供应链演化模糊模型为载体，提出相对应的模糊鲁棒控制策略，力求可以有效抑制时变提前期和各种不确定因素对供应链系统的干扰，保证系统能够低成本稳定运行。

第二节　考虑单提前期压缩的一对一型非线性供应链鲁棒控制策略

一、模型构建

（一）可控时变提前期的压缩成本模型构建

基于时变提前期由 n 个独立部分组成，本章构建可控时变提前期压缩成本与压缩量之间的量化关系模型。在建模的过程中，依次计算时变提前期各独立部分的成本之和。因此，本章通过参考第二章第一节的基于分段提前期的提前期压缩成本模型，建立可控时变提前期的压缩成本与压缩量之间的模型，具体如下所示：

$$c_\tau = c_i(\tau_{i-1} - \tau) + \sum_{j=1}^{i-1} c_j(b_j - a_j), \ \tau \in [\tau_i, \ \tau_{i-1}] \tag{4-1}$$

其中，c_τ 为提前期压缩总成本，τ 为可控时变提前期，τ_i 为压缩 i 个组成部分后的时变提前期长度（$i=1, 2, \cdots, n$），c_i 为第 i 个时变提前期组成部分的单位压缩成本，b_i 为标准作业时间，a_i 为充分压缩后的最短作业时间。

式（4-1）构建的时变提前期压缩成本与压缩量间的量化关系应用了分段累计的方法，即从最小压缩成本的部分开始，依次计算时变提前期中各独立部分的压缩成本，再分别累计相加。

注 4-1　对比时变提前期的压缩成本与缺货成本，本章提出的成本优化策略如下：①当供应链系统的节点企业库存水平小于安全库存时，如果时变提前期的压缩成本大于缺货成本，那么该节点企业不压缩提前期；反之，则压缩提前期。②当供应链系统的节点企业库存水平大于安全库存时，那么该节点企业正常生产或正常订购，不压缩提前期。由上述可知，为了降低系统成本，在不同的库存水平下将采用不同的成本优化策略，将会形成不同的系统变量和系统参数，进而会形成不同的供应链系统模型，这将在注 4-3 中说明。

（二）非线性供应链模型构建

在本章中，将基于以下假设建立供应链动态模型：①供应链系统完全信息共享；②供应链系统以制造企业为核心企业；③允许缺货，但缺货仅在时变提前期内发生。

本节构建的动态供应链模型如图 4-1 所示。

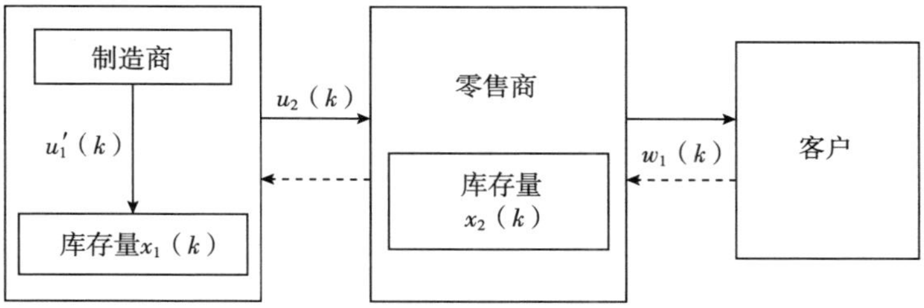

图 4-1　考虑单提前期压缩的动态供应链模型

在图 4-1 中，$x_1(k)$表示制造商在 k 周期内的库存量，$x_2(k)$表示零售商在 k 周期内的库存量，$x_1(k)$和 $x_2(k)$均是库存状态变量；$u'_1(k)$表示制造商在 k 周期内的生产量；$u_2(k)$表示零售商在 k 周期内向制造商订购的订购量，$u'_1(k)$和 $u_2(k)$均为控制变量；$w_1(k)$表示客户在 k 周期内的需求量，为不确定的随机变量。

注 4-2　当制造商正常生产时，即不压缩时变提前期时，$u'_1(k)$可表示为 $u'_1(k)=u_1(k)+u_1(k-\tau')$，其中 $u_1(k)$表示制造商在 k 周期内的生产量，$u_1(k-\tau')$表示制造商在提前期 τ'内的生产量，τ'表示初始生产提前期。当制造商紧急生产时，即采取时变提前期压缩策略时，$u'_1(k)$可表示为 $u'_1(k)=u_1(k-\tau'')$，$u_1(k-$

τ'')表示制造商在提前期 τ''内的生产量，τ''表示压缩的生产提前期。

基于图 4-1，本章建立的考虑时变提前期压缩的供应链库存演化模型及总成本演化模型可表示如下：

$$\begin{cases} x_1(k+1)=x_1(k)+u_1(k)+u_1(k-\tau')+u_1(k-\tau'')-u_2(k) \\ x_2(k+1)=x_2(k)+u_2(k)-w_1(k) \end{cases} \tag{4-2}$$

$$z(k)=c_{h1}x_1(k)+c_{h2}x_2(k)+c_n[u_1(k)+u_1(k-\tau')]+c_\tau u_1(k-\tau'')+c_s u_2(k)+c_m u_2(k) \tag{4-3}$$

其中，c_{h1} 为制造商的单位库存成本；c_{h2} 为零售商的单位库存成本；c_n 为制造商的单位制造成本；c_s 为零售商的单位订购成本；c_m 为制造商需赔付零售商的单位缺货成本，即不采取时变提前期压缩策略而采取缺货策略时需赔付的成本。

注 4-3 由于在不同的库存水平下将采用不同的成本优化策略，因此式（4-2）与式（4-3）中的某些系统变量或系统参数不同时存在。当节点企业的库存小于安全库存时，比较时变提前期压缩成本与缺货成本的大小：如果缺货成本小于时变提前期压缩成本，则 u_1（$k-\tau''$）项不存在，c_τ 和 c_s 系数为 0；如果缺货成本大于时变提前期压缩成本，则 u_1（k）项和 u_1（$k-\tau'$）项不存在，c_n 和 c_m 系数为 0。当节点企业的库存大于安全库存时，则 u_1（$k-\tau''$）项不存在，c_τ 和 c_m 系数为 0。本章建立的所有模型均适用于注 4-3。

制造商为了降低成本，会依据其在不同周期内的具体库存数量执行不同的生产方式，所以，基于不同的库存数量，供应链会形成不同的子系统，并将在不同的子系统之间进行切换以达到成本最优化。因此，供应链系统实际上是一个分段切换的非线性系统。本章用矩阵形式将其第 i 个子系统表示如下：

$$\boldsymbol{x}(k+1)=\boldsymbol{A}_i\boldsymbol{x}(k)+\boldsymbol{B}_i\boldsymbol{u}(k)+\boldsymbol{B}_{i1}\boldsymbol{u}_1(k-\tau')+\boldsymbol{B}_{i2}\boldsymbol{u}_1(k-\tau'')+\boldsymbol{B}_{wi}\boldsymbol{w}(k) \tag{4-4}$$

$$z(k)=\boldsymbol{C}_i\boldsymbol{x}(k)+\boldsymbol{D}_i\boldsymbol{u}(k)+\boldsymbol{D}_{i1}\boldsymbol{u}_1(k-\tau')+\boldsymbol{D}_{i2}\boldsymbol{u}_1(k-\tau'') \tag{4-5}$$

在式（4-4）和式（4-5）中，$\boldsymbol{x}^T(k)=[x_1(k),\ x_2(k)]$，$\boldsymbol{u}^T(k)=[u_1(k),\ u_2(k)]$，$\boldsymbol{w}^T(k)=[0,\ w_1(k)]$；$\boldsymbol{A}_i$ 表示库存系数矩阵，$\boldsymbol{B}_i$ 表示生产与订购系数矩阵，$\boldsymbol{B}_{i1}$ 表示在提前期 τ'内的生产系数矩阵，$\boldsymbol{B}_{i2}$ 表示在提前期 τ''内的生产系数矩阵，$\boldsymbol{B}_{wi}$ 表示客户需求系数矩阵，$\boldsymbol{C}_i$ 表示库存成本系数矩阵，$\boldsymbol{D}_i$ 表示正常生产成本和订货成本(或缺货成本)系数矩阵，$\boldsymbol{D}_{i1}$ 表示 τ'提前期时的生产成本系数矩

阵，$\boldsymbol{D}_{i2}$ 表示 τ''提前期时的压缩成本系数矩阵。

（三）非线性供应链 Takagi-Sugeno 模糊模型构建

基于式（4-4）和式（4-5），建立如下非线性供应链 Takagi-Sugeno 模糊模型：

R_i：If $x_1(k)$ is M_1^i

$$\text{then}\begin{cases}\boldsymbol{x}(k+1)=\boldsymbol{A}_i\boldsymbol{x}(k)+\boldsymbol{B}_i\boldsymbol{u}(k)+\boldsymbol{B}_{i1}\boldsymbol{u}_1(k-\tau')+\boldsymbol{B}_{i2}\boldsymbol{u}_1(k-\tau'')+\boldsymbol{B}_{wi}\boldsymbol{w}(k)\\ \boldsymbol{z}(k)=\boldsymbol{C}_i\boldsymbol{x}(k)+\boldsymbol{D}_i\boldsymbol{u}(k)+\boldsymbol{D}_{i1}\boldsymbol{u}_1(k-\tau')+\boldsymbol{D}_{i2}\boldsymbol{u}_1(k-\tau'')\\ \boldsymbol{x}(k)=\boldsymbol{\varphi}(k),\ i=1,\ 2,\ \cdots,\ r,\ k\in\{0,\ 1,\ \cdots,\ N\}\end{cases}\tag{4-6}$$

其中，$R_i(i=1,\ 2,\ \cdots,\ r)$表示第 i 条模糊控制规则，r 表示模糊系统的规则数；M_1^i 表示制造商的模糊集合；$\boldsymbol{\varphi}(k)$表示模型的初始状态向量；$\boldsymbol{x}^T(k)=[x_1(k),\ x_2(k),\ \cdots,\ x_n(k)]$；$\boldsymbol{u}^T(k)=[u_1(k),\ u_2(k),\ \cdots,\ u_n(k)]$；$\boldsymbol{w}^T(k)=[w_1(k),\ w_2(k),\ \cdots,\ w_{n-1}(k)]$为外部客户需求向量；$z(k)$表示非线性供应链系统总成本。

应用单点模糊化、乘积推理及加权平均反模糊化的方法对式（4-6）的后件整理如下：

$$\begin{cases}\boldsymbol{x}(k+1)=\sum_{i=1}^{r}h_i(\boldsymbol{x}(k))[\boldsymbol{A}_i\boldsymbol{x}(k)+\boldsymbol{B}_i\boldsymbol{u}(k)+\boldsymbol{B}_{i1}\boldsymbol{u}_1(k-\tau')+\\ \qquad\boldsymbol{B}_{i2}\boldsymbol{u}_1(k-\tau'')+\boldsymbol{B}_{wi}\boldsymbol{w}(k)]\\ z(k)=\sum_{i=1}^{r}h_i(\boldsymbol{x}(k))[\boldsymbol{C}_i\boldsymbol{x}(k)+\boldsymbol{D}_i\boldsymbol{u}(k)+\boldsymbol{D}_{i1}\boldsymbol{u}_1(k-\tau')+\boldsymbol{D}_{i2}\boldsymbol{u}_1(k-\tau'')]\end{cases}\tag{4-7}$$

为了简便起见，以下把 $h_i(\boldsymbol{x}(k))$简记为 h_i。

二、一对一型非线性供应链模糊鲁棒控制策略

对式（4-7）设计如下 Takagi-Sugeno 模糊控制器：

Controller Rule K^i：

$$\text{If } x_1(k)\ is\ M_1^i\ \text{then}\begin{cases}\boldsymbol{u}(k)=-\boldsymbol{K}_i\boldsymbol{x}(k)\\ \boldsymbol{u}_1(k-\tau')=-\boldsymbol{K}_{i1}\boldsymbol{x}(k-\tau')\\ \boldsymbol{u}_1(k-\tau'')=-\boldsymbol{K}_{i2}\boldsymbol{x}(k-\tau'')\end{cases}$$

其中，$i=1, 2, \cdots, r$，$\boldsymbol{K}_i$ 表示系统库存状态反馈增益矩阵，$\boldsymbol{K}_{i1}$ 和 $\boldsymbol{K}_{i2}$ 分别表示 τ' 和 τ'' 时的系统库存状态反馈增益矩阵。

全局库存状态反馈控制器设计如下：

$$\begin{cases}\boldsymbol{u}(k)=-\sum_{i=1}^{r}h_i\boldsymbol{K}_i\boldsymbol{x}(k)\\ \boldsymbol{u}_1(k-\tau')=-\sum_{i=1}^{r}h_i\boldsymbol{K}_{i1}\boldsymbol{x}(k-\tau')\\ \boldsymbol{u}_1(k-\tau'')=-\sum_{i=1}^{r}h_i\boldsymbol{K}_{i2}\boldsymbol{x}(k-\tau'')\end{cases}\tag{4-8}$$

将式（4-8）代入式（4-7）后，可以得到如下等式：

$$\begin{cases}\boldsymbol{x}(k+1)=\sum_{i=1}^{r}\sum_{j=1}^{r}h_ih_j[(\boldsymbol{A}_i-\boldsymbol{B}_i\boldsymbol{K}_j)\boldsymbol{x}(k)-\boldsymbol{B}_{i1}\boldsymbol{K}_{j1}\boldsymbol{x}(k-\tau')-\\ \qquad\boldsymbol{B}_{i2}\boldsymbol{K}_{j2}\boldsymbol{x}(k-\tau'')+\boldsymbol{B}_{wi}\boldsymbol{w}(k)]\\ z(k)=\sum_{i=1}^{r}\sum_{j=1}^{r}h_ih_j[(\boldsymbol{C}_i-\boldsymbol{D}_i\boldsymbol{K}_j)\boldsymbol{x}(k)-\boldsymbol{D}_{i1}\boldsymbol{K}_{j1}\boldsymbol{x}(k-\tau')-\boldsymbol{D}_{i2}\boldsymbol{K}_{j2}\boldsymbol{x}(k-\tau'')]\end{cases}\tag{4-9}$$

式（4-9）表示的模型中含有两个时变提前期。基于式（4-9），本章构建的一般包含 g 个时变提前期的非线性供应链库存状态演化方程和总成本状态演化方程，具体如下：

$$\begin{cases}\boldsymbol{x}(k+1)=\sum_{i=1}^{r}\sum_{j=1}^{r}h_ih_j[\boldsymbol{M}_{ij}\boldsymbol{x}(k)-\sum_{e=1}^{g}\boldsymbol{B}_{ie}\boldsymbol{K}_{je}\boldsymbol{x}(k-\tau_e)+\boldsymbol{B}_{wi}\boldsymbol{W}(k)]\\ z(k)=\sum_{i=1}^{r}\sum_{j=1}^{r}h_ih_j[\boldsymbol{N}_{ij}\boldsymbol{x}(k)-\sum_{e=1}^{g}\boldsymbol{D}_{ie}\boldsymbol{K}_{je}\boldsymbol{x}(k-\tau_e)]\end{cases}\tag{4-10}$$

其中，$\boldsymbol{M}_{ij}=\boldsymbol{A}_i-\boldsymbol{B}_i\boldsymbol{K}_j$，$\boldsymbol{N}_{ij}=\boldsymbol{C}_i-\boldsymbol{D}_i\boldsymbol{K}_j$。在式（4-10）中，当 $g=2$ 时，令 $\tau_1=\tau'$，$\tau_2=\tau''$，则式（4-10）变为式（4-9）。

与式（4-10）相对应的模糊控制器表示如下：

$$\begin{cases}U(k)=-\sum_{i=1}^{r}h_i\boldsymbol{K}_i\boldsymbol{x}(k)\\ U(k-\tau_e)=-\sum_{i=1}^{r}h_i\boldsymbol{K}_{ie}\boldsymbol{x}(k-\tau_e)\end{cases}\tag{4-11}$$

将式（4-11）代入式（4-10）后，可以得到如下模糊控制系统：

$$\begin{cases} \boldsymbol{x}(k+1)=\sum_{i=1}^{r}\sum_{j=1}^{r}h_ih_j\bar{\boldsymbol{M}}_{ij}\bar{\boldsymbol{x}}(k) \\ z(k)=\sum_{i=1}^{r}\sum_{j=1}^{r}h_ih_j\bar{\boldsymbol{N}}_{ij}\bar{\boldsymbol{x}}(k) \end{cases} \tag{4-12}$$

其中，$\bar{\boldsymbol{M}}_{ij}=[\boldsymbol{M}_{ij},\ -\boldsymbol{B}_{i1}\boldsymbol{K}_{j1},\ -\boldsymbol{B}_{i2}\boldsymbol{K}_{j2},\ \cdots,\ -\boldsymbol{B}_{ig}\boldsymbol{K}_{jg},\ \boldsymbol{B}_{wi}]$，$\bar{\boldsymbol{N}}_{ij}=[\boldsymbol{N}_{ij},\ -\boldsymbol{D}_{i1}\boldsymbol{K}_{j1},\ -\boldsymbol{D}_{i2}\boldsymbol{K}_{j2},\ \cdots,\ -\boldsymbol{D}_{ig}\boldsymbol{K}_{jg},\ \boldsymbol{0}]$，$\bar{\boldsymbol{x}}(k)=[\boldsymbol{x}(k),\ \boldsymbol{x}(k-\tau_1),\ \boldsymbol{x}(k-\tau_2),\ \cdots,\ \boldsymbol{x}(k-\tau_g),\ \boldsymbol{W}(k)]^T$。

为了实现具有可控时变提前期的非线性供应链系统鲁棒稳定运作，本章将提出时变提前期下模糊鲁棒 H_∞ 控制策略。在提出时变提前期模糊鲁棒 H_∞ 控制策略之前，先介绍一下相关的定义和引理。

定义 4-1 （Liu and Zhang，2003）：对于给定的满足式（2-9）的标量 $\gamma>0$，如果满足如下两个条件，则式（4-12）被称为在抑制率 γ 下鲁棒 H_∞ 稳定：①当 $W(k)\equiv\boldsymbol{0}$ 时，式（4-12）是渐近稳定的；②当 $W(k)\neq\boldsymbol{0}$ 时，在初始零状态下，式（4-12）的输出 $z(k)$ 满足 $\|z(k)\|_2^2\leqslant\gamma\|W(k)\|_2^2$。

引理 4-1 （Xie，1996）：对于任意实矩阵 $\boldsymbol{X}_i$ 与 $\boldsymbol{Y}_i$（$1\leqslant i\leqslant n$）和具有适当维数的 $\boldsymbol{S}>\boldsymbol{0}$，如下不等式成立：

$$2\sum_{i=1}^{n}\sum_{j=1}^{n}\sum_{k=1}^{n}\sum_{l=1}^{n}h_ih_jh_kh_l\boldsymbol{X}_{ij}^T\boldsymbol{S}\boldsymbol{Y}_{kl}\leqslant\sum_{i=1}^{n}\sum_{j=1}^{n}h_ih_j(\boldsymbol{X}_{ij}^T\boldsymbol{S}\boldsymbol{X}_{ij}+\boldsymbol{Y}_{ij}^T\boldsymbol{S}\boldsymbol{Y}_{ij}) \tag{4-13}$$

引理 4-2 对于任意实矩阵 $\boldsymbol{X}_{ij}$（$1\leqslant i,\ j\leqslant n$）和具有适当维数的 $\boldsymbol{S}>\boldsymbol{0}$，如下不等式成立：

$$\sum_{i=1}^{n}\sum_{j=1}^{n}\sum_{k=1}^{n}\sum_{l=1}^{n}h_ih_jh_kh_l\boldsymbol{X}_{ij}^T\boldsymbol{S}\boldsymbol{X}_{kl}\leqslant\sum_{i=1}^{n}\sum_{j=1}^{n}h_ih_j\boldsymbol{X}_{ij}^T\boldsymbol{S}\boldsymbol{X}_{ij} \tag{4-14}$$

证明 在引理 4-1 中，令 $\boldsymbol{X}=\boldsymbol{Y}$，则有 $2\sum_{i=1}^{n}\sum_{j=1}^{n}\sum_{k=1}^{n}\sum_{l=1}^{n}h_ih_jh_kh_l\boldsymbol{X}_{ij}^T\boldsymbol{S}\boldsymbol{X}_{kl}\leqslant\sum_{i=1}^{n}\sum_{j=1}^{n}h_ih_j(\boldsymbol{X}_{ij}^T\boldsymbol{S}\boldsymbol{X}_{ij}+\boldsymbol{X}_{ij}^T\boldsymbol{S}\boldsymbol{X}_{ij})=2\sum_{i=1}^{n}\sum_{j=1}^{n}h_ih_j\boldsymbol{X}_{ij}^T\boldsymbol{S}\boldsymbol{X}_{ij}$，因此，$\sum_{i=1}^{n}\sum_{j=1}^{n}\sum_{k=1}^{n}\sum_{l=1}^{n}h_ih_jh_kh_l\boldsymbol{X}_{ij}^T\boldsymbol{S}\boldsymbol{X}_{kl}\leqslant\sum_{i=1}^{n}\sum_{j=1}^{n}h_ih_j\boldsymbol{X}_{ij}^T\boldsymbol{S}\boldsymbol{X}_{ij}$ 成立。

定理 4-1 对于给定的满足式（2-9）的标量 $\gamma>0$，如果在 $\boldsymbol{G}_c$ 中存在局部公共正定矩阵 $\boldsymbol{P}_c$ 和 $\boldsymbol{Q}_{ec}$，则满足如下不等式：

$$\begin{bmatrix} -\bar{\bar{\boldsymbol{P}}} & * & * \\ \bar{\boldsymbol{M}}_{ii} & -\boldsymbol{P}_c^{-1} & * \\ \bar{\boldsymbol{N}}_{ii} & \boldsymbol{0} & -\boldsymbol{I} \end{bmatrix} < \boldsymbol{0},\ i \in I_c \tag{4-15}$$

$$\begin{bmatrix} -4\bar{\bar{\boldsymbol{P}}} & * & * \\ 2\bar{\bar{\boldsymbol{M}}}_{ij} & -\boldsymbol{P}_c^{-1} & * \\ 2\bar{\bar{\boldsymbol{N}}}_{ij} & \boldsymbol{0} & -\boldsymbol{I} \end{bmatrix} < \boldsymbol{0},\ i<j,\ i,\ j \in I_c \tag{4-16}$$

那么，输入采用 *SFP* 的具有时变提前期的式（4-12）是鲁棒渐近稳定的，且其 H_∞ 范数小于给定的 γ，其中，I_c 是包含在 $\boldsymbol{G}_c$ 中的规则数量的集合，$\boldsymbol{G}_c$ 代表第 c 个 MORG，c = 1，2，…，$\prod_{j=1}^{n}(m_j-1)$，m_j 是第 j 个输入库存变量的模糊分划数量，$\bar{\bar{\boldsymbol{P}}} = \begin{bmatrix} \boldsymbol{P}_c - \sum_{e=1}^{g}\boldsymbol{Q}_{ec} & * & * \\ \boldsymbol{0} & \hat{\boldsymbol{Q}} & * \\ \boldsymbol{0} & \boldsymbol{0} & \gamma^2 I \end{bmatrix}$，$\hat{\boldsymbol{Q}} = \mathrm{diag}\{\boldsymbol{Q}_{1c},\ \cdots,\ \boldsymbol{Q}_{ec},\ \cdots,\ \boldsymbol{Q}_{gc}\}$，$\bar{\bar{\boldsymbol{M}}}_{ij} = \dfrac{\bar{\boldsymbol{M}}_{ij}+\bar{\boldsymbol{M}}_{ji}}{2}$，$\bar{\bar{\boldsymbol{N}}}_{ij} = \dfrac{\bar{\boldsymbol{N}}_{ij}+\bar{\boldsymbol{N}}_{ji}}{2}$。

证明 此证明分为两个部分进行：①如果库存状态变量 $\boldsymbol{x}(k)$ 和 $\boldsymbol{x}(k+1)$ 在同一个交叠规则组中，那么证明式(4-12)是鲁棒渐近稳定的；②如果库存状态变量 $\boldsymbol{x}(k)$ 和 $\boldsymbol{x}(k+1)$ 不在同一个交叠规则组中，那么同样证明式（4-12）是鲁棒渐近稳定的。

在证明的整个过程中，当 $W(k) \equiv \boldsymbol{0}$ 时，将依据定理 2-1，应用 Lyapunov 直接法完成相关证明的过程。

第一部分的相关证明过程具体如下：

设（4-12）包含有 f 个交叠规则组，v_d（d = 1，2，…，f）是第 d 个交叠规则组的运行域，L_d 代表包含在第 d 个交叠规则组的规则数。

第 d 个交叠规则组的局部模型表示如下：

$$\begin{cases}\boldsymbol{x}(k+1)=\sum\limits_{i\in L_d}\sum\limits_{j\in L_d}h_ih_j[\boldsymbol{M}_{ij}\boldsymbol{x}(k)-\sum\limits_{e=1}^{g}\boldsymbol{B}_{ie}\boldsymbol{K}_{jec}\boldsymbol{x}(k-\tau_e)+\boldsymbol{B}_{wi}\boldsymbol{W}(k)]\\ \boldsymbol{z}(k)=\sum\limits_{i\in L_d}\sum\limits_{j\in L_d}h_ih_j[\boldsymbol{N}_{ij}\boldsymbol{x}(k)-\sum\limits_{e=1}^{g}\boldsymbol{D}_{ie}\boldsymbol{K}_{jec}\boldsymbol{x}(k-\tau_e)]\end{cases}\tag{4-17}$$

其中，$\boldsymbol{M}_{ij}=\boldsymbol{A}_i-\boldsymbol{B}_iK_{jc}$，$\boldsymbol{N}_{ij}=\boldsymbol{C}_i-\boldsymbol{D}_i\boldsymbol{K}_{jc}$，$\boldsymbol{K}_{jec}$ 是第 c 个 MORG 中生产时变提前期和订购时变提前期的库存状态反馈增益矩阵。

式（4-17）可以进一步描述为：

$$\begin{cases}\boldsymbol{x}(k+1)=\sum\limits_{i\in L_d}\sum\limits_{j\in L_d}h_ih_j\bar{\boldsymbol{M}}_{ij}\bar{\boldsymbol{x}}(k)\\ \boldsymbol{z}(k)=\sum\limits_{i\in L_d}\sum\limits_{j\in L_d}h_ih_j\bar{\boldsymbol{N}}_{ij}\bar{\boldsymbol{x}}(k)\end{cases}\tag{4-18}$$

对于式（4-18），定义一个 Lyapunov 函数，具体如下所示：

$$V_d(\boldsymbol{x}(k))=\boldsymbol{x}^T(k)\boldsymbol{P}_c\boldsymbol{x}(k)+\sum_{e=1}^{g}\sum_{\xi=k-\tau_e}^{k-1}\boldsymbol{x}^T(\xi)\boldsymbol{Q}_{ec}\boldsymbol{x}(\xi)$$

基于引理 4-2，ΔV_d（$\boldsymbol{x}$（k））可计算如下：

$$\begin{aligned}\Delta V_d(\boldsymbol{x}(k))&=V_d(\boldsymbol{x}(k+1))-V_d(x(k))\\&=\boldsymbol{x}^T(k+1)\boldsymbol{P}_c\boldsymbol{x}(k+1)-\boldsymbol{x}^T(k)\boldsymbol{P}_c\boldsymbol{x}(k)+\\&\quad\sum_{e=1}^{g}[\boldsymbol{x}^T(k)\boldsymbol{Q}_{ec}\boldsymbol{x}(k)-\boldsymbol{x}^T(k-\tau_e)\boldsymbol{Q}_{ec}\boldsymbol{x}(k-\tau_e)]\\&=\sum_{i\in L_d}\sum_{j\in L_d}h_ih_j\sum_{p\in L_d}\sum_{q\in L_d}h_ph_q[\bar{\boldsymbol{x}}^T(k)\bar{\boldsymbol{M}}_{ij}^T\boldsymbol{P}_c\bar{\boldsymbol{M}}_{pq}\bar{\boldsymbol{x}}(k)-\boldsymbol{x}^T(k)\boldsymbol{P}_c\boldsymbol{x}(k)]+\\&\quad\sum_{e=1}^{g}[\boldsymbol{x}^T(k)\boldsymbol{Q}_{ec}\boldsymbol{x}(k)-\boldsymbol{x}^T(k-\tau_e)\boldsymbol{Q}_{ec}\boldsymbol{x}(k-\tau_e)]\\&=\sum_{i\in L_d}\sum_{j\in L_d}h_ih_j\sum_{p\in L_d}\sum_{q\in L_d}h_ph_q\bar{\boldsymbol{x}}^T(k)[\bar{\boldsymbol{M}}_{ij}^T\boldsymbol{P}_c\bar{\boldsymbol{M}}_{pq}-\bar{\boldsymbol{P}}]\bar{\boldsymbol{x}}(k)\\&=\sum_{i\in L_d}\sum_{j\in L_d}h_ih_j\sum_{p\in L_d}\sum_{q\in L_d}h_ph_q\bar{\boldsymbol{x}}^T(k)\\&\quad\left[\left(\frac{\bar{\boldsymbol{M}}_{ij}+\bar{\boldsymbol{M}}_{ji}}{2}\right)^T\boldsymbol{P}_c\left(\frac{\bar{\boldsymbol{M}}_{pq}+\bar{\boldsymbol{M}}_{qp}}{2}\right)-\bar{\boldsymbol{P}}\right]\bar{\boldsymbol{x}}(k)\\&=\sum_{i\in L_d}\sum_{j\in L_d}h_ih_j\sum_{p\in L_d}\sum_{q\in L_d}h_ph_q\bar{\boldsymbol{x}}^T(k)(\bar{\bar{\boldsymbol{M}}}_{ij}^T\boldsymbol{P}_c\bar{\bar{\boldsymbol{M}}}_{pq}-\bar{\boldsymbol{P}})\bar{\boldsymbol{x}}(k)\\&\leqslant\sum_{i\in L_d}\sum_{j\in L_d}h_ih_j\bar{\boldsymbol{x}}^T(k)(\bar{\bar{\boldsymbol{M}}}_{ij}^T\boldsymbol{P}_c\bar{\bar{\boldsymbol{M}}}_{ij}-\bar{\boldsymbol{P}})\bar{\boldsymbol{x}}(k)\end{aligned}$$

其中，$\bar{\boldsymbol{P}}=\begin{bmatrix}\boldsymbol{P}_c-\sum_{e=1}^{g}\boldsymbol{Q}_{ec} & * & * \\ \boldsymbol{0} & \hat{\boldsymbol{Q}} & * \\ \boldsymbol{0} & \boldsymbol{0} & \boldsymbol{0}\end{bmatrix}$，$\bar{\bar{\boldsymbol{M}}}_{pq}=\dfrac{\bar{\boldsymbol{M}}_{pq}+\bar{\boldsymbol{M}}_{qp}}{2}$。

对 $\Delta V_d(\boldsymbol{x}(k))$ 再做如下处理：

$$\Delta V_d(\boldsymbol{x}(k))\leqslant\sum_{i=j,\ i\in L_d}h_i^2\bar{\boldsymbol{x}}^T(k)[\bar{\boldsymbol{M}}_{ii}^T\boldsymbol{P}_c\bar{\boldsymbol{M}}_{ii}-\bar{\boldsymbol{P}}]\bar{\boldsymbol{x}}(k)+2\sum_{i<j,\ i\in L_d,\ j\in L_d}h_ih_j\bar{\boldsymbol{x}}^T(k)$$
$$[\bar{\bar{\boldsymbol{M}}}_{ij}^T\boldsymbol{P}_c\bar{\bar{\boldsymbol{M}}}_{ij}-\bar{\boldsymbol{P}}]\bar{\boldsymbol{x}}(k)\tag{4-19}$$

一方面，假定客户需求 $\boldsymbol{W}(k)\neq\boldsymbol{0}$，则存在如下的 H_∞ 性能指标函数：

$$J_1=\sum_{k=0}^{N-1}[\boldsymbol{z}^T(k)\boldsymbol{z}(k)-\gamma^2\boldsymbol{W}^T(k)\boldsymbol{W}(k)]\tag{4-20}$$

对式（4-20）再做如下处理：

$$J_1=\sum_{k=0}^{N-1}[\boldsymbol{z}^T(k)\boldsymbol{z}(k)-\gamma^2\boldsymbol{W}^T(k)\boldsymbol{W}(k)+\Delta V_d(\boldsymbol{x}(k))]-V_d(\boldsymbol{x}(N))$$
$$\leqslant\sum_{k=0}^{N-1}[\boldsymbol{z}^T(k)z(k)-\gamma^2\boldsymbol{W}^T(k)\boldsymbol{W}(k)+\Delta V_d(\boldsymbol{x}(k))]\tag{4-21}$$

将式（4-19）代入（4-21），有：

$$J_1\leqslant\sum_{k=0}^{N-1}\left\{\sum_{i=j,\ i\in L_d}h_i^2\bar{\boldsymbol{x}}^T(k)[\bar{\boldsymbol{M}}_{ii}^T\boldsymbol{P}_c\bar{\boldsymbol{M}}_{ii}-\bar{\bar{\boldsymbol{P}}}+\bar{\boldsymbol{N}}_{ii}^T\bar{\boldsymbol{N}}_{ii}]\bar{\boldsymbol{x}}(k)\right\}+$$
$$2\sum_{k=0}^{N-1}\left\{\sum_{i<j,\ i\in L_d,\ j\in L_d}h_ih_j\bar{\boldsymbol{x}}^T(k)[\bar{\bar{\boldsymbol{M}}}_{ij}^T\boldsymbol{P}_c\bar{\bar{\boldsymbol{M}}}_{ij}-\bar{\bar{\boldsymbol{P}}}+\bar{\bar{\boldsymbol{N}}}_{ij}^T\bar{\bar{\boldsymbol{N}}}_{ij}]\bar{\boldsymbol{x}}(k)\right\}\tag{4-22}$$

应用 Schur 补引理，再通过矩阵变换可以分别获得与式（4-15）和式（4-16）等价的 $\bar{\boldsymbol{M}}_{ii}^T\boldsymbol{P}_c\bar{\boldsymbol{M}}_{ii}-\bar{\bar{\boldsymbol{P}}}+\bar{\boldsymbol{N}}_{ii}^T\bar{\boldsymbol{N}}_{ii}<\boldsymbol{0}$ 和 $\bar{\bar{\boldsymbol{M}}}_{ij}^T\boldsymbol{P}_c\bar{\bar{\boldsymbol{M}}}_{ij}-\bar{\bar{\boldsymbol{P}}}+\bar{\bar{\boldsymbol{N}}}_{ij}^T\bar{\bar{\boldsymbol{N}}}_{ij}<\boldsymbol{0}$，因此可知 $J_1<0$，也就是说 $\boldsymbol{z}^T(k)\boldsymbol{z}(k)<\gamma^2\boldsymbol{W}^T(k)\boldsymbol{W}(k)$。令 $N\to+\infty$，有 $\|\boldsymbol{z}(k)\|_2^2<\gamma^2\|\boldsymbol{W}(k)\|_2^2$，则在 $\boldsymbol{W}(k)\neq\boldsymbol{0}$ 的情境下，式(4-18)是渐近稳定的。

另一方面，假定 $\boldsymbol{W}(k)\equiv\boldsymbol{0}$，则式（4-19）可以简化为：

$$\Delta V_d(\boldsymbol{x}(k))\leqslant\sum_{i=j,\ i\in L_d}h_i^2\bar{\boldsymbol{x}}^T(k)[\bar{\boldsymbol{M}}_{ii}^T\boldsymbol{P}_c\bar{\boldsymbol{M}}_{ii}-\bar{\bar{\boldsymbol{P}}}]\bar{\boldsymbol{x}}(k)+$$
$$2\sum_{i<j,\ i\in L_d}h_ih_j\bar{\boldsymbol{x}}^T(k)[\bar{\bar{\boldsymbol{M}}}_{ij}^T\boldsymbol{P}_c\bar{\bar{\boldsymbol{M}}}_{ij}-\bar{\bar{\boldsymbol{P}}}]\bar{\boldsymbol{x}}(k)$$

基于式（4-15）和式（4-16），可以分别获得 $\bar{\boldsymbol{M}}_{ii}^T\boldsymbol{P}_c\bar{\boldsymbol{M}}_{ii}-\bar{\bar{\boldsymbol{P}}}<\boldsymbol{0}$ 和 $\bar{\bar{\boldsymbol{M}}}_{ij}^T\boldsymbol{P}_c\bar{\bar{\boldsymbol{M}}}_{ij}-\bar{\bar{\boldsymbol{P}}}<$

$\mathbf{0}$，因此可知 $\Delta V_d(\boldsymbol{x}(k))<0$，也就是说，在第 d 个交叠规则组中，设计的库存状态反馈控制器可以保证式（4-18）鲁棒渐近稳定。

第二部分的相关证明过程具体如下：

如果库存状态变量 $\boldsymbol{x}(k)$ 和 $\boldsymbol{x}(k+1)$ 分别处于不同的交叠规则组中，则在第 d 个交叠规则组中构建一个特征函数如下：

$$\lambda_d=\begin{cases}1, & \boldsymbol{x}(k)\in v_d\\ 0, & \boldsymbol{x}(k)\notin v_d\end{cases}$$

其中，$\sum_{d=1}^{f}\lambda_d=1$。在系统库存状态论域中的全局供应链模糊模型可表示为：

$$\begin{cases}\boldsymbol{x}(k+1)=\sum_{d=1}^{f}\lambda_d\left[\sum_{i\in L_d}\sum_{j\in L_d}h_ih_j\bar{\bar{\boldsymbol{M}}}_{ij}\bar{\boldsymbol{x}}(k)\right]\\ \boldsymbol{z}(k)=\sum_{d=1}^{f}\lambda_d\left[\sum_{i\in L_d}\sum_{j\in L_d}h_ih_j\bar{\bar{\boldsymbol{N}}}_{ij}\bar{\boldsymbol{x}}(k)\right]\end{cases}\tag{4-23}$$

令 $\boldsymbol{P}_m=\sum_{d=1}^{f}\lambda_d\boldsymbol{P}_c$ 和 $\boldsymbol{Q}_{em}=\sum_{d=1}^{f}\lambda_d\boldsymbol{Q}_{ec}$，在整个系统库存状态论域中构建一个分段 *Lyapunov* 函数，具体如下：

$$\begin{aligned}V(\boldsymbol{x}(k))&=\boldsymbol{x}^T(k)\boldsymbol{P}_m\boldsymbol{x}(k)+\sum_{e=1}^{g}\sum_{\xi=k-\tau_e}^{k-1}\boldsymbol{x}^T(\xi)\boldsymbol{Q}_{em}\boldsymbol{x}(\xi)\\&=\boldsymbol{x}^T(k)\left(\sum_{d=1}^{f}\lambda_d\boldsymbol{P}_c\right)\boldsymbol{x}(k)+\sum_{e=1}^{g}\sum_{\xi=k-\tau_e}^{k-1}\boldsymbol{x}^T(\xi)\left(\sum_{d=1}^{f}\lambda_d\boldsymbol{Q}_{ec}\right)\boldsymbol{x}(\xi)\\&=\sum_{d=1}^{f}\lambda_d\left[\boldsymbol{x}^T(k)\boldsymbol{P}_c\boldsymbol{x}(k)+\sum_{e=1}^{g}\sum_{\xi=k-\tau_e}^{k-1}\boldsymbol{x}^T(\xi)\boldsymbol{Q}_{ec}\boldsymbol{x}(\xi)\right]\\&=\sum_{d=1}^{f}\lambda_dV_d(\boldsymbol{x}(k))\end{aligned}$$

一方面，假定客户需求 $\boldsymbol{W}(k)\neq\mathbf{0}$。对于式(4-23)，考虑 H_∞ 性能指标函数 $J_1=\sum_{k=0}^{N-1}\left[\boldsymbol{z}^T(k)\boldsymbol{z}(k)-\gamma^2\boldsymbol{W}^T(k)\boldsymbol{W}(k)\right]$，则可得到 $J_2=\sum_{k=0}^{N-1}\sum_{d=1}^{f}\lambda_d\left[\boldsymbol{z}^T(k)\boldsymbol{z}(k)-\gamma^2\boldsymbol{W}^T(k)\boldsymbol{W}(k)\right]$。依据第一部分的相关证明过程，可得到 $J_2<0$，也就是说，$\boldsymbol{z}^T(k)\boldsymbol{z}(k)<\gamma^2\boldsymbol{W}^T(k)\boldsymbol{W}(k)$。令 $N\rightarrow+\infty$，有 $\|\boldsymbol{z}(k)\|_2^2<\gamma^2\|\boldsymbol{W}(k)\|_2^2$，则在 $\boldsymbol{W}(k)\neq\mathbf{0}$ 的情境下，式（4-23）是渐近稳定的。

另一方面，当 $\boldsymbol{W}(k)\equiv\mathbf{0}$ 时，如下不等式成立：

$$\Delta V(\boldsymbol{x}(k)) = V(\boldsymbol{x}(k+1)) - V(\boldsymbol{x}(k)) = \sum_{d=1}^{f} \boldsymbol{\lambda}_d V_d(\boldsymbol{x}(k+1)) - \sum_{d=1}^{f} \boldsymbol{\lambda}_d V_d(\boldsymbol{x}(k))$$

$$= \sum_{d=1}^{f} \boldsymbol{\lambda}_d [V_d(\boldsymbol{x}(k+1)) - V_d(\boldsymbol{x}(k))] = \sum_{d=1}^{f} \boldsymbol{\lambda}_d \Delta V_d(\boldsymbol{x}(k)) < 0$$

因此，在任一交叠规则组中，在式（4-11）的作用下，式（4-23）在 $\boldsymbol{W}(k) \equiv \boldsymbol{0}$ 时渐近稳定。

基于性质 2-1，可以推断出：如果在 $\boldsymbol{G}_c$ 中能够找到满足式（4-15）和式（4-16）的局部正定矩阵 $\boldsymbol{P}_c$ 和 $\boldsymbol{Q}_{ec}$，则式（4-12）是渐近稳定的。

在定理 4-1 中，对于一个给定的 H_∞ 性能指标 γ，可以得到由矩阵不等式（4-15）和式（4-16）表示的式（4-12）的鲁棒稳定性条件。因为线性矩阵不等式可以通过 MATLAB 软件中的 MATLAB LMI 工具箱求解，所以，接下来本章将矩阵不等式（4-15）和式（4-16）转化为 LMI 以方便设计实际 H_∞ 的控制器。

定理 4-1 转化为 LMI 的问题可由定理 4-2 描述如下：

定理 4-2　对于给定的满足式（2-9）的标量 $\gamma>0$，若在 $\boldsymbol{G}_c$ 中存在局部公共正定矩阵 $\boldsymbol{P}_c$ 和 $\boldsymbol{Q}_{ec}$ 以及矩阵 $\boldsymbol{K}_{ic}$、$\boldsymbol{K}_{jc}$、$\boldsymbol{K}_{iec}$、$\boldsymbol{K}_{jec}$ 满足如下不等式：

$$\begin{bmatrix} -\boldsymbol{P}_c + \sum_{e=1}^{g} \boldsymbol{Q}_{ec} & * & * & * & * \\ \boldsymbol{0} & -\hat{\boldsymbol{Q}} & * & * & * \\ \boldsymbol{0} & \boldsymbol{0} & -\gamma^2 \boldsymbol{I} & * & * \\ \boldsymbol{A}_i - \boldsymbol{B}_i \boldsymbol{K}_{ic} & -\prod_1 & \boldsymbol{B}_{wi} & -\boldsymbol{P}_c & * \\ \boldsymbol{C}_i - \boldsymbol{D}_i \boldsymbol{K}_{ic} & -\prod_2 & \boldsymbol{0} & \boldsymbol{0} & -\boldsymbol{I} \end{bmatrix} < \boldsymbol{0},\ i \in I_c \tag{4-24}$$

$$\begin{bmatrix} -4\boldsymbol{P}_c + 4\sum_{e=1}^{g} \boldsymbol{Q}_{ec} & * & * & * & * \\ \boldsymbol{0} & -4\hat{\boldsymbol{Q}} & * & * & * \\ \boldsymbol{0} & \boldsymbol{0} & -4\gamma^2 \boldsymbol{I} & * & * \\ \boldsymbol{A}_i - \boldsymbol{B}_i \boldsymbol{K}_{jc} + \boldsymbol{A}_j - \boldsymbol{B}_j \boldsymbol{K}_{ic} & -\boldsymbol{\Phi}_1 & \boldsymbol{B}_{wi} + \boldsymbol{B}_{wj} & -\boldsymbol{P}_c & * \\ \boldsymbol{C}_i - \boldsymbol{D}_i \boldsymbol{K}_{jc} + \boldsymbol{C}_j - \boldsymbol{D}_j \boldsymbol{K}_{ic} & -\boldsymbol{\Phi}_2 & \boldsymbol{0} & \boldsymbol{0} & -\boldsymbol{I} \end{bmatrix} < \boldsymbol{0},\ i < j,\ i,\ j \in I_c$$

（4-25）

那么，输入采用 SFP 的具有时变提前期的式（4-12）是鲁棒渐近稳定的，且其 H_∞ 范数小于给定的 γ，其中，I_c 是包含在 $\boldsymbol{G}_c$ 中的规则数量的集合，$\boldsymbol{G}_c$ 代表第 c 个 MORG，$c=1,\ 2,\ \cdots,\ \prod_{j=1}^{n}(m_j-1)$，$m_j$ 是第 j 个输入库存变量的模糊分划数量，$\hat{\boldsymbol{Q}}=diag\{\boldsymbol{Q}_{1c},\ \cdots,\ \boldsymbol{Q}_{ec},\ \cdots,\ \boldsymbol{Q}_{gc}\}$，$\prod_1=[\boldsymbol{B}_{i1}\boldsymbol{K}_{i1c},\ \cdots,\ \boldsymbol{B}_{ie}\boldsymbol{K}_{iec},\ \cdots,\ \boldsymbol{B}_{ig}\boldsymbol{K}_{igc}]$，$\prod_2=[\boldsymbol{D}_{i1}\boldsymbol{K}_{i1c},\ \cdots,\ \boldsymbol{D}_{ie}\boldsymbol{K}_{iec},\ \cdots,\ \boldsymbol{D}_{ig}\boldsymbol{K}_{igc}]$，$\boldsymbol{\Phi}_1=[\boldsymbol{B}_{i1}\boldsymbol{K}_{j1c}+\boldsymbol{B}_{j1}\boldsymbol{K}_{i1c},\ \cdots,\ \boldsymbol{B}_{ie}\boldsymbol{K}_{jec}+\boldsymbol{B}_{je}\boldsymbol{K}_{iec},\ \cdots,\ \boldsymbol{B}_{ig}\boldsymbol{K}_{jgc}+\boldsymbol{B}_{jg}\boldsymbol{K}_{igc}]$，$\boldsymbol{\Phi}_2=[\boldsymbol{D}_{i1}\boldsymbol{K}_{j1c}+\boldsymbol{D}_{j1}\boldsymbol{K}_{i1c},\ \cdots,\ \boldsymbol{D}_{ie}\boldsymbol{K}_{jec}+\boldsymbol{D}_{je}\boldsymbol{K}_{iec},\ \cdots,\ \boldsymbol{D}_{ig}\boldsymbol{K}_{jgc}+\boldsymbol{D}_{jg}\boldsymbol{K}_{igc}]$。

证明　定理 4-2 的部分证明过程与定理 4-1 相似。在定理 4-1 结果的基础上，应用 *Schur* 补引理进行矩阵变换可以得到定理 4-2 的结论，其主要证明过程如下：

式（4-15）可进一步表示为：

$$\begin{bmatrix} -\boldsymbol{P}_c+\sum_{e=1}^{g}\boldsymbol{Q}_{ec} & * & * & * & * \\ \boldsymbol{0} & -\boldsymbol{Q} & * & * & * \\ \boldsymbol{0} & \boldsymbol{0} & -\gamma^2\boldsymbol{I} & * & * \\ \boldsymbol{A}_i-\boldsymbol{B}_i\boldsymbol{K}_{ic} & -\prod_1 & \boldsymbol{B}_{wi} & -\boldsymbol{P}_c^{-1} & * \\ \boldsymbol{C}_i-\boldsymbol{D}_i\boldsymbol{K}_{ic} & -\prod_2 & \boldsymbol{0} & \boldsymbol{0} & -\boldsymbol{I} \end{bmatrix}<\boldsymbol{0} \tag{4-26}$$

其中，$\prod_1=[\boldsymbol{B}_{i1}\boldsymbol{K}_{i1c},\ \cdots,\ \boldsymbol{B}_{ie}\boldsymbol{K}_{iec},\ \cdots,\ \boldsymbol{B}_{ig}\boldsymbol{K}_{igc}]$，$\prod_2=[\boldsymbol{D}_{i1}\boldsymbol{K}_{i1c},\ \cdots,\ \boldsymbol{D}_{ie}\boldsymbol{K}_{iec},\ \cdots,\ \boldsymbol{D}_{ig}\boldsymbol{K}_{igc}]$。

在式（4-26）的左侧和右侧分别乘以 $diag\{\boldsymbol{I},\ \boldsymbol{I},\ \boldsymbol{I},\ \boldsymbol{P}_c,\ \boldsymbol{I}\}$，可得：

$$\begin{bmatrix} -\boldsymbol{P}_c+\sum_{e=1}^{g}\boldsymbol{Q}_{ec} & * & * & * & * \\ \boldsymbol{0} & -\hat{\boldsymbol{Q}} & * & * & * \\ \boldsymbol{0} & \boldsymbol{0} & -\gamma^2\boldsymbol{I} & * & * \\ \boldsymbol{A}_i-\boldsymbol{B}_iK_{ic} & -\prod_1 & \boldsymbol{B}_{wi} & -\boldsymbol{P}_c & * \\ \boldsymbol{C}_i-\boldsymbol{D}_i\boldsymbol{K}_{ic} & -\prod_2 & \boldsymbol{0} & \boldsymbol{0} & -\boldsymbol{I} \end{bmatrix}<\boldsymbol{0}$$

同样地，式（4-16）可进一步表示为：

$$\begin{bmatrix} 4(-\boldsymbol{P}_c+\sum_{e=1}^{g}\boldsymbol{Q}_e) & * & * & * & * \\ \boldsymbol{0} & -4\hat{\boldsymbol{Q}} & * & * & * \\ \boldsymbol{0} & \boldsymbol{0} & -4\gamma^2\boldsymbol{I} & * & * \\ \boldsymbol{A}_i-\boldsymbol{B}_i\boldsymbol{K}_{jc}+\boldsymbol{A}_j-\boldsymbol{B}_j\boldsymbol{K}_{ic} & -\boldsymbol{\Phi}_1 & \boldsymbol{B}_{wi}+\boldsymbol{B}_{wj} & -\boldsymbol{P}_c^{-1} & * \\ \boldsymbol{C}_i-\boldsymbol{D}_i\boldsymbol{K}_{jc}+\boldsymbol{C}_j-\boldsymbol{D}_j\boldsymbol{K}_{ic} & -\boldsymbol{\Phi}_2 & \boldsymbol{0} & \boldsymbol{0} & -\boldsymbol{I} \end{bmatrix}<\boldsymbol{0} \quad (4-27)$$

其中，$\boldsymbol{\Phi}_1=[\boldsymbol{B}_{i1}\boldsymbol{K}_{j1c}+\boldsymbol{B}_{j1}\boldsymbol{K}_{i1c},\ \cdots,\ \boldsymbol{B}_{ie}\boldsymbol{K}_{jec}+\boldsymbol{B}_{je}\boldsymbol{K}_{iec},\ \cdots,\ \boldsymbol{B}_{ig}\boldsymbol{K}_{jgc}+\boldsymbol{B}_{jg}\boldsymbol{K}_{igc}]$，$\boldsymbol{\Phi}_2=[\boldsymbol{D}_{i1}\boldsymbol{K}_{j1c}+\boldsymbol{D}_{j1}\boldsymbol{K}_{i1c},\ \cdots,\ \boldsymbol{D}_{ie}\boldsymbol{K}_{jec}+\boldsymbol{D}_{je}\boldsymbol{K}_{iec},\ \cdots,\ \boldsymbol{D}_{ig}\boldsymbol{K}_{jgc}+\boldsymbol{D}_{jg}\boldsymbol{K}_{igc}]$。

在式（4-27）的左侧和右侧分别乘以 $diag\ \{\boldsymbol{I},\ \boldsymbol{I},\ \boldsymbol{I},\ \boldsymbol{P}_c,\ \boldsymbol{I}\}$，可得：

$$\begin{bmatrix} -4\boldsymbol{P}_c+4\sum_{e=1}^{g}\boldsymbol{Q}_{ec} & * & * & * & * \\ \boldsymbol{0} & -4\hat{\boldsymbol{Q}} & * & * & * \\ \boldsymbol{0} & \boldsymbol{0} & -4\gamma^2\boldsymbol{I} & * & * \\ \boldsymbol{A}_i-\boldsymbol{B}_i\boldsymbol{K}_{jc}+\boldsymbol{A}_j-\boldsymbol{B}_j\boldsymbol{K}_{ic} & -\boldsymbol{\Phi}_1 & \boldsymbol{B}_{wi}+\boldsymbol{B}_{wj} & -\boldsymbol{P}_c & * \\ \boldsymbol{C}_i-\boldsymbol{D}_i\boldsymbol{K}_{jc}+\boldsymbol{C}_j-\boldsymbol{D}_j\boldsymbol{K}_{ic} & -\boldsymbol{\Phi}_2 & \boldsymbol{0} & \boldsymbol{0} & -\boldsymbol{I} \end{bmatrix}<\boldsymbol{0}$$

三、仿真分析

为了验证定理 4-2 的控制效果，本节选取以某汽车有限公司为核心企业的非线性供应链作为仿真平台进行分析。该供应链中的制造商的库存模糊分划如图 4-2 所示。

在图 4-2 中，x_1（k）代表制造商的库存水平，D_{0m} 代表制造商的安全库存水平，D_{1m} 代表制造商的期望库存水平。设 $D_{0m}=15$、$D_{1m}=40$（单位：$\times10^3$ 台）。

由图 4-2 可知，该供应链中存在 S_1 和 S_2 两个 $MORG$，其中 S_1 包含 R_1 和 R_2 两个规则，S_2 包含 R_2 和 R_3 两个规则。R_1、R_2 和 R_3 分别描述了不同库存水平下制造商所采取的不同生产策略。当制造商的库存 x_1（k）小于其安全库存 D_{0m} 时，制造商将依据库存水平决定是否压缩提前期。应用本书第三章提出的提前期时变

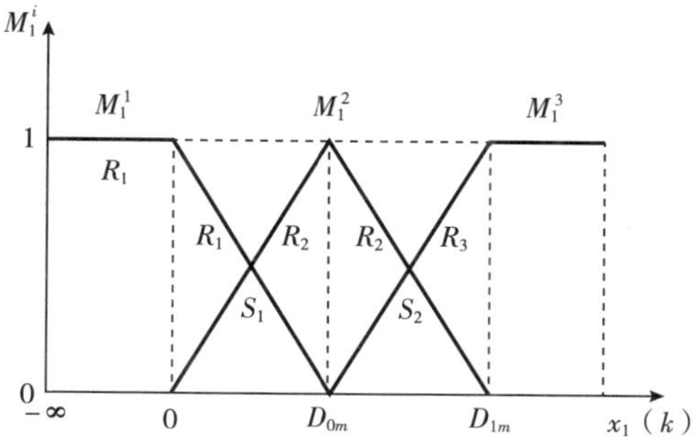

图 4-2　制造商的库存模糊分划

预防策略，将时变的标准时间范围缩短后的数据及已知的时变提前期压缩量成本数据如表 4-1 所示。

表 4-1　时变提前期压缩数据

提前期组成部分 i	时变的标准时间 b_i（天）	最短时间 a_i（天）	单位压缩成本 c_τ（$\times 10^4$ 元/天）
1	0. 8~1. 0	0. 4	1. 8
2	0. 7~1. 0	0. 5	2. 0
3	0. 8~1. 0	0. 6	2. 5
4	1. 7~2. 0	1. 5	3. 0

当制造商的库存水平低于 0 时，为保证零售商的正常订购，设定提前期的压缩量为 1. 5 天；当制造商的库存水平介于 0 与安全库存之间时，设定提前期的压缩量为 0. 85 天。在允许缺货且缺货只在提前期内发生的假设下，当制造商的库存小于安全库存时，为实现该汽车供应链的总成本最小，首先对提前期压缩成本与缺货成本进行比较，然后确定具体的成本优化策略。基于表 4-1 的成本数据，假定制造商的单位缺货成本 $c_m = 2.58$（单位：$\times 10^4$ 元），则时变提前期的压缩成本与缺货成本如图 4-3 所示。

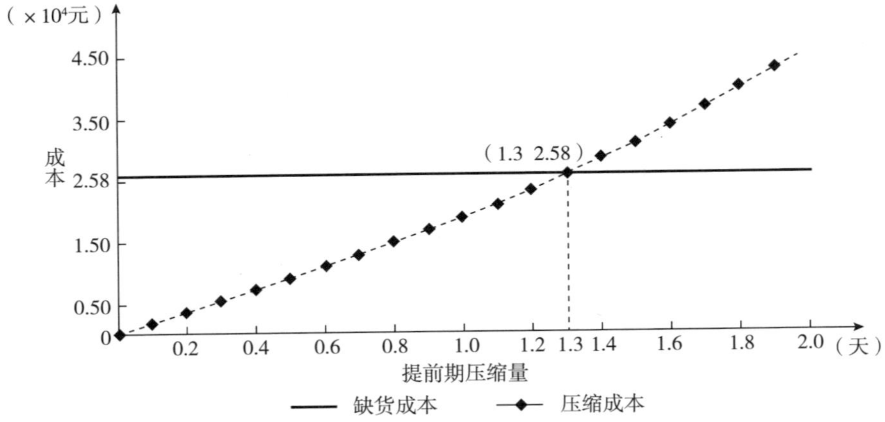

图 4-3 时变提前期压缩成本与缺货成本

基于图 4-3 的两种成本的比较结果，为实现该汽车供应链总成本最低，采取的成本优化策略如下：当提前期压缩量是 1.3 天时，时变提前期缺货成本与压缩成本相同，则压缩时变提前期；当制造商的库存小于 0 时，提前期压缩量是 1.5 天，时变提前期压缩成本大于缺货成本，则制造商不压缩提前期；当制造商的库存介于 0 到安全库存之间时，提前期压缩量是 0.85 天，时变提前期压缩成本小于缺货成本，则制造商压缩时变提前期。令 τ'，$\tau''\in[3,5]$（单位：天）。

考虑时变提前期压缩的非线性汽车供应链系统可用三个规则表示如下：

$$R_1:\begin{cases}x_1(k+1)=u_1(k)+u_1(k-\tau')\\x_2(k+1)=x_2(k)-w_1(k)\end{cases}$$

$$z(k)=c_{h2}x_2(k)+c_n[u_1(k)+u_1(k-\tau')]+c_m u_2(k)$$

$$R_2:\begin{cases}x_1(k+1)=x_1(k)+u_1(k-\tau'')-u_2(k)\\x_2(k+1)=x_2(k)+u_2(k)-w_1(k)\end{cases}$$

$$z(k)=c_{h1}x_1(k)+c_{h2}x_2(k)+c_\tau u_1(k-\tau'')+c_s u_2(k)$$

$$R_3:\begin{cases}x_1(k+1)=x_1(k)+u_1(k)+u_1(k-\tau')-u_2(k)\\x_2(k+1)=x_2(k)+u_2(k)-w_1(k)\end{cases}$$

$$z(k)=c_{h1}x_1(k)+c_{h2}x_2(k)+c_n[u_1(k)+u_1(k-\tau')]+c_s u_2(k)$$

以上三个规则分别表示制造商和零售商各自在不同的库存水平下采取的不同策略，具体策略说明如下：

R_1：制造商在该库存水平下采取缺货策略，即不压缩提前期，正常生产，零售商正常订购。

R_2：制造商在该库存水平下压缩提前期，即紧急生产，零售商正常订购。

R_3：制造商在该库存水平下正常生产，零售商正常订购。

将 R_1、R_2 和 R_3 表示的汽车供应链系统模型转化为相应的模糊模型，具体如下：

R_1：If x_1 *is* M_1^1 then

$$\begin{cases}\boldsymbol{x}(k+1)=h_1[\boldsymbol{A}_1\boldsymbol{x}(k)+\boldsymbol{B}_1\boldsymbol{u}(k)+\boldsymbol{B}_{11}\boldsymbol{u}_1(k-\tau')+\boldsymbol{B}_{12}\boldsymbol{u}_1(k-\tau'')+\boldsymbol{B}_{w1}\boldsymbol{w}(k)]\\ \boldsymbol{z}(k)=h_1[\boldsymbol{C}_1\boldsymbol{x}(k)+\boldsymbol{D}_1\boldsymbol{u}(k)+\boldsymbol{D}_{11}\boldsymbol{u}_1(k-\tau')+\boldsymbol{D}_{12}\boldsymbol{u}_1(k-\tau'')]\end{cases}$$

R_2：If x_1 *is* M_1^2 then

$$\begin{cases}\boldsymbol{x}(k+1)=h_2[\boldsymbol{A}_2\boldsymbol{x}(k)+\boldsymbol{B}_2\boldsymbol{u}(k)+\boldsymbol{B}_{21}\boldsymbol{u}_1(k-\tau')+\boldsymbol{B}_{22}\boldsymbol{u}_1(k-\tau'')+\boldsymbol{B}_{w2}\boldsymbol{w}(k)]\\ z(k)=h_2[\boldsymbol{C}_2x(k)+\boldsymbol{D}_2\boldsymbol{u}(k)+\boldsymbol{D}_{21}\boldsymbol{u}_1(k-\tau')+\boldsymbol{D}_{22}\boldsymbol{u}_1(k-\tau'')]\end{cases}$$

R_3：If x_1 *is* M_1^3 then

$$\begin{cases}\boldsymbol{x}(k+1)=h_3[\boldsymbol{A}_3\boldsymbol{x}(k)+\boldsymbol{B}_3\boldsymbol{u}(k)+\boldsymbol{B}_{31}\boldsymbol{u}_1(k-\tau')+\boldsymbol{B}_{32}\boldsymbol{u}_1(k-\tau'')+\boldsymbol{B}_{w3}\boldsymbol{w}(k)]\\ z(k)=h_3[\boldsymbol{C}_3x(k)+\boldsymbol{D}_3\boldsymbol{u}(k)+\boldsymbol{D}_{31}\boldsymbol{u}_1(k-\tau')+\boldsymbol{D}_{32}\boldsymbol{u}_1(k-\tau'')]\end{cases}$$

对上述模糊模型设计对应的系统库存反馈控制器，具体如下：

$$K_i\text{：If } x_1 \textit{ is } M_1^i \quad \text{then}\begin{cases}\boldsymbol{u}(k)=-\sum\limits_{i=1}^{r}h_i\boldsymbol{K}_{ic}\boldsymbol{x}(k)\\ \boldsymbol{u}_1(k-\tau')=-\sum\limits_{i=1}^{r}h_i\boldsymbol{K}_{i1c}\boldsymbol{x}(k-\tau')\\ \boldsymbol{u}_1(k-\tau'')=-\sum\limits_{i=1}^{r}h_i\boldsymbol{K}_{i2c}\boldsymbol{x}(k-\tau'')\end{cases}$$

其中 $r=3$，$c=1$，2。

根据该汽车供应链的实际情况，设定如下参数值：$c_{h1}=0.65$，$c_{h2}=0.80$，$c_n=1.80$，$c_m=2.58$，$c_\tau=1.58$，$c_s=2.10$（单位：$\times10^4$ 元）。$\boldsymbol{A}_1=\begin{bmatrix}0&0\\0&1\end{bmatrix}$，$\boldsymbol{A}_2=$

$\boldsymbol{A}_3=\begin{bmatrix}1 & 0\\0 & 1\end{bmatrix}$，$\boldsymbol{B}_1=\begin{bmatrix}1 & 0\\0 & 0\end{bmatrix}$，$\boldsymbol{B}_2=\begin{bmatrix}0 & -1\\0 & 1\end{bmatrix}$，$\boldsymbol{B}_3=\begin{bmatrix}1 & -1\\0 & 1\end{bmatrix}$，$\boldsymbol{B}_{11}=\boldsymbol{B}_{31}=\begin{bmatrix}1 & 0\\0 & 0\end{bmatrix}$，$\boldsymbol{B}_{21}=\begin{bmatrix}0 & 0\\0 & 0\end{bmatrix}$，$\boldsymbol{B}_{12}=\boldsymbol{B}_{32}=\begin{bmatrix}0 & 0\\0 & 0\end{bmatrix}$，$\boldsymbol{B}_{22}=\begin{bmatrix}0 & 1\\0 & 0\end{bmatrix}$，$\boldsymbol{B}_{w1}=\boldsymbol{B}_{w2}=\boldsymbol{B}_{w3}=\begin{bmatrix}0 & 0\\0 & -1\end{bmatrix}$，$\boldsymbol{C}_1=[0,\ c_{h2}]$，$\boldsymbol{C}_2=\boldsymbol{C}_3=[c_{h1},\ c_{h2}]$，$\boldsymbol{D}_1=[c_n,\ c_m]$，$\boldsymbol{D}_2=[0,\ c_s]$，$\boldsymbol{D}_3=[c_n,\ c_s]$，$\boldsymbol{D}_{11}=[c_n,\ 0]$，$\boldsymbol{D}_{21}=[0,\ 0]$，$\boldsymbol{D}_{31}=[c_n,\ 0]$，$\boldsymbol{D}_{12}=\boldsymbol{D}_{32}=[0,\ 0]$，$\boldsymbol{D}_{22}=[0,\ c_\tau]$，$\gamma=0.8$。

求解定理 4-2 中的式（4-24）和式（4-25），得到如下结果：$\boldsymbol{P}_1=\begin{bmatrix}51.3792 & 0.0652\\0.0652 & 51.5397\end{bmatrix}$，$\boldsymbol{P}_2=\begin{bmatrix}51.8729 & 0.0680\\0.0680 & 52.0369\end{bmatrix}$，$\boldsymbol{Q}_{11}=\boldsymbol{Q}_{21}=\begin{bmatrix}17.0850 & -0.0010\\-0.0010 & 17.0825\end{bmatrix}$，$\boldsymbol{Q}_{12}=\begin{bmatrix}17.2491 & 0.0010\\0.0000 & 17.0825\end{bmatrix}$，$\boldsymbol{Q}_{22}=\begin{bmatrix}17.2491 & 0.0000\\0.0000 & 17.2491\end{bmatrix}$。

由上述计算结果可知，应用本节提出的模糊鲁棒控制策略可以实现考虑提前期压缩后的非线性供应链系统的鲁棒稳定。下面将基于仿真实验的方法对本节提出的模糊鲁棒控制策略的有效性进行验证。

将本节提出的模糊鲁棒控制策略应用到非线性汽车供应链系统中，得到的仿真结果如图 4-4 至图 4-9 所示，其中图 4-4 至图 4-6 为没有采取成本优化策略（即不考虑时变提前期的压缩）的库存量、控制量和总成本仿真图，图 4-7 至图 4-9 为采取成本优化策略（即考虑时变提前期的压缩）后的库存量、控制量和总成本仿真图。

本次仿真的输出结果为实际值=偏差值+标称值，库存的初始值设为 $x_1(0)=13$，$x_2(0)=8$（单位：$\times 10^3$ 台），系统各变量的标称值设为 $\vec{x}_1(k)=90$，$\vec{x}_2(k)=85$（单位：$\times 10^3$ 台），$\vec{u}_1(k)=100$，$\vec{u}_2(k)=85$（单位：$\times 10^3$ 台）。客户需求 $w_1(k)$ 假设满足正态分布，即 $w_1(k)\sim N(5,\ 0.4^2)$。

由图 4-4 至图 4-9 可知，无论是否压缩时变提前期，在本节提出的模糊鲁棒控制策略的作用下，非线性供应链系统中各变量均是小幅度波动，并且实现了该供应链系统在时变提前期和外部随机需求扰动下的鲁棒稳定运行。对比图 4-6 和图 4-9 可知，应用成本优化策略，将比没有应用成本优化策略能更有效地降低非线性供应链系统的总成本。

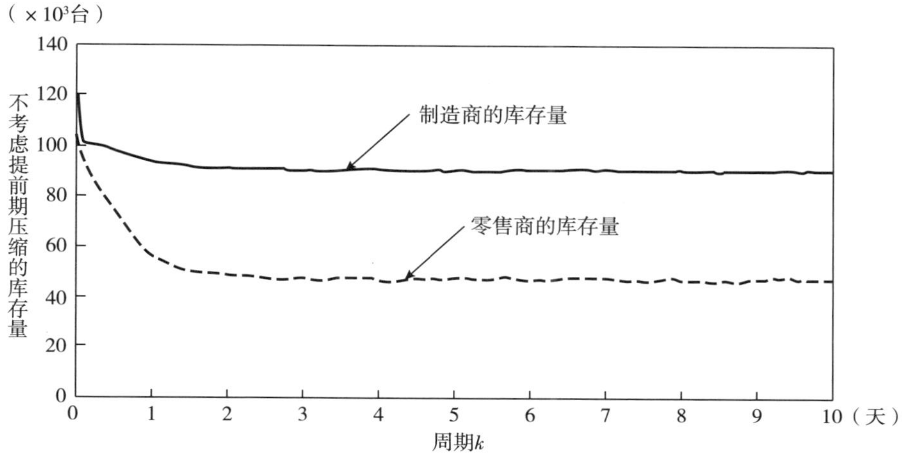

图 4-4　不考虑时变提前期压缩的库存量

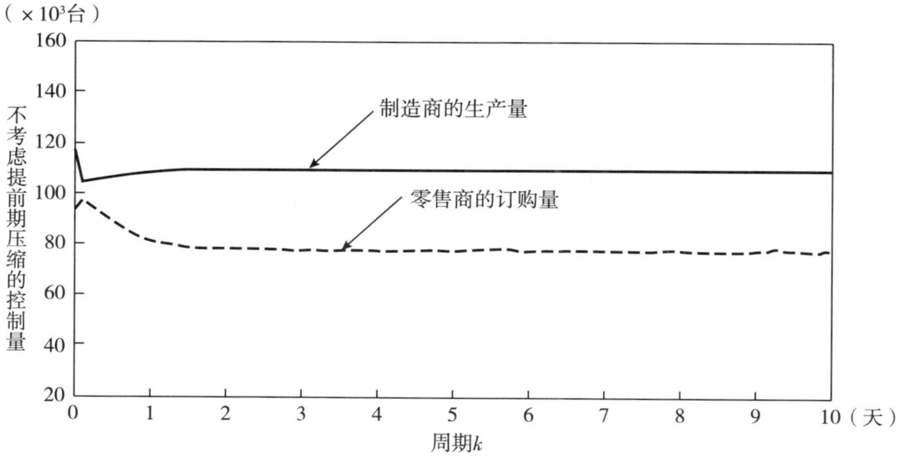

图 4-5　不考虑时变提前期压缩的控制量

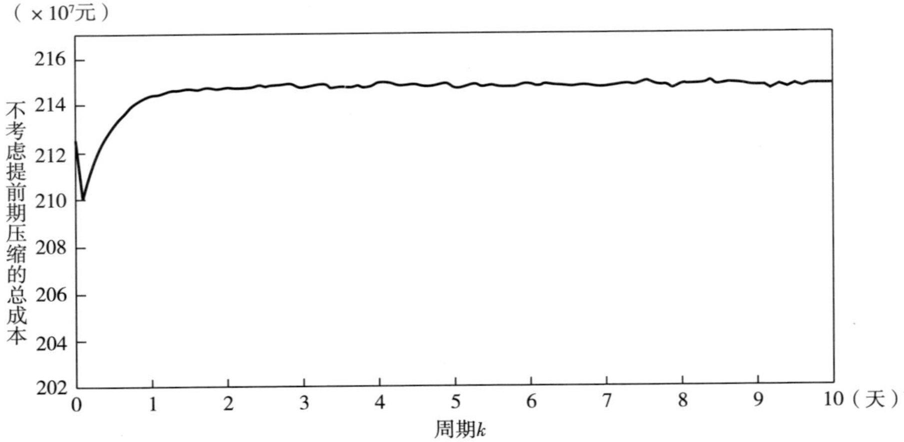

图 4-6　不考虑时变提前期压缩的总成本

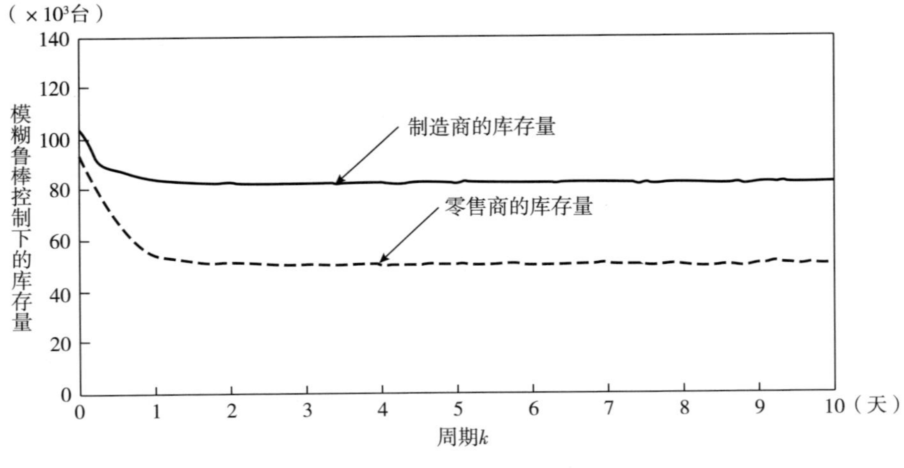

图 4-7　考虑时变提前期压缩的库存量

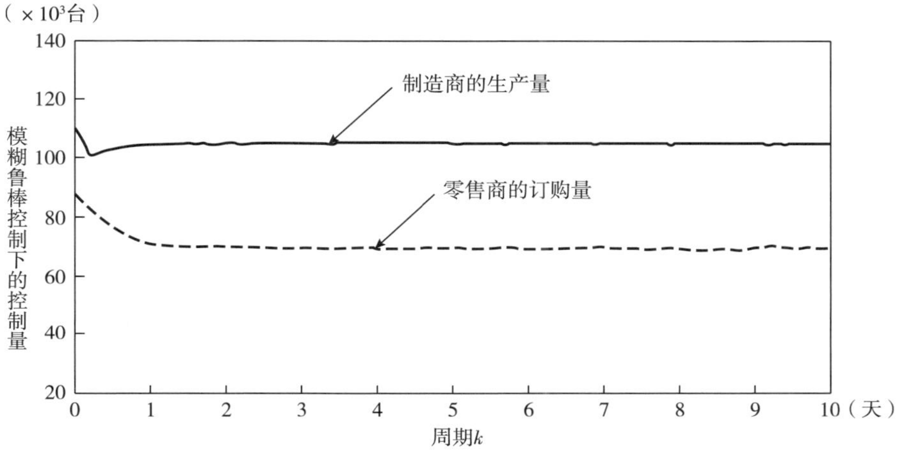

图 4-8　考虑时变提前期压缩的控制量

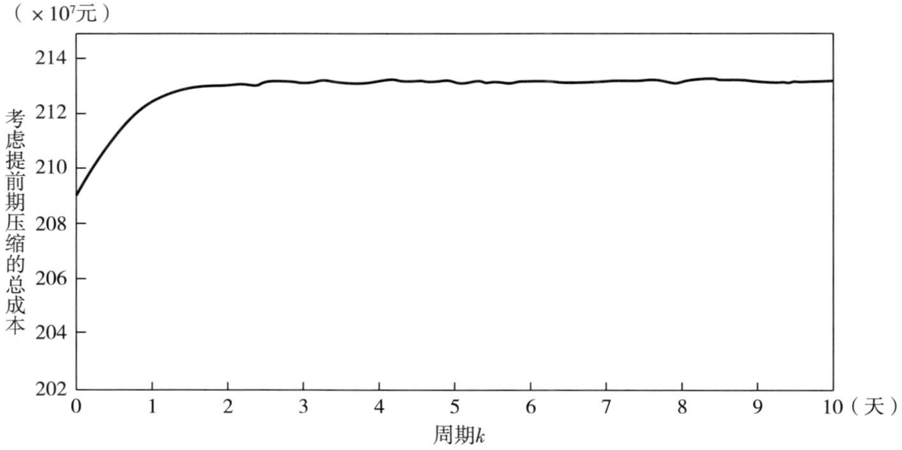

图 4-9　考虑时变提前期压缩的总成本

第三节　考虑多提前期压缩的多对一型非线性供应链鲁棒控制策略

一、模型构建

（一）非线性供应链模型构建

本节构建了由 $n-1$ 个制造商、1 个零售商和外部客户组成的多对一型非线性供应链系统，如图 4-10 所示。

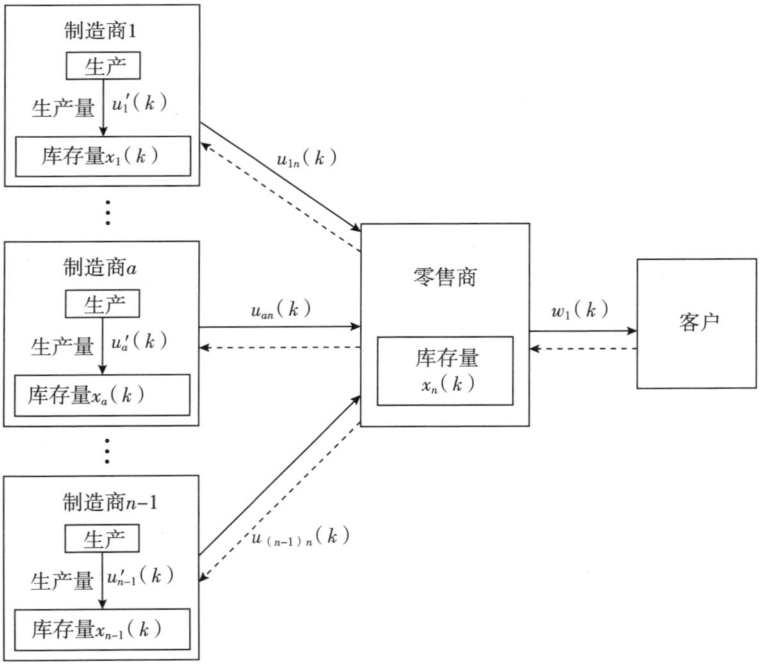

图 4-10　多对一型非线性供应链系统

在图 4-10 中，$x_a(k)$ 表示制造商 a 在 k 周期内的库存量，$x_n(k)$ 表示零售商

在 k 周期内的库存量，$x_a(k)$ 和 $x_n(k)$ 均是库存状态变量；$w_1(k)$ 表示在 k 周期内客户的需求量，为随机不确定变量；$u_{an}(k)$ 表示在 k 周期内零售商向制造商 a 订购时的订购量，是系统的控制变量；$u'_a(k)$ 表示制造商 a 在 k 周期内采取不同策略下的生产量：①$u'_a(k)=u_a(k)+u_a(k-\tau'_a)$，其中 $u_a(k)$ 是在 k 周期内制造商 a 的生产量，$u_a(k-\tau'_a)$ 是制造商 a 在 τ'_a 内的生产量，τ'_a 是初始的生产提前期；②$u'_a(k)=u_a(k-\tau_a'')$，$u_a(k-\tau_a'')$ 是 k 周期内制造商 a 在 τ_a'' 内的生产量，τ_a'' 是压缩后的生产提前期。以上变量的具体选择详见注 4-1。

基于图 4-10，本节建立的考虑多提前期压缩的供应链的库存状态演化模型和总成本演化模型可表示如下：

$$\begin{cases} x_a(k+1)=x_a(k)+u_a(k)+u_a(k-\tau'_a)+u_a(k-\tau_a'')-u_{an}(k) \\ a=1,\ 2,\ \cdots,\ n-1 \\ x_n(k+1)=x_n(k)+\sum\limits_{a=1}^{n-1}u_{an}(k)-w_1(k) \end{cases} \tag{4-28}$$

$$\begin{aligned} z(k)=\sum_{a=1}^{n-1}\{&c_{ha}x_a(k)+c_{na}[u_a(k)+u_a(k-\tau'_a)]+c_{\tau a}u_a(k-\tau_a'')+ \\ &c_{sa}u_{an}(k)+c_{ma}u_{an}(k)\}+c_{hn}x_n(k) \end{aligned} \tag{4-29}$$

其中，c_{ha} 表示制造商 a 单位产品的库存成本；c_{na} 表示制造商 a 单位产品的制造成本；$c_{\tau a}$ 表示采取压缩策略时制造商 a 的单位压缩成本；c_{sa} 表示零售商向制造商 a 订购的单位订购成本；c_{ma} 表示制造商 a 需赔付的单位缺货成本，即不采取提前期压缩策略导致缺货需赔付的成本；c_{hn} 表示零售商单位产品的库存成本。式（4-28）和式（4-29）中的系统变量和系统参数选择详见注 4-4。

注 4-4　当库存水平小于安全库存时，如果缺货成本小于压缩提前期成本，那么 $u_a(k-\tau''_a)$ 等于 0，$c_{\tau a}$ 和 c_{sa} 系数等于 0；如果缺货成本大于压缩提前期成本，则压缩提前期，那么 $u_a(k)$ 与 $u_a(k-\tau'_a)$ 等于 0，c_{na} 和 c_{ma} 系数等于 0；当库存水平大于安全库存时，节点企业正常生产和订购，那么 $u_a(k-\tau''_a)$ 等于 0，$c_{\tau a}$ 和 c_{ma} 系数等于 0。

为了降低成本，基于不同的库存水平，制造商与零售商将制定相应不同的生产策略与订购策略，所以在不同的周期下供应链系统将形成不同的子模型。通过对式（4-28）和式（4-29）进行矩阵变换得到第 i 个供应链系统子模型，如下所示：

$$\begin{cases} \boldsymbol{x}(k+1)=\boldsymbol{A}_i\boldsymbol{x}(k)+\boldsymbol{B}_i\boldsymbol{u}(k)+\sum\limits_{a=1}^{(n-1)}\boldsymbol{B}_{ia}\boldsymbol{u}(k-\tau_a)+\boldsymbol{B}_{wi}\boldsymbol{w}(k) \\ z(k)=\boldsymbol{C}_i\boldsymbol{x}(k)+\boldsymbol{D}_i\boldsymbol{u}(k)+\sum\limits_{a=1}^{(n-1)}\boldsymbol{D}_{ia}\boldsymbol{u}(k-\tau_a) \end{cases} \tag{4-30}$$

其中，$\boldsymbol{A}_i$ 表示系统库存系数矩阵，$\boldsymbol{B}_i$ 表示生产和订购系数矩阵，$\boldsymbol{B}_{ia}=[\boldsymbol{B}_{ia}',\ \boldsymbol{B}_{i(a+n-1)}'']$表示含时变提前期的生产系数矩阵，其中 $\boldsymbol{B}_{ia}'$表示 $n-1$ 个制造商在初始时变提前期 τ_a'内的生产系数矩阵，$\boldsymbol{B}_{i(a+n-1)}''$表示 $n-1$ 个制造商在压缩后的提前期 τ_a''内的生产系数矩阵；$\boldsymbol{B}_{wi}$ 表示外部客户需求系数矩阵。$\boldsymbol{C}_i$ 表示库存成本系数矩阵，$\boldsymbol{D}_i$ 表示正常生产成本和订货成本（或缺货成本）系数矩阵，$\boldsymbol{D}_{ia}=[\boldsymbol{D}_{ia}',\ \boldsymbol{D}_{i(a+n-1)}'']$表示含提前期的生产成本系数矩阵，其中 $\boldsymbol{D}_{ia}'$表示 $n-1$ 个制造商在初始提前期 τ_a'内的生产成本系数矩阵，$\boldsymbol{D}_{i(a+n-1)}''$表示 $n-1$ 个制造商在压缩后的提前期 τ_a''内的生产成本系数矩阵，$\boldsymbol{x}^T(k)=[x_1(k),\ \cdots,\ x_a(k),\ \cdots,\ x_n(k)]$，$\boldsymbol{u}^T(k)=[u_1(k),\ \cdots,\ u_a(k),\ \cdots,\ u_{n-1}(k),\ u_{1n}(k),\ \cdots,\ u_{an}(k),\ \cdots,\ u_{(n-1)n}(k)]$，$\boldsymbol{u}^T(k-\tau_a)=[\boldsymbol{u}^T(k-\tau_a'),\ \boldsymbol{u}^T(k-\tau_a'')]$，$\boldsymbol{u}^T(k-\tau_a')=[u_1(k-\tau_1'),\ \cdots,\ u_a(k-\tau_a'),\ \cdots,\ u_{(n-1)}(k-\tau_{n-1}')]$，$\boldsymbol{u}^T(k-\tau_a'')=[u_1(k-\tau_1''),\ \cdots,\ u_a(k-\tau_a''),\ \cdots,\ u_{n-1}(k-\tau_{n-1}'')]$，$\boldsymbol{w}^T(k)=[0,\ 0,\ \cdots,\ \boldsymbol{w}_1(k)]$。

（二）非线性供应链 Takagi-Sugeno 模糊模型构建

基于式（4-30）的第 i 个供应链系统子模型，构建如下非线性供应链系统的 Takagi-Sugeno 模糊模型：

R_i：If $x_1(k)$ *is* M_1^i，$\cdots$，$x_j(k)$ *is* M_j^i，$\cdots$，*and* $x_{n-1}(k)$ *is* M_{n-1}^i

$$\text{then}\begin{cases} \boldsymbol{x}(k+1)=\boldsymbol{A}_i\boldsymbol{x}(k)+\boldsymbol{B}_i\boldsymbol{u}(k)+\sum\limits_{a=1}^{n-1}\boldsymbol{B}_{ia}\boldsymbol{u}(k-\tau_a)+\boldsymbol{B}_{wi}\boldsymbol{w}(k) \\ z(k)=\boldsymbol{C}_i\boldsymbol{x}(k)+\boldsymbol{D}_i\boldsymbol{u}(k)+\sum\limits_{a=1}^{n-1}\boldsymbol{D}_{ia}\boldsymbol{u}(k-\tau_a) \\ \boldsymbol{x}(k)=\boldsymbol{\varphi}(k),\ i=1,\ 2,\ \cdots,\ r,\ k\in\{0,\ 1,\ \cdots,\ N\} \end{cases} \tag{4-31}$$

其中，$R_i(i=1,\ 2,\ \cdots,\ r)$表示第 i 条控制规则，r 表示系统的规则数；$M_j^i(j=1,\ 2,\ \cdots,\ n-1)$表示制造商的模糊集合；$\boldsymbol{\varphi}(k)$表示模型的初始状态向量。

采用单点模糊化、乘积推理及加权平均反模糊化的方法，式（4-31）的后件可表示为：

$$\begin{cases}\boldsymbol{x}(k+1)=\sum_{i=1}^{r}h_i(\boldsymbol{x}(k))[\boldsymbol{A}_i\boldsymbol{x}(k)+\boldsymbol{B}_i\boldsymbol{u}(k)+\sum_{a=1}^{n-1}\boldsymbol{B}_{ia}\boldsymbol{u}(k-\tau_a)+\boldsymbol{B}_{wi}\boldsymbol{w}(k)]\\ z(k)=\sum_{i=1}^{r}h_i(\boldsymbol{x}(k))[\boldsymbol{C}_i\boldsymbol{x}(k)+\boldsymbol{D}_i\boldsymbol{u}(k)+\sum_{a=1}^{n-1}\boldsymbol{D}_{ia}\boldsymbol{u}(k-\tau_a)]\end{cases}$$

（4-32）

二、多对一型非线性供应链模糊鲁棒控制策略

对式（4-32）设计如下 Takagi-Sugeno 模糊控制器：

Controller Rule K^i：

If x_1（k）is $\boldsymbol{M}_1^i$，…，x_j（k）is $\boldsymbol{M}_j^i$，…，and x_{n-1}（k）is $\boldsymbol{M}_{n-1}^i$

$$\text{then}\begin{cases}\boldsymbol{u}(k)=-\boldsymbol{K}_i\boldsymbol{x}(k),\ i=1,2,\cdots,r\\ \boldsymbol{u}(k-\tau_a)=-\boldsymbol{K}_{ia}\boldsymbol{x}(k-\tau_a),\ a=1,2,\cdots,2(n-1)\end{cases}$$

其中，$\boldsymbol{K}_i$ 表示系统库存状态反馈增益矩阵，$\boldsymbol{K}_{ia}$ 表示 τ_a'和 τ_a''时的系统库存状态反馈增益矩阵。

全局系统库存状态反馈控制器设计如下：

$$\begin{cases}\boldsymbol{u}(k)=-\sum_{i=1}^{r}h_i\boldsymbol{K}_i\boldsymbol{x}(k)\\ \boldsymbol{u}(k-\tau_a)=-\sum_{i=1}^{r}h_i\boldsymbol{K}_{ia}\boldsymbol{x}(k-\tau_a)\end{cases}\tag{4-33}$$

将式（4-33）代入式（4-32）后可得：

$$\begin{cases}\boldsymbol{x}(k+1)=\sum_{i=1}^{r}\sum_{j=1}^{r}h_ih_j[(\boldsymbol{A}_i-\boldsymbol{B}_i\boldsymbol{K}_j)\boldsymbol{x}(k)-\sum_{a=1}^{n-1}\boldsymbol{B}_{ia}\boldsymbol{K}_{ja}\boldsymbol{x}(k-\tau_a)+\boldsymbol{B}_{wi}\boldsymbol{w}(k)]\\ z(k)=\sum_{i=1}^{r}\sum_{j=1}^{r}h_ih_j[(\boldsymbol{C}_i-\boldsymbol{D}_i\boldsymbol{K}_j)\boldsymbol{x}(k)-\sum_{a=1}^{n-1}\boldsymbol{D}_{ia}\boldsymbol{K}_{ja}\boldsymbol{x}(k-\tau_a)]\end{cases}$$

（4-34）

在式（4-34）中，若令 $n-1=g$ 和 $a=e$，则式（4-34）变为式（4-10）这一一般形式，因此，考虑多提前期压缩的多对一型非线性供应链鲁棒控制策略可以应用定理 4-2 来实现。

三、仿真分析

本节选取由 A 运动鞋制造商（制造商 1）、B 运动鞋制造商（制造商 2）和一个同时销售以上两种品牌的运动鞋零售商构成的供应链系统作为仿真平台。本节的库存模糊分划如图 4-11 所示。

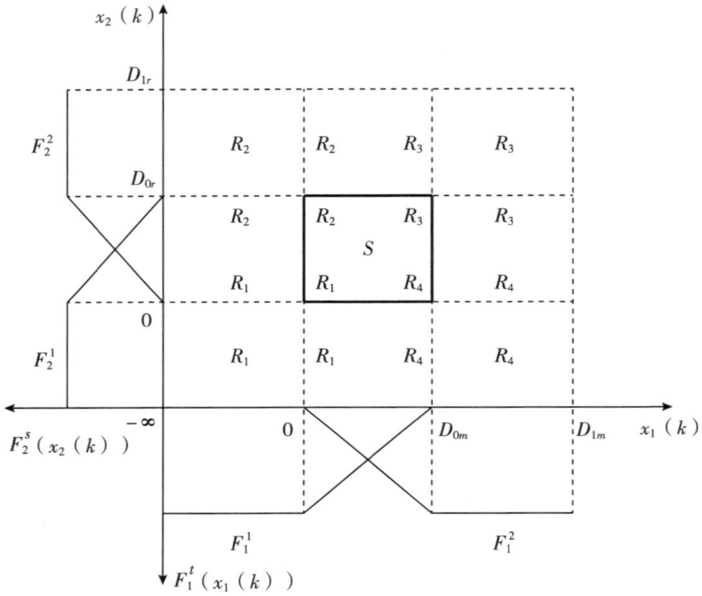

图 4-11　制造商的库存模糊分划

在图 4-11 中，$x_1(k)$表示制造商 1 的实际库存水平，D_{0m} 表示制造商 1 的安全库存水平，D_{1m} 表示制造商 1 的期望库存水平；$x_2(k)$表示制造商 2 的实际库存水平，D_{0r} 表示制造商 2 的安全库存水平，D_{1r} 表示制造商 2 的期望库存水平；$F_1^t(x_1(k))$和 $F_2^s(x_2(k))$[$(t, s)=(1, 2)$]分别代表满足 *SFP* 条件下的制造商库存 $x_1(k)$和 $x_2(k)$的模糊分划。令 $M_1^1=M_1^2=F_1^1$，$M_1^3=M_1^4=F_1^2$，$M_2^1=M_2^4=F_2^1$，$M_2^2=M_2^3=F_2^2$，$D_{0m}=8$，$D_{1m}=23$，$D_{0r}=10$，$D_{1r}=28$(单位：$\times10^3$ 双)。

由图 4-11 可知，式（4-34）中存在一个被标记为 S 的 *MORG*，其包含了

R_1、R_2、R_3 和 R_4 四个模糊规则。设定缺货成本 $c_{m1}=c_{m2}=1.75$（单位：$\times10^2$ 元），已知的时变提前期压缩量的成本数据如表 4-2 和表 4-3 所示。

从表 4-2 与表 4-3 可知，制造商 1 与制造商 2 的提前期压缩量均达到极限区间［0.53，1.0］和［0.77，1.2］（单位：小时），$c_{\tau1}$（0.654，1.236）与 $c_{\tau2}$（0.866，1.388）都小于缺货成本 c_{m1} 与 c_{m2}（1.75）（单位：$\times10^2$ 元），所以在库存水平低于 0 时，制造商 1 与制造商 2 的成本优化策略都采取提前期压缩。由此设定 τ_1'，$\tau_1''\in$［4.5，5.5］，τ_2'，$\tau_2''\in$［4.8，6］（单位：小时）。

表 4-2　制造商 1 的提前期压缩数据

提前期组成部分 i	时变的正常作业时间 b_i（小时）	最短作业时间 a_i（小时）	单位压缩成本 c_i（$\times10^2$ 元/小时）	每部分压缩成本 c_i（b_i-a_i）（$\times10^2$ 元）	累计压缩成本 $c_{\tau1}$（$\times10^2$ 元）
1	0.85~1.0	0.65	1.04	0.208~0.364	0.208~0.364
2	1.06~1.2	0.95	1.26	0.139~0.315	0.347~0.679
3	1.38~1.5	1.25	1.34	0.174~0.335	0.521~1.014
4	1.74~1.8	1.65	1.48	0.133~0.222	0.654~1.236

表 4-3　制造商 2 的提前期压缩数据

提前期组成部分 i	时变的正常作业时间 b_i（小时）	最短作业时间 a_i（小时）	单位压缩成本 c_i（$\times10^2$ 元/小时）	每部分压缩成本 c_i（b_i-a_i）（$\times10^2$ 元）	累计压缩成本 $c_{\tau2}$（$\times10^2$ 元）
1	0.98~1.10	0.70	0.96	0.267~0.384	0.267~0.384
2	1.21~1.35	1.00	1.12	0.235~0.392	0.502~0.776
3	1.52~1.65	1.35	1.29	0.219~0.387	0.721~1.163
4	1.86~1.90	1.75	1.50	0.165~0.225	0.886~1.388

基于以上分析，考虑多提前期压缩的非线性供应链系统模型表示如下：

$$R_1:\begin{cases}x_1(k+1)=u_1(k-\tau_1'')-u_{13}(k)\\x_2(k+1)=u_2(k-\tau_2'')-u_{23}(k)\\x_3(k+1)=x_3(k)+u_{13}(k)+u_{23}(k)-w_1(k)\end{cases}$$

$$z(k)=c_{h3}x_3(k)+c_{\tau 1}u_1(k-\tau_1'')+c_{\tau 2}u_2(k-\tau_2'')+c_{s1}u_{13}(k)+c_{s2}u_{23}(k)$$

$$R_2:\begin{cases}x_1(k+1)=u_1(k-\tau_1'')-u_{13}(k)\\ x_2(k+1)=x_2(k)+u_2(k)+u_2(k-\tau_2')-u_{23}(k)\\ x_3(k+1)=x_3(k)+u_{13}(k)+u_{23}(k)-w_1(k)\end{cases}$$

$$z(k)=c_{h2}x_2(k)+c_{h3}x_3(k)+c_{\tau 1}u_1(k-\tau_1'')+c_{n2}[u_2(k)+u_2(k-\tau_2')]+c_{s1}u_{13}(k)+c_{s2}u_{23}(k)$$

$$R_3:\begin{cases}x_1(k+1)=x_1(k)+u_1(k)+u_1(k-\tau_1')-u_{13}(k)\\ x_2(k+1)=x_2(k)+u_2(k)+u_2(k-\tau_2')-u_{23}(k)\\ x_3(k+1)=x_3(k)+u_{13}(k)+u_{23}(k)-w_1(k)\end{cases}$$

$$z(k)=c_{h1}x_1(k)+c_{h2}x_2(k)+c_{h3}x_3(k)+c_{n1}[u_1(k)+u_1(k-\tau_1')]+c_{n2}[u_2(k)+u_2(k-\tau_2')]+c_{s1}u_{13}(k)+c_{s2}u_{23}(k)$$

$$R_4:\begin{cases}x_1(k+1)=x_1(k)+u_1(k)+u_1(k-\tau_1')-u_{13}(k)\\ x_2(k+1)=u_2(k-\tau_2'')-u_{23}(k)\\ x_3(k+1)=x_3(k)+u_{13}(k)+u_{23}(k)-w_1(k)\end{cases}$$

$$z(k)=c_{h1}x_1(k)+c_{h3}x_3(k)+c_{n1}[u_1(k)+u_1(k-\tau_1')]+c_{\tau 2}u_2(k-\tau_2'')+c_{s1}u_{13}(k)+c_{s2}u_{23}(k)$$

上述四个规则对应的策略说明如下：

R_1：制造商 1 与制造商 2 均压缩时变提前期紧急生产，零售商正常订购。

R_2：制造商 1 压缩时变提前期紧急生产，制造商 2 正常生产，零售商正常订购。

R_3：制造商 1 和制造商 2 均正常生产，零售商正常订购。

R_4：制造商 1 正常生产，制造商 2 压缩时变提前期紧急生产，零售商正常订购。

将 R_1、R_2、R_3 和 R_4 应用模糊模型表示如下：

R_1：If $x_1(k)$ *is* M_1^1 and $x_2(k)$ *is* M_2^1 then

$$\begin{cases}\boldsymbol{x}(k+1)=h_1[\boldsymbol{A}_1\boldsymbol{x}(k)+\boldsymbol{B}_1\boldsymbol{u}(k)+\sum_{a=1}^{(3-1)}\boldsymbol{B}_{1a}\boldsymbol{u}(k-\tau_a)+\boldsymbol{B}_{w1}\boldsymbol{w}(k)]\\ z(k)=h_1[\boldsymbol{C}_1\boldsymbol{x}(k)+\boldsymbol{D}_1\boldsymbol{u}(k)+\sum_{a=1}^{(3-1)}\boldsymbol{D}_{1a}\boldsymbol{u}(k-\tau_a)]\end{cases}$$

R_2：If $x_1(k)$ *is* M_1^2 and $x_2(k)$ *is* M_2^2 then

$$\begin{cases} \boldsymbol{x}(k+1)=h_2\left[\boldsymbol{A}_2\boldsymbol{x}(k)+\boldsymbol{B}_2\boldsymbol{u}(k)+\sum\limits_{a=1}^{(3-1)}\boldsymbol{B}_{2a}\boldsymbol{u}(k-\tau_a)+\boldsymbol{B}_{w2}\boldsymbol{w}(k)\right] \\ z(k)=h_2\left[\boldsymbol{C}_2x(k)+\boldsymbol{D}_2\boldsymbol{u}(k)+\sum\limits_{a=1}^{(3-1)}\boldsymbol{D}_{2a}\boldsymbol{u}(k-\tau_a)\right] \end{cases}$$

R_3：If $x_1(k)$ *is* M_1^3 and $x_2(k)$ *is* M_2^3 then

$$\begin{cases} x(k+1)=h_3\left[\boldsymbol{A}_3\boldsymbol{x}(k)+\boldsymbol{B}_3\boldsymbol{u}(k)+\sum\limits_{a=1}^{(3-1)}\boldsymbol{B}_{3a}\boldsymbol{u}(k-\tau_a)+\boldsymbol{B}_{w3}\boldsymbol{w}(k)\right] \\ z(k)=h_3\left[\boldsymbol{C}_3\boldsymbol{x}(k)+\boldsymbol{D}_3\boldsymbol{u}(k)+\sum\limits_{a=1}^{(3-1)}\boldsymbol{D}_{3a}\boldsymbol{u}(k-\tau_a)\right] \end{cases}$$

R_4：If $x_1(k)$ *is* M_1^4 and $x_2(k)$ *is* M_2^4 then

$$\begin{cases} \boldsymbol{x}(k+1)=h_4\left[\boldsymbol{A}_4\boldsymbol{x}(k)+\boldsymbol{B}_4\boldsymbol{u}(k)+\sum\limits_{a=1}^{(3-1)}\boldsymbol{B}_{4a}\boldsymbol{u}(k-\tau_a)+\boldsymbol{B}_{w4}\boldsymbol{w}(k)\right] \\ z(k)=h_4\left[\boldsymbol{C}_4\boldsymbol{x}(k)+\boldsymbol{D}_4\boldsymbol{u}(k)+\sum\limits_{a=1}^{(3-1)}\boldsymbol{D}_{4a}\boldsymbol{u}(k-\tau_a)\right] \end{cases}$$

对上述模型设计如下系统库存反馈控制器：

K^i：If $x_1(k)$ *is* M_1^i and $x_2(k)$ *is* M_2^i then

$$\begin{cases} \boldsymbol{u}(k)=-\sum\limits_{i=1}^{r}h_i\boldsymbol{K}_{i1}\boldsymbol{x}(k) \\ \boldsymbol{u}_1(k-\tau_1')=-\sum\limits_{i=1}^{r}h_i\boldsymbol{K}_{i11}\boldsymbol{x}(k-\tau_1') \\ \boldsymbol{u}_2(k-\tau_2')=-\sum\limits_{i=1}^{r}h_i\boldsymbol{K}_{i21}\boldsymbol{x}(k-\tau_2') \\ \boldsymbol{u}_1(k-\tau_1'')=-\sum\limits_{i=1}^{r}h_i\boldsymbol{K}_{i31}\boldsymbol{x}(k-\tau_1'') \\ \boldsymbol{u}_2(k-\tau_2'')=-\sum\limits_{i=1}^{r}h_i\boldsymbol{K}_{i41}\boldsymbol{x}(k-\tau_2'') \end{cases}$$

其中 $r=4$。

令 $c_{h1}=0.015$，$c_{h2}=0.018$，$c_{h3}=0.020$，$c_{n1}=1.10$，$c_{n2}=1.20$，$c_{s1}=1.25$，$c_{s2}=1.40$，$c_{m1}=c_{m2}=1.75$，$c_{\tau1}=1.236$，$c_{\tau2}=1.388$（单位：$\times10^2$ 元）。

$$\boldsymbol{A}_1=\begin{bmatrix}0&0&0\\0&0&0\\0&0&1\end{bmatrix},\ \boldsymbol{A}_2=\begin{bmatrix}0&0&0\\0&1&0\\0&0&1\end{bmatrix},\ \boldsymbol{A}_3=\begin{bmatrix}1&0&0\\0&1&0\\0&0&1\end{bmatrix},\ \boldsymbol{A}_4=\begin{bmatrix}1&0&0\\0&0&0\\0&0&1\end{bmatrix},$$

$$\boldsymbol{B}_1=\begin{bmatrix}0&0&-1&0\\0&0&0&-1\\0&0&1&1\end{bmatrix},\ \boldsymbol{B}_2=\begin{bmatrix}0&0&-1&0\\0&1&0&-1\\0&0&1&1\end{bmatrix},\ \boldsymbol{B}_3=\begin{bmatrix}1&0&-1&0\\0&1&0&-1\\0&0&1&1\end{bmatrix},$$

$$\boldsymbol{B}_4=\begin{bmatrix}1&0&-1&0\\0&0&0&-1\\0&0&1&1\end{bmatrix},\ \boldsymbol{B}'_{11}=\boldsymbol{B}'_{21}=\begin{bmatrix}0&0&0&0\\0&0&0&0\\0&0&0&0\end{bmatrix},\ \boldsymbol{B}'_{31}=\boldsymbol{B}'_{41}=\begin{bmatrix}1&0&0&0\\0&0&0&0\\0&0&0&0\end{bmatrix},$$

$$\boldsymbol{B}'_{12}=\boldsymbol{B}'_{42}=\begin{bmatrix}0&0&0&0\\0&0&0&0\\0&0&0&0\end{bmatrix},\ \boldsymbol{B}'_{22}=\boldsymbol{B}'_{32}=\begin{bmatrix}0&0&0&0\\0&1&0&0\\0&0&0&0\end{bmatrix},$$

$$\boldsymbol{B}''_{13}=\boldsymbol{B}''_{23}=\begin{bmatrix}0&0&1&0\\0&0&0&0\\0&0&0&0\end{bmatrix},\ \boldsymbol{B}''_{33}=\boldsymbol{B}''_{43}=\begin{bmatrix}0&0&0&0\\0&0&0&0\\0&0&0&0\end{bmatrix},$$

$$\boldsymbol{B}''_{14}=\boldsymbol{B}''_{44}=\begin{bmatrix}0&0&0&0\\0&0&0&1\\0&0&0&0\end{bmatrix},\ \boldsymbol{B}''_{24}=\boldsymbol{B}''_{34}=\begin{bmatrix}0&0&0&0\\0&0&0&0\\0&0&0&0\end{bmatrix},$$

$\boldsymbol{B}_{w1}=\boldsymbol{B}_{w2}=\begin{bmatrix}0&0&0\\0&0&0\\0&0&-1\end{bmatrix}$，$\boldsymbol{B}_{w3}=\boldsymbol{B}_{w4}=\begin{bmatrix}0&0&0\\0&0&0\\0&0&-1\end{bmatrix}$，$\boldsymbol{C}_1=[0,\ 0,\ c_{h3}]$，$\boldsymbol{C}_2=[0,\ c_{h2},\ c_{h3}]$，$\boldsymbol{C}_3=[c_{h1},\ c_{h2},\ c_{h3}]$，$\boldsymbol{C}_4=[c_{h1},\ 0,\ c_{h3}]$，$\boldsymbol{D}_1=[0,\ 0,\ c_{s1},\ c_{s2}]$，$\boldsymbol{D}_2=[0,\ c_{n2},\ c_{s1},\ c_{s2}]$，$\boldsymbol{D}_3=[c_{n1},\ c_{n2},\ c_{s1},\ c_{s2}]$，$\boldsymbol{D}_4=[c_{n1},\ 0,\ c_{s1},\ c_{s2}]$，$\boldsymbol{D}_{11}=\boldsymbol{D}_{21}=[0,\ 0,\ 0,\ 0]$，$\boldsymbol{D}_{31}=\boldsymbol{D}_{41}=[c_{n1},\ 0,\ 0,\ 0]$，$\boldsymbol{D}_{12}=\boldsymbol{D}_{42}=[0,\ 0,\ 0,\ 0]$，$\boldsymbol{D}_{22}=\boldsymbol{D}_{32}=[0,\ c_{n2},\ 0,\ 0]$，$\boldsymbol{D}_{13}=[0,\ 0,\ c_{\tau1},\ 0]$，$\boldsymbol{D}_{23}=[0,\ 0,\ c_{\tau1},\ 0]$，$\boldsymbol{D}_{33}=\boldsymbol{D}_{43}=[0,\ 0,\ 0,\ 0]$，$\boldsymbol{D}_{14}=\boldsymbol{D}_{44}=[0,\ 0,\ 0,\ c_{\tau2}]$，$\boldsymbol{D}_{24}=\boldsymbol{D}_{34}=[0,\ 0,\ 0,\ 0]$，$\gamma=0.95$。

求解定理 4-2 中的式（4-24）和式（4-25）得到如下结果:

$$
\boldsymbol{P}_1=\begin{bmatrix}62.2597 & 0.0149 & 0.0663\\ 0.0149 & 62.2581 & 0.0637\\ 0.0663 & 0.0637 & 62.5223\end{bmatrix},\ \boldsymbol{Q}_{11}=\begin{bmatrix}12.4471 & -0.0001 & -0.0003\\ -0.0001 & 12.4471 & -0.0003\\ -0.0003 & -0.0003 & 12.4460\end{bmatrix},
$$

$$
\boldsymbol{Q}_{21}=\begin{bmatrix}12.4471 & -0.0001 & -0.0003\\ -0.0001 & 12.4471 & -0.0003\\ -0.0003 & -0.0003 & 12.4460\end{bmatrix},\ \boldsymbol{Q}_{31}=\begin{bmatrix}12.4471 & -0.0001 & -0.0003\\ -0.0001 & 12.4471 & -0.0003\\ -0.0003 & -0.0003 & 12.4460\end{bmatrix},
$$

$$
\boldsymbol{Q}_{41}=\begin{bmatrix}12.4471 & -0.0001 & -0.0003\\ -0.0001 & 12.4471 & -0.0003\\ -0.0003 & -0.0003 & 12.4460\end{bmatrix}。
$$

由上述结果可知，该运动鞋供应链系统在本章第二节提出的模糊鲁棒控制策略的作用下，可以鲁棒稳定运行。接下来以仿真实验的方式对本章第二节提出的模糊鲁棒控制策略的有效性进行验证。

仿真输出是实际值=偏差值+标称值。设库存状态初始值 $x_1(0)=-2$，$x_2(0)=-3$，$x_3(0)=4$（单位：$\times10^3$ 双）；系统变量标称值 $\vec{x}_1(k)=105$，$\vec{x}_2(k)=95$，$\vec{x}_3(k)=85$，$\vec{u}_1(k)=110$，$\vec{u}_2(k)=98$，$\vec{u}_{13}(k)=90$ 和 $\vec{u}_{23}(k)=80$（单位：$\times10^3$ 双），外部客户需求 $w_1(k)$ 为正态分布 $w_1(k)\sim N(6,\ 0.8^2)$。图 4-12 至图 4-17 为应用模糊鲁棒控制策略后的仿真结果，其中图 4-12 至图 4-14 表示不考虑时变提前期压缩的库存量、控制量和总成本的仿真图，图 4-15 至图 4-17 表示考虑时变提前期压缩的库存量、控制量和总成本仿真图。

由图 4-12 至图 4-17 可知，非线性供应链系统中的状态变量曲线、控制变量曲线以及总成本曲线均波动幅度较小，由此说明了本章第二节提出的模糊鲁棒策略对该运动鞋供应链系统的控制效果较好，它可以有效抑制多个时变提前期和随机外部客户需求对非线性供应链系统的干扰，保证供应链系统平稳运行。本节的研究内容是从本章第二节考虑单提前期压缩的一对一型非线性供应链，拓展到考虑多个提前期同时压缩的多对一型非线性供应链，通过对比图 4-14 和图 4-17 的仿真结果可知，应用成本优化策略同样可以实现多个时变生产提前期压缩的非线性供应链低成本运行。

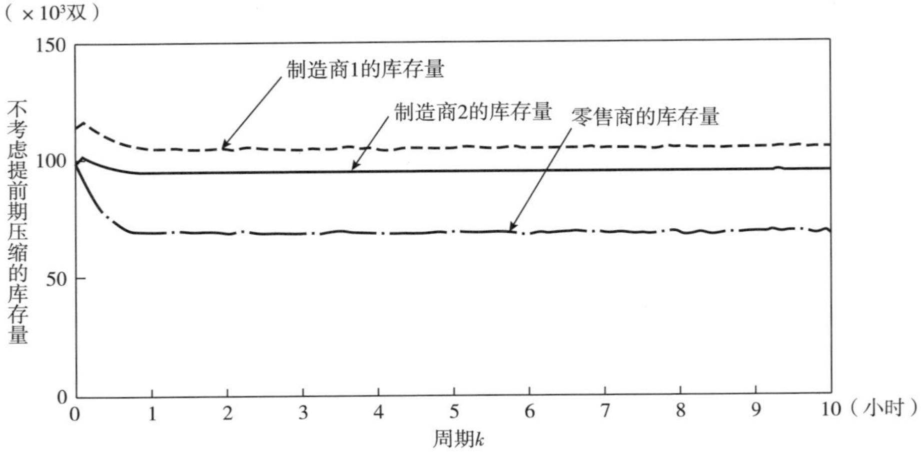

图 4-12　不考虑时变提前期压缩的库存量

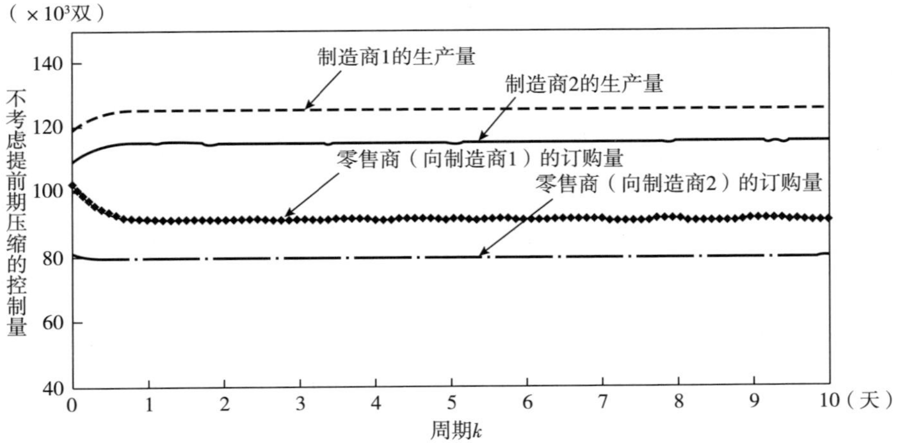

图 4-13　不考虑时变提前期压缩的控制量

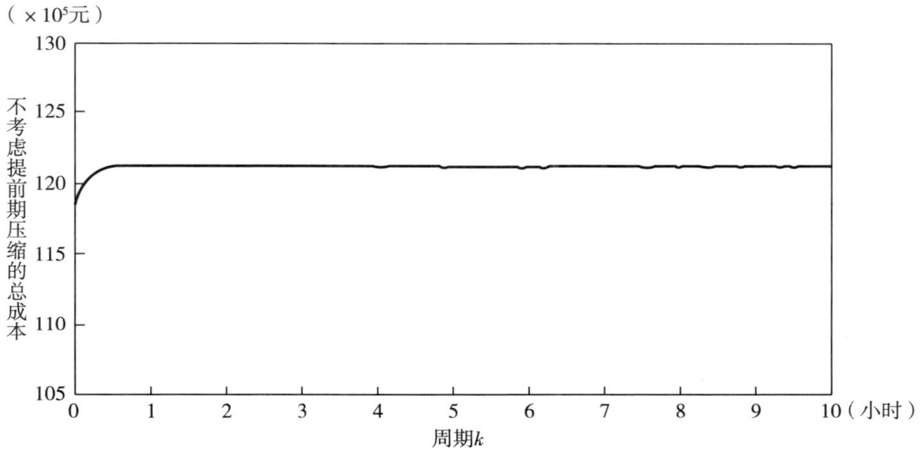

图 4-14　不考虑时变提前期压缩的总成本

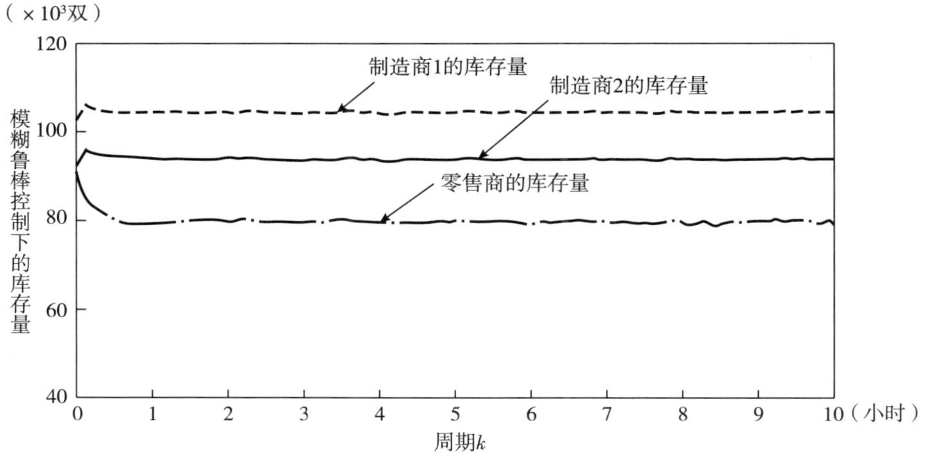

图 4-15　考虑时变提前期压缩的库存量

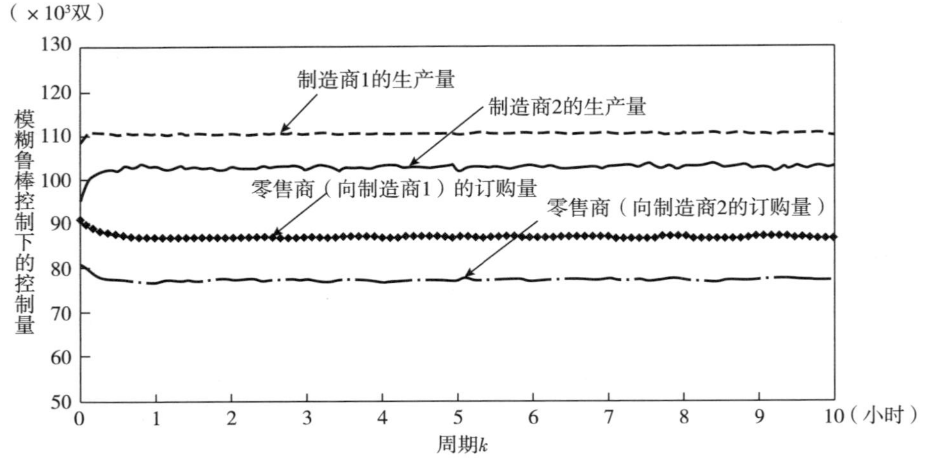

图 4-16　考虑时变提前期压缩的控制量

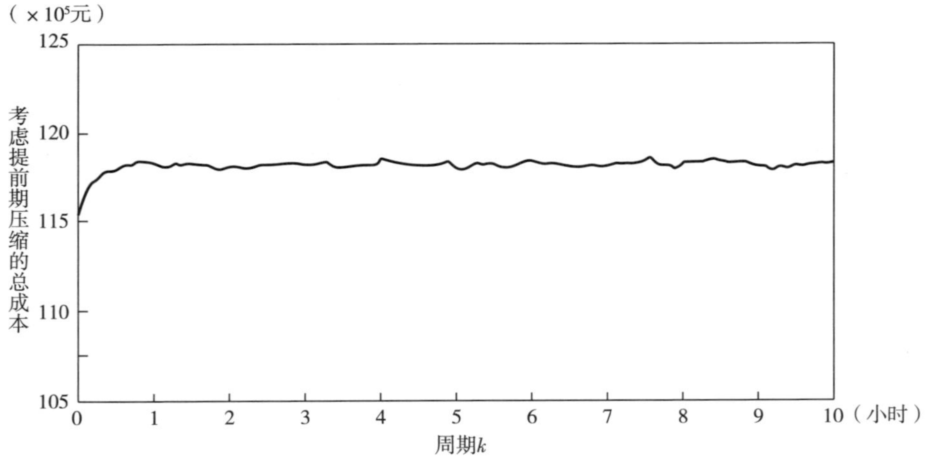

图 4-17　考虑时变提前期压缩的总成本

第四节　考虑多提前期压缩的不确定非线性供应链鲁棒控制策略

一、模型构建

（一）不确定非线性供应链模型构建

基于式（4-28）和式（4-29），同时考虑系统内的各种不确定参数，建立考虑多提前期压缩的不确定非线性供应链系统的第 i 个子模型，具体如下：

$$\begin{cases} \boldsymbol{x}(k+1)=(\boldsymbol{A}_i+\Delta\boldsymbol{A}_i)\boldsymbol{x}(k)+(\boldsymbol{B}_i+\Delta\boldsymbol{B}_i)\boldsymbol{u}(k)+ \\ \qquad\qquad \sum\limits_{a=1}^{n-1}(\boldsymbol{B}_{ia}+\Delta\boldsymbol{B}_{ia})\boldsymbol{u}(k-\tau_a)+(\boldsymbol{B}_{wi}+\Delta\boldsymbol{B}_{wi})\boldsymbol{w}(k) \\ z(k)=(\boldsymbol{C}_i+\Delta\boldsymbol{C}_i)\boldsymbol{x}(k)+(\boldsymbol{D}_i+\Delta\boldsymbol{D}_i)\boldsymbol{u}(k)+\sum\limits_{a=1}^{n-1}(\boldsymbol{D}_{ia}+\Delta\boldsymbol{D}_{ia})\boldsymbol{u}(k-\tau_a) \end{cases}$$

（4-35）

其中，$\boldsymbol{x}^T(k)=[x_1(k),\ \cdots,\ x_a(k),\ \cdots,\ x_n(k)]$，$\boldsymbol{u}^T(k)=[u_1(k),\ \cdots,\ u_a(k),\ \cdots,\ u_{n-1}(k),\ u_{1n}(k),\ \cdots,\ u_{an}(k),\ \cdots,\ u_{(n-1)n}(k)]$，$\boldsymbol{u}^T(k-\tau_a)=[\boldsymbol{u}^T(k-\tau_a'),\ \boldsymbol{u}^T(k-\tau_a'')]$，$\boldsymbol{u}^T(k-\tau_a')=[u_1(k-\tau_1'),\ \cdots,\ u_a(k-\tau_a'),\ \cdots,\ u_{(n-1)}(k-\tau_{n-1}')]$，$\boldsymbol{u}^T(k-\tau_a'')=[u_1(k-\tau_1''),\ \cdots,\ u_a(k-\tau_a''),\ \cdots,\ u_{n-1}(k-\tau_{n-1}'')]$，$\boldsymbol{w}^T(k)=[0,\ 0,\ \cdots,\ w_1(k)]$，$\boldsymbol{A}_i$、$\boldsymbol{B}_i$、$\boldsymbol{B}_{ia}$、$\boldsymbol{B}_{wi}$、$\boldsymbol{C}_i$、$\boldsymbol{D}_i$ 和 $\boldsymbol{D}_{ia}$ 表示第 i 个子模型对应的系数矩阵。$\Delta\boldsymbol{A}_i$、$\Delta\boldsymbol{B}_i$、$\Delta\boldsymbol{B}_{ia}$、$\Delta\boldsymbol{B}_{wi}$、$\Delta\boldsymbol{C}_i$、$\Delta\boldsymbol{D}_i$ 和 $\Delta\boldsymbol{D}_{ia}$ 表示供应链系统内各变量的不确定系数矩阵。

（二）不确定非线性供应链 Takagi-Sugeno 模糊模型构建

将式（4-35）描述的第 i 个子模型应用 Takagi-Sugeno 模糊控制系统表示如下：

R_i: If $x_1(k)$ is M_1^i, …, $x_j(k)$ is M_j^i, …, and $x_{n-1}(k)$ is M_{n-1}^i,

$$\text{then}\begin{cases}\boldsymbol{x}(k+1)=(\boldsymbol{A}_i+\Delta\boldsymbol{A}_i)\boldsymbol{x}(k)+(\boldsymbol{B}_i+\Delta\boldsymbol{B}_i)\boldsymbol{u}(k)+\\ \qquad\qquad\sum_{a=1}^{n-1}(\boldsymbol{B}_{ia}+\Delta\boldsymbol{B}_{ia})\boldsymbol{u}(k-\tau_a)+(\boldsymbol{B}_{wi}+\Delta\boldsymbol{B}_{wi})\boldsymbol{w}(k)\\ z(k)=(\boldsymbol{C}_i+\Delta\boldsymbol{C}_i)\boldsymbol{x}(k)+(\boldsymbol{D}_i+\Delta\boldsymbol{D}_i)\boldsymbol{u}(k)+\sum_{a=1}^{n-1}(\boldsymbol{D}_{ia}+\Delta\boldsymbol{D}_{ia})\boldsymbol{u}(k-\tau_a)\\ \boldsymbol{x}(k)=\boldsymbol{\varphi}(k),\ i=1,2,\cdots,r,\ k\in\{0,1,\cdots,N\}\end{cases}\tag{4-36}$$

其中，$R_i(i=1,2,\cdots,r)$表示第 i 条模糊规则，r 表示系统的规则数；$M_j^i(j=1,2,\cdots,n)$表示制造商的模糊集合；$\boldsymbol{\varphi}(k)$表示模型的初始状态向量。

应用单点模糊化、乘积推理及加权平均反模糊化方法，得到如下供应链模糊系统的后件：

$$\begin{cases}\boldsymbol{x}(k+1)=\sum_{i=1}^{r}h_i(\boldsymbol{x}(k))\begin{bmatrix}(\boldsymbol{A}_i+\Delta\boldsymbol{A}_i)\boldsymbol{x}(k)+(\boldsymbol{B}_i+\Delta\boldsymbol{B}_i)\boldsymbol{u}(k)+\\ \sum_{a=1}^{n-1}(\boldsymbol{B}_{ia}+\Delta\boldsymbol{B}_{ia})\boldsymbol{u}(k-\tau_a)+\\ (\boldsymbol{B}_{wi}+\Delta\boldsymbol{B}_{wi})\boldsymbol{w}(k)\end{bmatrix}\\ z(k)=\sum_{i=1}^{r}h_i(\boldsymbol{x}(k))\begin{bmatrix}(\boldsymbol{C}_i+\Delta\boldsymbol{C}_i)\boldsymbol{x}(k)+(\boldsymbol{D}_i+\Delta\boldsymbol{D}_i)\boldsymbol{u}(k)+\\ \sum_{a=1}^{n-1}(\boldsymbol{D}_{ia}+\Delta\boldsymbol{D}_{ia})\boldsymbol{u}(k-\tau_a)\end{bmatrix}\end{cases}\tag{4-37}$$

二、不确定非线性供应链系统模糊鲁棒控制策略

引入时变不确定矩阵$\boldsymbol{F}_{1i}(k)$、$\boldsymbol{F}_{2i}(k)$，常数矩阵$\boldsymbol{H}_{1i}$、$\boldsymbol{H}_{2i}$、$\boldsymbol{E}_{11i}$、$\boldsymbol{E}_{12i}$、$\boldsymbol{E}_{13i}$、$\boldsymbol{E}_{21i}$、$\boldsymbol{E}_{22i}$、$\boldsymbol{L}_{ai}$ 和 $\boldsymbol{O}_{ai}$ 来描述供应链模糊系统参数的不确定性，其中 $i=1,2,\cdots,r$，$\boldsymbol{F}_{1i}(k)$和$\boldsymbol{F}_{2i}(k)$是 Lebesgue 可测的，并满足$\boldsymbol{F}_{1i}^T(k)\boldsymbol{F}_{1i}(k)\leqslant\boldsymbol{I}$、$\boldsymbol{F}_{2i}^T(k)\boldsymbol{F}_{2i}(k)\leqslant\boldsymbol{I}$，则系统的不确定参数可表示如下：

$$[\Delta\boldsymbol{A}_i,\Delta\boldsymbol{B}_i,\Delta\boldsymbol{B}_{wi},\Delta\boldsymbol{B}_{i1},\cdots,\Delta\boldsymbol{B}_{ia},\cdots,\Delta\boldsymbol{B}_{ig}]=$$
$$\boldsymbol{H}_{1i}\boldsymbol{F}_{1i}(k)[\boldsymbol{E}_{11i},\boldsymbol{E}_{12i},\boldsymbol{E}_{13i},\boldsymbol{L}_{1i},\cdots,\boldsymbol{L}_{ai},\cdots,\boldsymbol{L}_{gi}]$$
$$[\Delta\boldsymbol{C}_i,\Delta\boldsymbol{D}_i,\Delta\boldsymbol{D}_{i1},\cdots,\Delta\boldsymbol{D}_{ia},\cdots,\Delta\boldsymbol{D}_{ig}]=$$

$\boldsymbol{H}_{2i}\boldsymbol{F}_{2i}(k)[\boldsymbol{E}_{21i},\ \boldsymbol{E}_{22i},\ \boldsymbol{O}_{1i},\ \cdots,\ \boldsymbol{O}_{ai},\ \cdots,\ \boldsymbol{O}_{gi}]$

式（4-37）对应的Takagi-Sugeno模糊控制器设计如下：

Controller Rule K^i：

If $x_1(k)$ is M_1^i，…，$x_j(k)$ is M_j^i，…，and $x_{n-1}(k)$ is M_{n-1}^i，

$$\text{then}\begin{cases}\boldsymbol{u}(k)=-\boldsymbol{K}_i\boldsymbol{x}(k),\ i=1,\ 2,\ \cdots,\ r\\ \boldsymbol{u}(k-\tau_a)=-\boldsymbol{K}_{ia}\boldsymbol{x}(k-\tau_a),\ a=1,\ 2,\ \cdots,\ 2(n-1)\end{cases}$$

其中，$\boldsymbol{K}_i$ 代表系统库存状态反馈增益矩阵，$\boldsymbol{K}_{ia}$ 代表 τ'_a 和 τ''_a 时的系统库存状态反馈增益矩阵。

全局库存状态反馈控制器可表示如下：

$$\begin{cases}\boldsymbol{u}(k)=-\sum_{i=1}^{r}h_i\boldsymbol{K}_i\boldsymbol{x}(k)\\ \boldsymbol{u}(k-\tau_a)=-\sum_{i=1}^{r}h_i\boldsymbol{K}_{ia}\boldsymbol{x}(k-\tau_a)\end{cases}\tag{4-38}$$

将式（4-38）代入式（4-37）有：

$$\begin{cases}\boldsymbol{x}(k+1)=\sum_{i=1}^{r}\sum_{j=1}^{r}h_ih_j[(\bar{\boldsymbol{A}}_i-\bar{\boldsymbol{B}}_i\boldsymbol{K}_j)\boldsymbol{x}(k)-\sum_{a=1}^{n-1}\bar{\boldsymbol{B}}_{ia}\boldsymbol{K}_{ja}\boldsymbol{x}(k-\tau_a)+\bar{\boldsymbol{B}}_{wi}\boldsymbol{w}(k)]\\ z(k)=\sum_{i=1}^{r}\sum_{j=1}^{r}h_ih_j[(\bar{\boldsymbol{C}}_i-\bar{\boldsymbol{D}}_i\boldsymbol{K}_j)\boldsymbol{x}(k)-\sum_{a=1}^{n-1}\bar{\boldsymbol{D}}_{ia}\boldsymbol{K}_{ja}\boldsymbol{x}(k-\tau_a)]\end{cases}\tag{4-39}$$

其中，$\bar{\boldsymbol{A}}_i=\boldsymbol{A}_i+\Delta\boldsymbol{A}_i$，$\bar{\boldsymbol{B}}_i=\boldsymbol{B}_i+\Delta\boldsymbol{B}_i$，$\bar{\boldsymbol{B}}_{ia}=\boldsymbol{B}_{ia}+\Delta\boldsymbol{B}_{ia}$，$\bar{\boldsymbol{B}}_{wi}=\boldsymbol{B}_{wi}+\Delta\boldsymbol{B}_{wi}$，$\bar{\boldsymbol{C}}_i=\boldsymbol{C}_i+\Delta\boldsymbol{C}_i$，$\bar{\boldsymbol{D}}_i=\boldsymbol{D}_i+\Delta\boldsymbol{D}_i$，$\bar{\boldsymbol{D}}_{ia}=\boldsymbol{D}_{ia}+\Delta\boldsymbol{D}_{ia}$。

引理 4-3　给定具有适当维数的矩阵 $\boldsymbol{Y}$、$\boldsymbol{H}$ 和 $\boldsymbol{E}$，其中 $\boldsymbol{Y}$ 是对称的，则对所有满足 $\boldsymbol{F}^T(k)\boldsymbol{F}(k)\leqslant\boldsymbol{I}$ 的矩阵 $\boldsymbol{F}(k)$，有 $\boldsymbol{Y}+\boldsymbol{HF}(k)\boldsymbol{E}+\boldsymbol{E}^T\boldsymbol{F}^T(k)\boldsymbol{H}^T<\boldsymbol{0}$ 成立，当且仅当存在一个标量 $\varepsilon>0$，使得 $\boldsymbol{Y}+\varepsilon\boldsymbol{HH}^T+\varepsilon^{-1}\boldsymbol{E}^T\boldsymbol{E}<\boldsymbol{0}$（*Xie*，1996）。

定理 4-3　对于给定的满足式（2-9）的标量 $\gamma>0$，若在 $\boldsymbol{G}_c$ 中存在局部公共正定矩阵 $\boldsymbol{P}_c$ 和 $\boldsymbol{Q}_{ac}$ 则满足：

$$\begin{bmatrix}-\bar{\bar{\boldsymbol{P}}} & * & *\\ \bar{\boldsymbol{M}}_{ii} & -\boldsymbol{P}_c^{-1} & *\\ \bar{\boldsymbol{N}}_{ii} & \boldsymbol{0} & -\boldsymbol{I}\end{bmatrix}<\boldsymbol{0},\ i\in I_c\tag{4-40}$$

$$\begin{bmatrix} -4\bar{\bar{P}} & * & * \\ 2\bar{\bar{M}}_{ij} & -P_c^{-1} & * \\ 2\bar{\bar{N}}_{ij} & 0 & -I \end{bmatrix} < 0,\ i<j,\ i,\ j\in I_c \tag{4-41}$$

那么，输入采用 SFP 且含多提前期的式（4-39）是鲁棒渐近稳定的，其 H_∞ 范数小于给定的 γ，其中 I_c 为 G_c 中包含的规则序号集，G_c 为第 c 个 MORG，$c=1, 2, \cdots, \prod_{j=1}^{n}(m_j-1)$，$m_j$ 为第 j 个输入变量模糊分划数，$\bar{\bar{P}}=\begin{bmatrix} P_c-\sum_{a=1}^{n-1}Q_{ac} & * & * \\ 0 & \hat{Q} & * \\ 0 & 0 & \gamma^2 I \end{bmatrix}$，$\hat{Q}=diag\{Q_{1c}, \cdots, Q_{ac}, \cdots, Q_{(n-1)c}\}$，$\bar{\bar{M}}_{ij}=\dfrac{\bar{M}_{ij}+\bar{M}_{ji}}{2}$，$\bar{\bar{N}}_{ij}=\dfrac{\bar{N}_{ij}+\bar{N}_{ji}}{2}$。

证明 设定式（4-39）包含有 f 个交叠规则组，v_d（$d=1, 2, \cdots, f$）是第 d 个交叠规则组的运行域，$L_d=\{v_d$ 中包含的规则序号$\}$。

如果 $\boldsymbol{x}(k)$ 与 $\boldsymbol{x}(k+1)$ 在同一交叠规则组，那么供应链系统在第 d 个交叠规则组上的局部模型为：

$$\begin{cases} \boldsymbol{x}(k+1)=\sum_{i\in L_d}\sum_{j\in L_d}h_ih_j[M_{ij}\boldsymbol{x}(k)-\sum_{a=1}^{n-1}\bar{B}_{ia}K_{jac}\boldsymbol{x}(k-\tau_a)+\bar{B}_{wi}W(k)] \\ z(k)=\sum_{i\in L_d}\sum_{j\in L_d}h_ih_j[N_{ij}\boldsymbol{x}(k)-\sum_{a=1}^{n-1}\bar{D}_{ia}K_{jac}\boldsymbol{x}(k-\tau_a)] \end{cases} \tag{4-42}$$

其中，$M_{ij}=\bar{A}_i-\bar{B}_iK_{jc}$，$N_{ij}=\bar{C}_i-\bar{D}_iK_{jc}$。

式（4-42）可进一步简化为：

$$\begin{cases} \boldsymbol{x}(k+1)=\sum_{i\in L_d}\sum_{j\in L_d}h_ih_j\bar{M}_{ij}\bar{\boldsymbol{x}}(k) \\ z(k)=\sum_{i\in L_d}\sum_{j\in L_d}h_ih_j\bar{N}_{ij}\bar{\boldsymbol{x}}(k) \end{cases} \tag{4-43}$$

其中，$\bar{M}_{ij}=[M_{ij}, -\bar{B}_{i1}K_{j1c}, \cdots, -\bar{B}_{ia}K_{jac}, \cdots, -\bar{B}_{i(n-1)}K_{j(n-1)c}, \bar{B}_{wi}]$，$\bar{N}_{ij}=[N_{ij}, -\bar{D}_{i1}K_{j1c}, \cdots, -\bar{D}_{ia}K_{jac}, \cdots, -\bar{D}_{i(n-1)}K_{j(n-1)c}, 0]$，$\bar{\boldsymbol{x}}(k)=[\boldsymbol{x}(k), \boldsymbol{x}(k-$

$\tau_1)$，…，$x(k-\tau_e)$，…，$x(k-\tau_{n-1})$，$W(k)]^T$。

构建一个 Lyapunov 函数，具体如下：

$$V_d(\boldsymbol{x}(k))=\boldsymbol{x}^T(k)\boldsymbol{P}_c\boldsymbol{x}(k)+\sum_{a=1}^{n-1}\sum_{\xi=k-\tau_a}^{k-1}\boldsymbol{x}^T(\xi)\boldsymbol{Q}_{ac}\boldsymbol{x}(\xi)$$

根据引理 4-2，可以得到：

$$\begin{aligned}
\Delta V_d(\boldsymbol{x}(k)) &= V_d(\boldsymbol{x}(k+1))-V_d(\boldsymbol{x}(k))\\
&=\boldsymbol{x}^T(k+1)\boldsymbol{P}_c\boldsymbol{x}(k+1)-\boldsymbol{x}^T(k)\boldsymbol{P}_c\boldsymbol{x}(k)+\\
&\quad\sum_{a=1}^{n-1}[\boldsymbol{x}^T(k)\boldsymbol{Q}_{ac}\boldsymbol{x}(k)-\boldsymbol{x}^T(k-\tau_a)\boldsymbol{Q}_{ac}\boldsymbol{x}(k-\tau_a)]\\
&=\sum_{i\in L_d}\sum_{j\in L_d}h_ih_j\sum_{p\in L_d}\sum_{q\in L_d}h_ph_q[\bar{\boldsymbol{x}}^T(k)\bar{\boldsymbol{M}}_{ij}^T\boldsymbol{P}_c\bar{\boldsymbol{M}}_{pq}\bar{\boldsymbol{x}}(k)-\boldsymbol{x}^T(k)\boldsymbol{P}_c\boldsymbol{x}(k)]+\\
&\quad\sum_{a=1}^{n-1}[\boldsymbol{x}^T(k)\boldsymbol{Q}_{ac}\boldsymbol{x}(k)-\boldsymbol{x}^T(k-\tau_a)\boldsymbol{Q}_{ac}\boldsymbol{x}(k-\tau_a)]\\
&=\sum_{i\in L_d}\sum_{j\in L_d}h_ih_j\sum_{p\in L_d}\sum_{q\in L_d}h_ph_q\bar{\boldsymbol{x}}^T(k)[\bar{\boldsymbol{M}}_{ij}^T\boldsymbol{P}_c\bar{\boldsymbol{M}}_{pq}-\bar{\boldsymbol{P}}]\bar{\boldsymbol{x}}(k)\\
&=\frac{1}{4}\sum_{i\in L_d}\sum_{j\in L_d}h_ih_j\sum_{p\in L_d}\sum_{q\in L_d}h_ph_q\bar{\boldsymbol{x}}^T(k)[(\bar{\boldsymbol{M}}_{ij}+\bar{\boldsymbol{M}}_{ji})^T\\
&\quad\boldsymbol{P}_c(\bar{\boldsymbol{M}}_{pq}+\bar{\boldsymbol{M}}_{qp})-4\bar{\boldsymbol{P}}]\bar{\boldsymbol{x}}(k)\\
&\leqslant\frac{1}{4}\sum_{i\in L_d}\sum_{j\in L_d}h_ih_j\bar{\boldsymbol{x}}^T(k)[(\bar{\boldsymbol{M}}_{ij}+\bar{\boldsymbol{M}}_{ji})^T\boldsymbol{P}_c(\bar{\boldsymbol{M}}_{ij}+\bar{\boldsymbol{M}}_{ji})-4\bar{\boldsymbol{P}}]\bar{\boldsymbol{x}}(k)\\
&=\sum_{i\in L_d}\sum_{j\in L_d}h_ih_j\bar{\boldsymbol{x}}^T(k)\left[\left(\frac{\bar{\boldsymbol{M}}_{ij}+\bar{\boldsymbol{M}}_{ji}}{2}\right)^T\boldsymbol{P}_c\left(\frac{\bar{\boldsymbol{M}}_{ij}+\bar{\boldsymbol{M}}_{ji}}{2}\right)-\bar{\boldsymbol{P}}\right]\bar{\boldsymbol{x}}(k)\\
&=\sum_{i=j,\ i\in L_d}h_i^2\bar{\boldsymbol{x}}^T(k)(\bar{\boldsymbol{M}}_{ii}^T\boldsymbol{P}_c\bar{\boldsymbol{M}}_{ii}-\bar{\boldsymbol{P}})\bar{\boldsymbol{x}}(k)+\\
&\quad 2\sum_{i<j,\ i\in L_d,\ j\in L_d}h_ih_j\bar{\boldsymbol{x}}^T(k)\left[\left(\frac{\bar{\boldsymbol{M}}_{ij}+\bar{\boldsymbol{M}}_{ji}}{2}\right)^T\boldsymbol{P}_c\left(\frac{\bar{\boldsymbol{M}}_{ij}+\bar{\boldsymbol{M}}_{ji}}{2}\right)-\bar{\boldsymbol{P}}\right]\bar{\boldsymbol{x}}(k)
\end{aligned}$$

其中，$\bar{\boldsymbol{P}}=\begin{bmatrix}\boldsymbol{P}_c-\sum\limits_{a=1}^{n-1}\boldsymbol{Q}_{ac} & * & *\\ \boldsymbol{0} & \hat{\boldsymbol{Q}} & *\\ \boldsymbol{0} & \boldsymbol{0} & \boldsymbol{0}\end{bmatrix}$，$\hat{Q}=diag\{\boldsymbol{Q}_{1c},\ \cdots,\ \boldsymbol{Q}_{ac},\ \cdots,\ \boldsymbol{Q}_{(n-1)c}\}$。

进一步计算有：

$$\Delta V_d(\boldsymbol{x}(k)) \leqslant \sum_{i=j,\ i\in L_d} h_i^2 \bar{\boldsymbol{x}}^T(k)[\bar{\boldsymbol{M}}_{ii}^T \boldsymbol{P}_c \bar{\boldsymbol{M}}_{ii} - \bar{\boldsymbol{P}}]\bar{\boldsymbol{x}}(k) + 2\sum_{i<j,\ i\in L_d,\ j\in L_d} h_i h_j \bar{\boldsymbol{x}}^T(k)[\bar{\bar{\boldsymbol{M}}}_{ij}^T \boldsymbol{P}_c \bar{\bar{\boldsymbol{M}}}_{ij} - \bar{\boldsymbol{P}}]\bar{\boldsymbol{x}}(k) \tag{4-44}$$

其中，$\bar{\bar{\boldsymbol{M}}}_{ij} = \dfrac{\bar{\boldsymbol{M}}_{ij} + \bar{\boldsymbol{M}}_{ji}}{2}$。

令客户需求 $\boldsymbol{W}(k) > \boldsymbol{0}$，为证明系统 H_∞ 范数的有界性，定义如下性能指标函数：

$$J_1 = \sum_{k=0}^{N-1}[z^T(k)z(k) - \gamma^2 \boldsymbol{W}^T(k)\boldsymbol{W}(k)] \tag{4-45}$$

式（4-45）变形如下：

$$\begin{aligned} J_1 &= \sum_{k=0}^{N-1}[z^T(k)z(k) - \gamma^2 \boldsymbol{W}^T(k)\boldsymbol{W}(k) + \Delta V_d(\boldsymbol{x}(k))] - V_d(\boldsymbol{x}(N)) \\ &\leqslant \sum_{k=0}^{N-1}[z^T(k)z(k) - \gamma^2 \boldsymbol{W}^T(k)\boldsymbol{W}(k) + \Delta V_d(\boldsymbol{x}(k))] \end{aligned} \tag{4-46}$$

将式（4-44）代入式（4-46）有：

$$\begin{aligned} J_1 \leqslant & \sum_{k=0}^{N-1}\left\{\sum_{i=j,\ i\in L_d} h_i^2 \bar{\boldsymbol{x}}^T(k)[\bar{\boldsymbol{M}}_{ii}^T \boldsymbol{P}_c \bar{\boldsymbol{M}}_{ii} - \bar{\bar{\boldsymbol{P}}} + \bar{\boldsymbol{N}}_{ii}^T \bar{\boldsymbol{N}}_{ii}]\bar{\boldsymbol{x}}(k)\right\} + \\ & 2\sum_{k=0}^{N-1}\left\{\sum_{i<j,\ i\in L_d,\ j\in L_d} h_i h_j \bar{\boldsymbol{x}}^T(k)[\bar{\bar{\boldsymbol{M}}}_{ij}^T \boldsymbol{P}_c \bar{\bar{\boldsymbol{M}}}_{ij} - \bar{\bar{\boldsymbol{P}}} + \bar{\bar{\boldsymbol{N}}}_{ij}^T \bar{\bar{\boldsymbol{N}}}_{ij}]\bar{\boldsymbol{x}}(k)\right\} \end{aligned} \tag{4-47}$$

其中，$\bar{\bar{\boldsymbol{P}}} = \begin{bmatrix} \boldsymbol{P}_c - \sum_{a=1}^{n-1}\boldsymbol{Q}_{ac} & * & * \\ \boldsymbol{0} & \hat{\boldsymbol{Q}} & * \\ \boldsymbol{0} & \boldsymbol{0} & \gamma^2 \boldsymbol{I} \end{bmatrix}$，$\bar{\bar{\boldsymbol{N}}}_{ij} = \dfrac{\bar{\boldsymbol{N}}_{ij} + \bar{\boldsymbol{N}}_{ji}}{2}$。

当式（4-40）和式（4-41）成立时，通过矩阵变换有 $\bar{\boldsymbol{M}}_{ii}^T \boldsymbol{P}_c \bar{\boldsymbol{M}}_{ii} - \bar{\bar{\boldsymbol{P}}} + \bar{\boldsymbol{N}}_{ii}^T \bar{\boldsymbol{N}}_{ii} < \boldsymbol{0}$，$\bar{\bar{\boldsymbol{M}}}_{ij}^T \boldsymbol{P}_c \bar{\bar{\boldsymbol{M}}}_{ij} - \bar{\bar{\boldsymbol{P}}} + \bar{\bar{\boldsymbol{N}}}_{ij}^T \bar{\bar{\boldsymbol{N}}}_{ij} < \boldsymbol{0}$，可知 $J_1 < 0$，即 $z^T(k)z(k) < \gamma^2 \boldsymbol{W}^T(k)\boldsymbol{W}(k)$；如令 $N \to +\infty$，则 $\|z(k)\|_2^2 < \gamma^2\|\boldsymbol{W}(k)\|_2^2$。因此，式（4-39）在 H_∞ 范数 γ 约束下是渐近稳定的。

当客户需求 $\boldsymbol{W}(k) \equiv \boldsymbol{0}$ 时，基于引理 4-2，式（4-44）可表示为：

$\Delta V_d(\boldsymbol{x}(k)) \leqslant \sum_{i=j,\ i\in L_d} h_i^2 \overline{\boldsymbol{x}}^T(k)[\overline{\boldsymbol{M}}_{ii}^T \boldsymbol{P}_c \overline{\boldsymbol{M}}_{ii} - \overline{\overline{\boldsymbol{P}}}]\overline{\boldsymbol{x}}(k) + 2\sum_{i<j,\ i\in L_d,\ j\in L_d} h_i h_j \overline{\boldsymbol{x}}^T(k)[\overline{\overline{\boldsymbol{M}}}_{ij}^T \boldsymbol{P}_c$ $\overline{\overline{\boldsymbol{M}}}_{ij} - \overline{\overline{\boldsymbol{P}}}]\overline{\boldsymbol{x}}(k)$。

当式（4-40）和式（4-41）成立时，$\overline{\boldsymbol{M}}_{ii}^T\boldsymbol{P}_c\overline{\boldsymbol{M}}_{ii}-\overline{\overline{\boldsymbol{P}}}<\boldsymbol{0}$ 和 $\overline{\overline{\boldsymbol{M}}}_{ij}^T\boldsymbol{P}_c\overline{\overline{\boldsymbol{M}}}_{ij}-\overline{\overline{\boldsymbol{P}}}<\boldsymbol{0}$ 成立，进而 $\Delta V_d(\boldsymbol{x}(k))<0$，所以，式（4-39）在式（4-38）的控制下渐近稳定。

如果 $\boldsymbol{x}(k)$ 与 $\boldsymbol{x}(k+1)$ 分别处于不同的交叠规则组，那么，在第 d 个交叠规则组中定义一种特征函数，具体如下：

$$\lambda_d = \begin{cases} 1, & \boldsymbol{x}(k) \in v_d \\ 0, & \boldsymbol{x}(k) \notin v_d \end{cases}, \quad \sum_{d=1}^{f} \lambda_d = 1$$

那么，式（4-39）在整个论域上可表示为：

$$\begin{cases} \boldsymbol{x}(k+1) = \sum_{d=1}^{f} \lambda_d [\sum_{i\in L_d}\sum_{j\in L_d} h_i h_j \overline{\boldsymbol{M}}_{ij} \overline{\boldsymbol{x}}(k)] \\ z(k) = \sum_{d=1}^{f} \lambda_d [\sum_{i\in L_d}\sum_{j\in L_d} h_i h_j \overline{\boldsymbol{N}}_{ij} \overline{\boldsymbol{x}}(k)] \end{cases} \tag{4-48}$$

令 $\boldsymbol{P}_m = \sum_{d=1}^{f}\lambda_d \boldsymbol{P}_c$，$\boldsymbol{Q}_{em} = \sum_{d=1}^{f}\lambda_d \boldsymbol{Q}_{ec}$，并在整个论域上构建一种 Lyapunov 函数，具体如下：

$$\begin{aligned} V(\boldsymbol{x}(k)) &= \boldsymbol{x}^T(k)\boldsymbol{P}_m\boldsymbol{x}(k) + \sum_{e=1}^{g}\sum_{\xi=k-\tau_e}^{k-1} \boldsymbol{x}^T(\xi)\boldsymbol{Q}_{em}\boldsymbol{x}(\xi) \\ &= \boldsymbol{x}^T(k)(\sum_{d=1}^{f}\lambda_d\boldsymbol{P}_c)\boldsymbol{x}(k) + \sum_{e=1}^{g}\sum_{\xi=k-\tau_e}^{k-1} \boldsymbol{x}^T(\xi)(\sum_{d=1}^{f}\lambda_d\boldsymbol{Q}_{ec})\boldsymbol{x}(\xi) \\ &= \sum_{d=1}^{f}\lambda_d[\boldsymbol{x}^T(k)\boldsymbol{P}_c\boldsymbol{x}(k) + \sum_{e=1}^{g}\sum_{\xi=k-\tau_e}^{k-1} \boldsymbol{x}^T(\xi)\boldsymbol{Q}_{ec}\boldsymbol{x}(\xi)] \\ &= \sum_{d=1}^{f}\lambda_d V_d(\boldsymbol{x}(k)) \end{aligned}$$

如果客户需求 $\boldsymbol{W}(k)>\boldsymbol{0}$，那么，引入 H_∞ 性能指标函数：$J_1 = \sum_{k=0}^{N-1}[z^T(k)z(k) - \gamma^2\boldsymbol{W}^T(k)\boldsymbol{W}(k)]$，则有 $J_2 = \sum_{k=0}^{N-1}\sum_{d=1}^{f}\lambda_d[z^T(k)z(k) - \gamma^2\boldsymbol{W}^T(k)W(k)]$，以后的证明过程和在同一交叠规则组的证明过程相同，可知 $J_2<0$，即 $z^T(k)z(k)<\gamma^2\boldsymbol{W}^T(k)\boldsymbol{W}(k)$；令 $N\to+\infty$，有 $\|z(k)\|_2^2<\gamma^2\|\boldsymbol{W}(k)\|_2^2$，因此，式(4-48)在 H_∞ 范数 γ 约束下可以

渐近稳定。

如果客户需求 $\boldsymbol{W}(k)\equiv\boldsymbol{0}$，则进行如下计算：

$$
\begin{aligned}
\Delta V(\boldsymbol{x}(k)) &= V(\boldsymbol{x}(k+1)) - V(\boldsymbol{x}(k)) \\
&= \sum_{d=1}^{f}\lambda_d V_d(\boldsymbol{x}(k+1)) - \sum_{d=1}^{f}\lambda_d V_d(\boldsymbol{x}(k)) \\
&= \sum_{d=1}^{f}\lambda_d[V_d(\boldsymbol{x}(k+1)) - V_d(\boldsymbol{x}(k))] \\
&= \sum_{d=1}^{f}\lambda_d \Delta V_d(\boldsymbol{x}(k)) < 0
\end{aligned}
$$

因此，在任一交叠规则组中，式（4–48）在式（4–38）的控制下渐近稳定。再基于性质 2–1 可知，如果在 $\boldsymbol{G}_c$ 中能够找到满足式（4–40）与式（4–41）的局部正定矩阵 $\boldsymbol{P}_c$ 和 $\boldsymbol{Q}_{ec}$，则式（4–39）是渐近稳定的。

由于应用定理 4–3 无法用 LMI 计算出系统库存反馈增益，因此，下面通过调整定理 4–3 的式（4–40）与式（4–41），以得到可以直接求解出 H_∞ 控制器的系统库存反馈增益的定理 4–4。

定理 4–4 对于给定的满足式（2–9）的标量 $\gamma>0$，若在 $\boldsymbol{G}_c$ 中存在局部公共正定矩阵 $\boldsymbol{X}_c$ 与 $\boldsymbol{Q}_{ac}$，矩阵 $\boldsymbol{Y}_{ic}$、$\boldsymbol{Y}_{jc}$、$\boldsymbol{Y}_{iec}$ 和 $\boldsymbol{Y}_{jec}$ 以及常数 $\varepsilon_{ijc}>0$ 和 $\varepsilon_{jic}>0$，则满足：

$$
\begin{bmatrix}
-\boldsymbol{I}+\boldsymbol{\Omega}_1 & * & * & * & * & * & * \\
\boldsymbol{0} & \boldsymbol{\Omega}_2 & * & * & * & * & * \\
\boldsymbol{0} & \boldsymbol{0} & -\gamma^2\boldsymbol{I} & * & * & * & * \\
\boldsymbol{\Omega}_3 & -\boldsymbol{\Omega}_5 & \boldsymbol{B}_{wi} & -\boldsymbol{X}_c+\varepsilon_{iic}\boldsymbol{H}_{1i}\boldsymbol{H}_{1i}^T & * & * & * \\
\boldsymbol{\Omega}_4 & -\boldsymbol{\Omega}_6 & \boldsymbol{0} & \boldsymbol{0} & -\boldsymbol{I}+\varepsilon_{iic}\boldsymbol{H}_{2i}\boldsymbol{H}_{2i}^T & * & * \\
\Delta_1 & -\Delta_3 & \boldsymbol{E}_{13i} & \boldsymbol{0} & \boldsymbol{0} & -\varepsilon_{iic}\boldsymbol{I} & * \\
\Delta_2 & -\Delta_4 & \boldsymbol{0} & \boldsymbol{0} & \boldsymbol{0} & \boldsymbol{0} & -\varepsilon_{iic}\boldsymbol{I}
\end{bmatrix} < \boldsymbol{0},\ i\in I_c
\tag{4-49}
$$

$$\begin{bmatrix} -4\boldsymbol{I}+4\boldsymbol{\Omega}_1 & * & * & * & * & * & * & * & * \\ \boldsymbol{0} & 4\boldsymbol{\Omega}_2 & * & * & * & * & * & * & * \\ \boldsymbol{0} & \boldsymbol{0} & -4\gamma^2\boldsymbol{I} & * & * & * & * & * & * \\ \boldsymbol{\Omega}_7 & -\boldsymbol{\Omega}_9 & \boldsymbol{B}_{wi}+\boldsymbol{B}_{wj} & \Delta_{11} & * & * & * & * & * \\ \boldsymbol{\Omega}_8 & -\boldsymbol{\Omega}_{10} & \boldsymbol{0} & \boldsymbol{0} & \Delta_{12} & * & * & * & * \\ \Delta_5 & -\Delta_3 & \boldsymbol{E}_{13i} & \boldsymbol{0} & \boldsymbol{0} & -\varepsilon_{ijc}\boldsymbol{I} & * & * & * \\ \Delta_6 & -\Delta_4 & \boldsymbol{0} & \boldsymbol{0} & \boldsymbol{0} & \boldsymbol{0} & -\varepsilon_{ijc}\boldsymbol{I} & * & * \\ \Delta_7 & -\Delta_9 & \boldsymbol{E}_{13j} & \boldsymbol{0} & \boldsymbol{0} & \boldsymbol{0} & \boldsymbol{0} & -\varepsilon_{jic}\boldsymbol{I} & * \\ \Delta_8 & -\Delta_{10} & \boldsymbol{0} & \boldsymbol{0} & \boldsymbol{0} & \boldsymbol{0} & \boldsymbol{0} & \boldsymbol{0} & -\varepsilon_{jic}\boldsymbol{I} \end{bmatrix} < \boldsymbol{0},\ i<j,\ i,\ j\in I_c \tag{4-50}$$

那么，输入采用 SFP 且含多提前期的式（4-39）是鲁棒渐近稳定的，且其 H_∞ 范数小于给定的 γ，其中，I_c 为 $\boldsymbol{G}_c$ 中包含的规则序号集，$\boldsymbol{G}_c$ 为第 c 个 MORG，$c=1, 2, \cdots, \prod_{j=1}^{n}(m_j-1)$，$m_j$ 为第 j 个输入变量模糊分划数，$\boldsymbol{K}_{ic}=\boldsymbol{Y}_{ic}\boldsymbol{X}_c^{-1}$，$\boldsymbol{K}_{jc}=\boldsymbol{Y}_{jc}\boldsymbol{X}_c^{-1}$，$\boldsymbol{K}_{iec}=\boldsymbol{Y}_{iec}\boldsymbol{X}_c^{-1}$，$\boldsymbol{K}_{jec}=\boldsymbol{Y}_{jec}\boldsymbol{X}_c^{-1}$，$\boldsymbol{\Omega}_1=\sum_{a=1}^{n-1}\boldsymbol{Q}_{ac}\boldsymbol{X}_c$，$\boldsymbol{\Omega}_2=-\hat{\boldsymbol{Q}}\boldsymbol{X}_c$，

$\hat{\boldsymbol{Q}}=diag\{\boldsymbol{Q}_{1c}, \cdots, \boldsymbol{Q}_{ac}, \cdots, \boldsymbol{Q}_{(n-1)c}\}$，$\boldsymbol{\Omega}_3=\boldsymbol{A}_i\boldsymbol{X}_c-\boldsymbol{B}_i\boldsymbol{Y}_{ic}$，$\boldsymbol{\Omega}_4=\boldsymbol{C}_i\boldsymbol{X}_c-\boldsymbol{D}_i\boldsymbol{Y}_{ic}$，$\boldsymbol{\Omega}_5=[\boldsymbol{B}_{i1}\boldsymbol{Y}_{i1c}, \cdots, \boldsymbol{B}_{ia}\boldsymbol{Y}_{iac}, \cdots, \boldsymbol{B}_{i(n-1)}\boldsymbol{Y}_{i(n-1)c}]$，$\boldsymbol{\Omega}_6=[\boldsymbol{D}_{i1}\boldsymbol{Y}_{i1c}, \cdots, \boldsymbol{D}_{ia}\boldsymbol{Y}_{iac}, \cdots, \boldsymbol{D}_{i(n-1)}\boldsymbol{Y}_{i(n-1)c}]$，$\boldsymbol{\Omega}_7=\boldsymbol{A}_i\boldsymbol{X}_c-\boldsymbol{B}_i\boldsymbol{Y}_{jc}+\boldsymbol{A}_j\boldsymbol{X}_c-\boldsymbol{B}_j\boldsymbol{Y}_{ic}$，$\boldsymbol{\Omega}_8=\boldsymbol{C}_i\boldsymbol{X}_c-\boldsymbol{D}_i\boldsymbol{Y}_{jc}+\boldsymbol{C}_j\boldsymbol{X}_c-\boldsymbol{D}_j\boldsymbol{Y}_{ic}$，$\boldsymbol{\Omega}_9=[\boldsymbol{B}_{i1}\boldsymbol{Y}_{j1c}+\boldsymbol{B}_{j1}\boldsymbol{Y}_{i1c}, \cdots, \boldsymbol{B}_{ia}\boldsymbol{Y}_{jac}+\boldsymbol{B}_{ja}\boldsymbol{Y}_{iac}, \cdots, \boldsymbol{B}_{i(n-1)}\boldsymbol{Y}_{j(n-1)c}+\boldsymbol{B}_{j(n-1)}\boldsymbol{Y}_{i(n-1)c}]$，$\boldsymbol{\Omega}_{10}=[\boldsymbol{D}_{i1}\boldsymbol{Y}_{j1c}+\boldsymbol{D}_{j1}\boldsymbol{Y}_{i1c}, \cdots, \boldsymbol{D}_{ia}\boldsymbol{Y}_{jac}+\boldsymbol{D}_{ja}\boldsymbol{Y}_{iac}, \cdots, \boldsymbol{D}_{i(n-1)}\boldsymbol{Y}_{j(n-1)c}+\boldsymbol{D}_{j(n-1)}\boldsymbol{Y}_{i(n-1)c}]$，$\Delta_1=\boldsymbol{E}_{11i}\boldsymbol{X}_c-\boldsymbol{E}_{12i}\boldsymbol{Y}_{ic}$，$\Delta_2=\boldsymbol{E}_{21i}\boldsymbol{X}_c-\boldsymbol{E}_{22i}\boldsymbol{Y}_{ic}$，$\Delta_3=[\boldsymbol{L}_{1i}\boldsymbol{Y}_{i1c}, \cdots, \boldsymbol{L}_{ai}\boldsymbol{Y}_{iac}, \cdots, \boldsymbol{L}_{(n-1)i}\boldsymbol{Y}_{i(n-1)c}]$，$\Delta_4=[\boldsymbol{O}_{1i}\boldsymbol{Y}_{i1c}, \cdots, \boldsymbol{O}_{ai}\boldsymbol{Y}_{iac}, \cdots, \boldsymbol{O}_{(n-1)i}\boldsymbol{Y}_{i(n-1)c}]$，$\Delta_5=\boldsymbol{E}_{11i}\boldsymbol{X}_c-\boldsymbol{E}_{12i}\boldsymbol{Y}_{jc}$，$\Delta_6=\boldsymbol{E}_{21i}\boldsymbol{X}_c-\boldsymbol{E}_{22i}\boldsymbol{Y}_{jc}$，$\Delta_7=\boldsymbol{E}_{11j}\boldsymbol{X}_c-\boldsymbol{E}_{12j}\boldsymbol{Y}_{ic}$，$\Delta_8=\boldsymbol{E}_{21j}\boldsymbol{X}_c-\boldsymbol{E}_{22j}\boldsymbol{Y}_{ic}$，$\Delta_9=[\boldsymbol{L}_{1j}\boldsymbol{Y}_{jic}, \cdots, \boldsymbol{L}_{aj}\boldsymbol{Y}_{jac}, \cdots, \boldsymbol{L}_{(n-1)j}\boldsymbol{Y}_{j(n-1)c}]$，$\Delta_{10}=[\boldsymbol{O}_{1j}\boldsymbol{Y}_{j1c}, \cdots, \boldsymbol{O}_{aj}\boldsymbol{Y}_{jac}, \cdots, \boldsymbol{O}_{(n-1)j}\boldsymbol{Y}_{j(n-1)c}]$，$\Delta_{11}=-\boldsymbol{X}_c+\varepsilon_{ijc}\boldsymbol{H}_{1i}\boldsymbol{H}_{1i}^T+\varepsilon_{jic}\boldsymbol{H}_{1j}\boldsymbol{H}_{1j}^T$，$\Delta_{12}=-\boldsymbol{I}+\varepsilon_{ijc}\boldsymbol{H}_{2i}\boldsymbol{H}_{2i}^T+\varepsilon_{jic}\boldsymbol{H}_{2j}\boldsymbol{H}_{2j}^T$，$a=1, 2, \cdots, n-1$。

证明　定理 4-4 的部分证明过程与定理 4-3 相似。在定理 4-3 结果的基础上，应用 Schur 补引理进行矩阵变换可以得到定理 4-4 的结论，其主要过程说明

如下：

式（4-40）可表达如下：

$$\begin{bmatrix} -\boldsymbol{P}_c + \sum_{a=1}^{n-1} \boldsymbol{Q}_{ac} & * & * & * & * \\ \boldsymbol{0} & -\hat{\boldsymbol{Q}} & * & * & * \\ \boldsymbol{0} & \boldsymbol{0} & -\gamma^2 \boldsymbol{I} & * & * \\ \boldsymbol{A}_i - \boldsymbol{B}_i \boldsymbol{K}_{ic} & -\prod_1 & \boldsymbol{B}_{wi} & -\boldsymbol{P}_c^{-1} & * \\ \boldsymbol{C}_i - \boldsymbol{D}_i \boldsymbol{K}_{ic} & -\prod_2 & \boldsymbol{0} & \boldsymbol{0} & -\boldsymbol{I} \end{bmatrix} < \boldsymbol{0} \tag{4-51}$$

其中，$\prod_1 = [\boldsymbol{B}_{i1}\boldsymbol{K}_{i1c}, \cdots, \boldsymbol{B}_{ia}\boldsymbol{K}_{iac}, \cdots, \boldsymbol{B}_{i(n-1)}\boldsymbol{K}_{i(n-1)c}]$，$\prod_2 = [\boldsymbol{D}_{i1}\boldsymbol{K}_{i1c}, \cdots, \boldsymbol{D}_{ia}\boldsymbol{K}_{iac}, \cdots, \boldsymbol{D}_{i(n-1)}\boldsymbol{K}_{i(n-1)c}]$。

在式（4-51）右边乘以 $diag\{\boldsymbol{P}_c^{-1}, \boldsymbol{P}_c^{-1}, \boldsymbol{I}, \boldsymbol{I}, \boldsymbol{I}\}$，并令 $\boldsymbol{X}_c = \boldsymbol{P}_c^{-1}$，$\boldsymbol{K}_{ic} = \boldsymbol{Y}_{ic}\boldsymbol{X}_c^{-1}$，$\boldsymbol{K}_{iac} = \boldsymbol{Y}_{iac}\boldsymbol{X}_c^{-1}$，有：

$$\begin{bmatrix} -\boldsymbol{I}+\boldsymbol{\Omega}_1 & * & * & * & * \\ \boldsymbol{0} & \boldsymbol{\Omega}_2 & * & * & * \\ \boldsymbol{0} & \boldsymbol{0} & -\gamma^2 \boldsymbol{I} & * & * \\ \boldsymbol{A}_i\boldsymbol{X}_c - \boldsymbol{B}_i\boldsymbol{Y}_{ic} & -\boldsymbol{\Omega}_5 & \boldsymbol{B}_{wi} & -\boldsymbol{X}_c & * \\ \boldsymbol{C}_i\boldsymbol{X}_c - \boldsymbol{D}_i\boldsymbol{Y}_{ic} & -\boldsymbol{\Omega}_6 & \boldsymbol{0} & \boldsymbol{0} & -\boldsymbol{I} \end{bmatrix} < \boldsymbol{0} \tag{4-52}$$

令 $\boldsymbol{\Lambda}_{ii} = \begin{bmatrix} -\boldsymbol{I}+\boldsymbol{\Omega}_1 & * & * & * & * \\ \boldsymbol{0} & \boldsymbol{\Omega}_2 & * & * & * \\ \boldsymbol{0} & \boldsymbol{0} & -\gamma^2 \boldsymbol{I} & * & * \\ \boldsymbol{\Omega}_3 & -\boldsymbol{\Omega}_5 & \boldsymbol{B}_{wi} & -\boldsymbol{X}_c & * \\ \boldsymbol{\Omega}_4 & -\boldsymbol{\Omega}_6 & \boldsymbol{0} & \boldsymbol{0} & -\boldsymbol{I} \end{bmatrix}$，$\bar{\boldsymbol{\Lambda}}_{ii} = \begin{bmatrix} -\boldsymbol{I}+\boldsymbol{\Omega}_1 & * & * & * & * \\ \boldsymbol{0} & \boldsymbol{\Omega}_2 & * & * & * \\ \boldsymbol{0} & \boldsymbol{0} & -\gamma^2 \boldsymbol{I} & * & * \\ \bar{\boldsymbol{\Omega}}_3 & -\bar{\boldsymbol{\Omega}}_5 & \bar{\boldsymbol{B}}_{wi} & -\boldsymbol{X}_c & * \\ \bar{\boldsymbol{\Omega}}_4 & -\bar{\boldsymbol{\Omega}}_6 & \boldsymbol{0} & \boldsymbol{0} & -\boldsymbol{I} \end{bmatrix}$，

其中，$\bar{\boldsymbol{\Omega}}_3 = \bar{\boldsymbol{A}}_i\boldsymbol{X}_c - \bar{\boldsymbol{B}}_i\boldsymbol{Y}_{ic}$，$\bar{\boldsymbol{\Omega}}_4 = \bar{\boldsymbol{C}}_i\boldsymbol{X}_c - \bar{\boldsymbol{D}}_i\boldsymbol{Y}_{ic}$，$\bar{\boldsymbol{\Omega}}_5 = [\bar{\boldsymbol{B}}_{i1}\boldsymbol{Y}_{i1c}, \cdots, \bar{\boldsymbol{B}}_{ia}\boldsymbol{Y}_{iac}, \cdots, \bar{\boldsymbol{B}}_{i(n-1)}\boldsymbol{Y}_{i(n-1)c}]$，$\bar{\boldsymbol{\Omega}}_6 = [\bar{\boldsymbol{D}}_{i1}\boldsymbol{Y}_{i1c}, \cdots, \bar{\boldsymbol{D}}_{ia}\boldsymbol{Y}_{iac}, \cdots, \bar{\boldsymbol{D}}_{i(n-1)}\boldsymbol{Y}_{i(n-1)c}]$，那么有：

$$\bar{\boldsymbol{\Lambda}}_{ii} = \boldsymbol{\Lambda}_{ii} + \bar{\boldsymbol{H}}_{ii}\bar{\boldsymbol{F}}_i(k)\bar{\boldsymbol{E}}_{ii} + \bar{\boldsymbol{E}}_{ii}^T\bar{\boldsymbol{F}}_i^T(k)\bar{\boldsymbol{H}}_{ii}^T < \boldsymbol{0} \tag{4-53}$$

其中，$\bar{\boldsymbol{H}}_{ii}=\begin{bmatrix}\boldsymbol{0}&\boldsymbol{0}&\boldsymbol{0}&\boldsymbol{H}_{1i}^T&\boldsymbol{0}\\\boldsymbol{0}&\boldsymbol{0}&\boldsymbol{0}&\boldsymbol{0}&\boldsymbol{H}_{2i}^T\end{bmatrix}^T$，$\bar{\boldsymbol{F}}_i(k)=\begin{bmatrix}\boldsymbol{F}_{1i}(k)&\boldsymbol{0}\\\boldsymbol{0}&\boldsymbol{F}_{2i}(k)\end{bmatrix}$，

$\bar{\boldsymbol{E}}_{ii}=\begin{bmatrix}\boldsymbol{E}_{11i}\boldsymbol{X}_c-\boldsymbol{E}_{12i}\boldsymbol{Y}_{ic}, & -\boldsymbol{L}_{1i}\boldsymbol{Y}_{i1c}, & \cdots, & -\boldsymbol{L}_{ai}\boldsymbol{Y}_{iac}, & \cdots, & -\boldsymbol{L}_{(n-1)i}\boldsymbol{Y}_{i(n-1)c}, & \boldsymbol{E}_{13i}, & \boldsymbol{0}, & \boldsymbol{0}\\\boldsymbol{E}_{21i}\boldsymbol{X}_c-\boldsymbol{E}_{22i}\boldsymbol{Y}_{ic}, & -\boldsymbol{O}_{1i}\boldsymbol{Y}_{i1c}, & \cdots, & -\boldsymbol{O}_{ai}\boldsymbol{Y}_{iac}, & \cdots, & -\boldsymbol{O}_{(n-1)i}\boldsymbol{Y}_{i(n-1)c}, & \boldsymbol{0}, & \boldsymbol{0}, & \boldsymbol{0}\end{bmatrix}$。

基于引理 4-3，式（4-53）对全部 $\boldsymbol{F}_{1i}(k)$ 和 $\boldsymbol{F}_{2i}(k)$ 成立，当且仅当有标量 $\varepsilon_{iic}>0$ 满足 $\boldsymbol{\Lambda}_{ii}+\varepsilon_{iic}^{-1}\bar{\boldsymbol{E}}_{ii}^T\bar{\boldsymbol{E}}_{ii}+\varepsilon_{iic}\bar{\boldsymbol{H}}_{ii}\bar{\boldsymbol{H}}_{ii}^T<\boldsymbol{0}$。

应用 Schur 补引理 2-1 可得：

$$\begin{bmatrix}\boldsymbol{\Lambda}_{ii}+\varepsilon_{iic}\bar{\boldsymbol{H}}_{ii}\bar{\boldsymbol{H}}_{ii}^T & *\\ \bar{\boldsymbol{E}}_{ii} & -\varepsilon_{iic}\end{bmatrix}<\boldsymbol{0} \tag{4-54}$$

对式（4-54）进一步变换则可得到式（4-49）。

同理，式（4-41）可表达如下：

$$\begin{bmatrix}4(-\boldsymbol{P}_c+\sum_{a=1}^{n-1}\boldsymbol{Q}_{ac}) & * & * & * & *\\ \boldsymbol{0} & -4\hat{\boldsymbol{Q}} & * & * & *\\ \boldsymbol{0} & \boldsymbol{0} & -4\gamma^2\boldsymbol{I} & * & *\\ \boldsymbol{A}_i-\boldsymbol{B}_i\boldsymbol{K}_{jc}+\boldsymbol{A}_j-\boldsymbol{B}_j\boldsymbol{K}_{ic} & -\boldsymbol{\Phi}_1 & \boldsymbol{B}_{wi}+\boldsymbol{B}_{wj} & -\boldsymbol{P}_c^{-1} & *\\ \boldsymbol{C}_i-\boldsymbol{D}_i\boldsymbol{K}_{jc}+\boldsymbol{C}_j-\boldsymbol{D}_j\boldsymbol{K}_{ic} & -\boldsymbol{\Phi}_2 & \boldsymbol{0} & \boldsymbol{0} & -\boldsymbol{I}\end{bmatrix}<\boldsymbol{0} \tag{4-55}$$

其中，$\boldsymbol{\Phi}_1=[\boldsymbol{B}_{i1}\boldsymbol{K}_{j1c}+\boldsymbol{B}_{j1}\boldsymbol{K}_{i1c},\ \cdots,\ \boldsymbol{B}_{ia}\boldsymbol{K}_{jac}+\boldsymbol{B}_{ja}\boldsymbol{K}_{iac},\ \cdots,\ \boldsymbol{B}_{i(n-1)}\boldsymbol{K}_{j(n-1)c}+\boldsymbol{B}_{j(n-1)}\boldsymbol{K}_{i(n-1)c}]$，$\boldsymbol{\Phi}_2=[\boldsymbol{D}_{i1}\boldsymbol{K}_{j1c}+\boldsymbol{D}_{j1}\boldsymbol{K}_{i1c},\ \cdots,\ \boldsymbol{D}_{ia}\boldsymbol{K}_{jac}+\boldsymbol{D}_{ja}\boldsymbol{K}_{iac},\ \cdots,\ \boldsymbol{D}_{i(n-1)}\boldsymbol{K}_{j(n-1)c}+\boldsymbol{D}_{j(n-1)}\boldsymbol{K}_{i(n-1)c}]$。

在式（4-55）右边乘以 $diag\{\boldsymbol{P}_c^{-1},\ \boldsymbol{P}_c^{-1},\ \boldsymbol{I},\ \boldsymbol{I},\ \boldsymbol{I}\}$，并令 $\boldsymbol{K}_{ic}=\boldsymbol{Y}_{ic}\boldsymbol{X}_c^{-1}$、$\boldsymbol{K}_{jc}=\boldsymbol{Y}_{jc}\boldsymbol{X}_c^{-1}$、$\boldsymbol{K}_{iac}=\boldsymbol{Y}_{iac}\boldsymbol{X}_c^{-1}$、$\boldsymbol{K}_{jac}=\boldsymbol{Y}_{jac}\boldsymbol{X}_c^{-1}$，则有：

$$\begin{bmatrix}-4\boldsymbol{I}+4\boldsymbol{\Omega}_1 & * & * & * & *\\ \boldsymbol{0} & 4\boldsymbol{\Omega}_2 & * & * & *\\ \boldsymbol{0} & \boldsymbol{0} & -4r^2\boldsymbol{I} & * & *\\ \boldsymbol{\Omega}_7 & -\boldsymbol{\Omega}_9 & \boldsymbol{B}_{wi}+\boldsymbol{B}_{wj} & -\boldsymbol{X}_c & *\\ \boldsymbol{\Omega}_8 & -\boldsymbol{\Omega}_{10} & \boldsymbol{0} & \boldsymbol{0} & -\boldsymbol{I}\end{bmatrix}<\boldsymbol{0} \tag{4-56}$$

令 $\boldsymbol{\Xi}_{ij}=\begin{bmatrix} -4\boldsymbol{I}+4\boldsymbol{\Omega}_1 & * & * & * & * \\ \boldsymbol{0} & 4\boldsymbol{\Omega}_2 & * & * & * \\ \boldsymbol{0} & \boldsymbol{0} & -4\gamma^2\boldsymbol{I} & * & * \\ \boldsymbol{\Omega}_7 & -\boldsymbol{\Omega}_9 & \boldsymbol{B}_{wi}+\boldsymbol{B}_{wj} & -\boldsymbol{X}_c & * \\ \boldsymbol{\Omega}_8 & -\boldsymbol{\Omega}_{10} & \boldsymbol{0} & \boldsymbol{0} & -\boldsymbol{I} \end{bmatrix}$，

$\bar{\boldsymbol{\Xi}}_{ij}=\begin{bmatrix} -4\boldsymbol{I}+4\boldsymbol{\Omega}_1 & * & * & * & * \\ \boldsymbol{0} & 4\boldsymbol{\Omega}_2 & * & * & * \\ \boldsymbol{0} & \boldsymbol{0} & -4r^2\boldsymbol{I} & * & * \\ \bar{\boldsymbol{\Omega}}_7 & -\bar{\boldsymbol{\Omega}}_9 & \bar{\boldsymbol{B}}_{wi}+\bar{\boldsymbol{B}}_{wj} & -\boldsymbol{X}_c & * \\ \bar{\boldsymbol{\Omega}}_8 & -\bar{\boldsymbol{\Omega}}_{10} & \boldsymbol{0} & \boldsymbol{0} & -\boldsymbol{I} \end{bmatrix}$，其中，$\bar{\boldsymbol{\Omega}}_7=\bar{\boldsymbol{A}}_i\boldsymbol{X}_c-\bar{\boldsymbol{B}}_i\boldsymbol{Y}_{jc}+\bar{\boldsymbol{A}}_j\boldsymbol{X}_c-\bar{\boldsymbol{B}}_j\boldsymbol{Y}_{ic}$，$\bar{\boldsymbol{\Omega}}_8=\bar{\boldsymbol{C}}_i\boldsymbol{X}_c-\bar{\boldsymbol{D}}_i\boldsymbol{Y}_{jc}+\bar{\boldsymbol{C}}_j\boldsymbol{X}_c-\bar{\boldsymbol{D}}_j\boldsymbol{Y}_{ic}$，$\bar{\boldsymbol{\Omega}}_9=[\bar{\boldsymbol{B}}_{i1}\boldsymbol{Y}_{j1c}+\bar{\boldsymbol{B}}_{j1}\boldsymbol{Y}_{i1c},\ \cdots,\ \bar{\boldsymbol{B}}_{ia}\boldsymbol{Y}_{jac}+\bar{\boldsymbol{B}}_{ja}\boldsymbol{Y}_{iac},\ \cdots,\ \bar{\boldsymbol{B}}_{i(n-1)}\boldsymbol{Y}_{j(n-1)c}+\bar{\boldsymbol{B}}_{j(n-1)}\boldsymbol{Y}_{i(n-1)c}]$，$\bar{\boldsymbol{\Omega}}_{10}=[\bar{\boldsymbol{D}}_{i1}\boldsymbol{Y}_{j1c}+\bar{\boldsymbol{D}}_{j1}\boldsymbol{Y}_{i1c},\ \cdots,\ \bar{\boldsymbol{D}}_{ia}\boldsymbol{Y}_{jac}+\bar{\boldsymbol{D}}_{ja}\boldsymbol{Y}_{iac},\ \cdots,\ \bar{\boldsymbol{D}}_{i(n-1)}\boldsymbol{Y}_{j(n-1)c}+\bar{\boldsymbol{D}}_{j(n-1)}\boldsymbol{Y}_{i(n-1)c}]$，那么有：

$$\bar{\boldsymbol{\Xi}}_{ij}=\boldsymbol{\Xi}_{ij}+\bar{\boldsymbol{H}}_{ij}\bar{\boldsymbol{F}}_i(k)\bar{\boldsymbol{E}}_{ij}+\bar{\boldsymbol{E}}_{ij}^T\bar{\boldsymbol{F}}_i^T(k)\bar{\boldsymbol{H}}_{ij}^T+\bar{\boldsymbol{H}}_{ji}\bar{\boldsymbol{F}}_j(k)\bar{\boldsymbol{E}}_{ji}+\bar{\boldsymbol{E}}_{ji}^T\bar{\boldsymbol{F}}_j^T(k)\bar{\boldsymbol{H}}_{ji}^T<\boldsymbol{0} \tag{4-57}$$

其中，$\bar{\boldsymbol{H}}_{ij}=\begin{bmatrix} \boldsymbol{0} & \boldsymbol{0} & \boldsymbol{0} & \boldsymbol{H}_{1i}^T & \boldsymbol{0} \\ \boldsymbol{0} & \boldsymbol{0} & \boldsymbol{0} & \boldsymbol{0} & \boldsymbol{H}_{2i}^T \end{bmatrix}^T$，$\bar{\boldsymbol{F}}_i(k)=\begin{bmatrix} \boldsymbol{F}_{1i}(k) & \boldsymbol{0} \\ \boldsymbol{0} & \boldsymbol{F}_{2i}(k) \end{bmatrix}$，

$\bar{\boldsymbol{E}}_{ij}=\begin{bmatrix} \boldsymbol{E}_{11i}\boldsymbol{X}_c-\boldsymbol{E}_{12i}\boldsymbol{Y}_{jc},\ -\boldsymbol{L}_{1i}\boldsymbol{Y}_{i1c},\ \cdots,\ -\boldsymbol{L}_{ai}\boldsymbol{Y}_{iac},\ \cdots,\ -\boldsymbol{L}_{(n-1)i}\boldsymbol{Y}_{i(n-1)c},\ \boldsymbol{E}_{13i},\ \boldsymbol{0},\ \boldsymbol{0} \\ \boldsymbol{E}_{21i}\boldsymbol{X}_c-\boldsymbol{E}_{22i}\boldsymbol{Y}_{jc},\ -\boldsymbol{O}_{1i}\boldsymbol{Y}_{i1c},\ \cdots,\ -\boldsymbol{O}_{ai}\boldsymbol{Y}_{iac},\ \cdots,\ -\boldsymbol{O}_{(n-1)i}\boldsymbol{Y}_{i(n-1)c},\ \boldsymbol{0},\ \boldsymbol{0},\ \boldsymbol{0} \end{bmatrix}$。

由引理 4-3 可知，式（4-57）对所有可允许的不确定性 $\boldsymbol{F}_{1i}(k)$ 和 $\boldsymbol{F}_{2i}(k)$ 成立，当且仅当存在常数 $\varepsilon_{ijc}>0$ 和 $\varepsilon_{jic}>0$，使得 $\boldsymbol{\Xi}_{ij}+\varepsilon_{ijc}^{-1}\bar{\boldsymbol{E}}_{ij}^T\bar{\boldsymbol{E}}_{ij}+\varepsilon_{ijc}\bar{\boldsymbol{H}}_{ij}\bar{\boldsymbol{H}}_{ij}^T+\varepsilon_{jic}^{-1}\bar{\boldsymbol{E}}_{ji}^T\bar{\boldsymbol{E}}_{ji}+\varepsilon_{jic}\bar{\boldsymbol{H}}_{ji}\bar{\boldsymbol{H}}_{ji}^T<\boldsymbol{0}$。应用 Schur 补引理 2-1 可得：

$$\begin{bmatrix} \boldsymbol{\Xi}_{ij}+\varepsilon_{ijc}\bar{\boldsymbol{H}}_{ij}\bar{\boldsymbol{H}}_{ij}^T+\varepsilon_{jic}\bar{\boldsymbol{H}}_{ji}\bar{\boldsymbol{H}}_{ji}^T & * & * \\ \bar{\boldsymbol{E}}_{ij} & -\varepsilon_{ijc}\boldsymbol{I} & * \\ \bar{\boldsymbol{E}}_{ji} & \boldsymbol{0} & -\varepsilon_{jic}\boldsymbol{I} \end{bmatrix}<\boldsymbol{0} \tag{4-58}$$

对式（4-58）进一步变换则可得式（4-50）。

三、仿真分析

本节将以 2 个制造商、1 个零售商和客户组成的某一鞋业供应链为仿真对象，来验证在本节提出的模糊鲁棒控制策略的有效性。

制造商 1 和制造商 2 的库存模糊分划如图 4-11 所示，$x_1(k)$ 和 $x_2(k)$ 分别代表制造商 1 和制造商 2 的实际库存水平；$F_1^t(x_1(k))$ 和 $F_2^s(x_2(k))$［$(t, s)=(1, 2)$］分别为满足 *SFP* 条件下的 $x_1(k)$ 和 $x_2(k)$ 的模糊分划；D_{0m} 和 D_{1m} 分别代表制造商 1 的安全库存和期望库存，D_{0r} 和 D_{1r} 分别代表制造商 2 的安全库存和期望库存。设定 $M_1^1=M_1^2=F_1^1$，$M_1^3=M_1^4=F_1^2$，$M_2^1=M_2^4=F_2^1$，$M_2^2=M_2^3=F_2^2$，$D_{0m}=8$，$D_{1m}=23$，$D_{0r}=10$，$D_{1r}=28$（单位：$\times10^3$ 双）。

从图 4-11 可知，该鞋业供应链中仅存在 1 个命名为 S 的 MORG。该 MORG 包含 R_1、R_2、R_3 和 R_4 四个模糊规则。设定缺货成本 $c_{m1}=c_{m2}=1.78$（单位：$\times10^2$ 元），制造商 1 和制造商 2 的提前期压缩总成本与提前期压缩量的数据如表 4-4 和表 4-5 所示。

表 4-4　制造商 1 的提前期压缩成本与压缩量数据

提前期组成部分 i	时变的正常作业时间 b_i（小时）	最短作业时间 a_i（小时）	单位压缩成本 c_i（$\times10^2$ 元/小时）	每部分压缩成本 c_i（b_i-a_i）（$\times10^2$ 元）	累计压缩成本 $c_{\tau1}$（$\times10^2$ 元）
1	0.95～1.10	0.75	1.08	0.216～0.378	0.216～0.378
2	1.09～1.27	0.97	1.22	0.146～0.366	0.362～0.744
3	1.46～1.60	1.35	1.38	0.152～0.345	0.514～1.089
4	1.67～1.75	1.53	1.48	0.207～0.326	0.721～1.415

表 4-5　制造商 2 的提前期压缩成本与压缩量数据

提前期组成部分 i	时变的正常作业时间 b_i（小时）	最短作业时间 a_i（小时）	单位压缩成本 c_i（$\times10^2$ 元/小时）	每部分压缩成本 c_i（b_i-a_i）（$\times10^2$ 元）	累计压缩成本 $c_{\tau2}$（$\times10^2$ 元）
1	0.89～1.07	0.70	0.98	0.186～0.363	0.186～0.363

续表

提前期组成部分 i	时变的正常作业时间 b_i（小时）	最短作业时间 a_i（小时）	单位压缩成本 c_i（$\times10^2$ 元/小时）	每部分压缩成本 $c_i(b_i-a_i)$（$\times10^2$ 元）	累计压缩成本 $c_{\tau2}$（$\times10^2$ 元）
2	1.21~1.35	1.10	1.26	0.134~0.315	0.320~0.678
3	1.47~1.55	1.35	1.49	0.179~0.298	0.500~0.976
4	1.73~1.80	1.65	1.64	0.131~0.246	0.631~1.222

由表 4-4 和表 4-5 可知，制造商 1 和制造商 2 的提前期压缩量均达到极限区间［0.57，1.12］和［0.5，0.97］（单位：小时），$c_{\tau1}$（0.712，1.415）和 $c_{\tau2}$（0.631，1.222）均低于 c_{m1}（1.78）和 c_{m2}（1.78）（单位：$\times10^2$ 元），因此，在库存水平小于 0 时，制造商 1 和制造商 2 的成本优化策略均为提前期压缩策略。设 τ_1'，$\tau_1''\in$［4.6，5.72］，τ_2'，$\tau_2''\in$［4.8，5.77］（单位：小时）。

含多提前期的不确定供应链系统的四个子模型表示如下：

$$R_1:\begin{cases}x_1(k+1)=u_1(k-\tau_1'')-u_{13}(k)\\x_2(k+1)=u_2(k-\tau_2'')-u_{23}(k)\\x_3(k+1)=x_3(k)+u_{13}(k)+u_{23}(k)-w_1(k)\end{cases}$$

$$z(k)=(c_{h3}+\Delta c_{h3})x_3(k)+(c_{\tau1}+\Delta c_{\tau1})u_1(k-\tau_1'')+(c_{\tau2}+\Delta c_{\tau2})u_2(k-\tau_2'')+ (c_{s1}+\Delta c_{s1})u_{13}(k)+(c_{s2}+\Delta c_{s2})u_{23}(k)$$

$$R_2:\begin{cases}x_1(k+1)=u_1(k-\tau_1'')-u_{13}(k)\\x_2(k+1)=x_2(k)+u_2(k)+u_2(k-\tau_2')-u_{23}(k)\\x_3(k+1)=x_3(k)+u_{13}(k)+u_{23}(k)-w_1(k)\end{cases}$$

$$z(k)=(c_{h2}+\Delta c_{h2})x_2(k)+(c_{h3}+\Delta c_{h3})x_3(k)+(c_{\tau1}+\Delta c_{\tau1})u_1(k-\tau_1'')+(c_{n2}+\Delta c_{n2}) [u_2(k)+u_2(k-\tau_2')](c_{s1}+\Delta c_{s1})u_{13}(k)+(c_{s2}+\Delta c_{s2})u_{23}(k)$$

$$R_3:\begin{cases}x_1(k+1)=x_1(k)+u_1(k)+u_1(k-\tau_1')-u_{13}(k)\\x_2(k+1)=x_2(k)+u_2(k)+u_2(k-\tau_2')-u_{23}(k)\\x_3(k+1)=x_3(k)+u_{13}(k)+u_{23}(k)-w_1(k)\end{cases}$$

$$z(k)=(c_{h1}+\Delta c_{h1})x_1(k)+(c_{h2}+\Delta c_{h2})x_2(k)+(c_{h3}+\Delta c_{h3})x_3(k)+(c_{n1}+\Delta c_{n1})[u_1(k)+u_1(k-\tau_1')]+(c_{n2}+\Delta c_{n2})[u_2(k)+u_2(k-\tau_2')](c_{s1}+\Delta c_{s1})u_{13}(k)+(c_{s2}+\Delta c_{s2})u_{23}(k)$$

$$R_4:\begin{cases}x_1(k+1)=x_1(k)+u_1(k)+u_1(k-\tau_1')-u_{13}(k)\\x_2(k+1)=u_2(k-\tau_2'')-u_{23}(k)\\x_3(k+1)=x_3(k)+u_{13}(k)+u_{23}(k)-w_1(k)\end{cases}$$

$$z(k)=(c_{h1}+\Delta c_{h1})x_1(k)+(c_{h3}+\Delta c_{h3})x_3(k)+(c_{n1}+\Delta c_{n1})[u_1(k)+u_1(k-\tau_1')]+(c_{\tau2}+\Delta c_{\tau2})u_2(k-\tau_2'')(c_{s1}+\Delta c_{s1})u_{13}(k)+(c_{s2}+\Delta c_{s2})u_{23}(k)$$

下面具体说明每个规则下制造商和零售商的生产和订购策略：

R_1：制造商 1 和制造商 2 均压缩时变提前期紧急生产，零售商正常订购。

R_2：制造商 1 压缩时变提前期紧急生产，制造商 2 正常生产，零售商正常订购。

R_3：制造商 1 和制造商 2 均正常生产，零售商正常订购。

R_4：制造商 1 正常生产，制造商 2 压缩时变提前期紧急生产，零售商正常订购。

将上述子系统模型转化为如下模糊模型：

R_1：If $x_1(k)$ is M_1^1 and $x_2(k)$ is M_2^1, then

$$\begin{cases}\boldsymbol{x}(k+1)=h_1[(\boldsymbol{A}_1+\Delta\boldsymbol{A}_1)\boldsymbol{x}(k)+(\boldsymbol{B}_1+\Delta\boldsymbol{B}_1)\boldsymbol{u}(k)+\\\qquad\sum_{a=1}^{n-1}(\boldsymbol{B}_{1a}+\Delta\boldsymbol{B}_{1a})\boldsymbol{u}(k-\tau_a)+(\boldsymbol{B}_{w1}+\Delta\boldsymbol{B}_{w1})\boldsymbol{w}(k)]\\z(k)=h_1[(\boldsymbol{C}_1+\Delta\boldsymbol{C}_1)x(k)+(\boldsymbol{D}_1+\Delta\boldsymbol{D}_1)\boldsymbol{u}(k)+\\\qquad\sum_{a=1}^{n-1}(\boldsymbol{D}_{1a}+\Delta\boldsymbol{D}_{1a})\boldsymbol{u}(k-\tau_a)]\end{cases}$$

R_2：If $x_1(k)$ is M_1^2 and $x_2(k)$ is M_2^2, then

$$\begin{cases}\boldsymbol{x}(k+1)=h_2[(\boldsymbol{A}_2+\Delta\boldsymbol{A}_2)\boldsymbol{x}(k)+(\boldsymbol{B}_2+\Delta\boldsymbol{B}_2)\boldsymbol{u}(k)+\\\qquad\sum_{a=1}^{n-1}(\boldsymbol{B}_{2a}+\Delta\boldsymbol{B}_{2a})\boldsymbol{u}(k-\tau_a)+(\boldsymbol{B}_{w2}+\Delta\boldsymbol{B}_{w2})\boldsymbol{w}(k)]\\z(k)=h_2[(\boldsymbol{C}_2+\Delta\boldsymbol{C}_2)\boldsymbol{x}(k)+(\boldsymbol{D}_2+\Delta\boldsymbol{D}_2)\boldsymbol{u}(k)+\\\qquad\sum_{a=1}^{n-1}(\boldsymbol{D}_{2a}+\Delta\boldsymbol{D}_{2a})\boldsymbol{u}(k-\tau_a)]\end{cases}$$

R_3: If $x_1(k)$ is M_1^3 and $x_2(k)$ is M_2^3, then

$$\begin{cases}\boldsymbol{x}(k+1)=h_3[(\boldsymbol{A}_3+\Delta\boldsymbol{A}_3)\boldsymbol{x}(k)+(\boldsymbol{B}_3+\Delta\boldsymbol{B}_3)\boldsymbol{u}(k)+\\ \qquad\sum_{a=1}^{n-1}(\boldsymbol{B}_{3a}+\Delta\boldsymbol{B}_{3a})\boldsymbol{u}(k-\tau_a)+(\boldsymbol{B}_{w3}+\Delta\boldsymbol{B}_{w3})\boldsymbol{w}(k)]\\ z(k)=h_3[(\boldsymbol{C}_3+\Delta\boldsymbol{C}_3)\boldsymbol{x}(k)+(\boldsymbol{D}_3+\Delta\boldsymbol{D}_3)\boldsymbol{u}(k)+\\ \qquad\sum_{a=1}^{n-1}(\boldsymbol{D}_{3a}+\Delta\boldsymbol{D}_{3a})\boldsymbol{u}(k-\tau_a)]\end{cases}$$

R_4: If $x_1(k)$ is M_1^4 and $x_2(k)$ is M_2^4, then

$$\begin{cases}\boldsymbol{x}(k+1)=h_4[(\boldsymbol{A}_4+\Delta\boldsymbol{A}_4)\boldsymbol{x}(k)+(\boldsymbol{B}_4+\Delta\boldsymbol{B}_4)\boldsymbol{u}(k)+\\ \qquad\sum_{a=1}^{n-1}(\boldsymbol{B}_{4a}+\Delta\boldsymbol{B}_{4a})\boldsymbol{u}(k-\tau_a)+(\boldsymbol{B}_{w4}+\Delta\boldsymbol{B}_{w4})\boldsymbol{w}(k)]\\ z(k)=h_4[(\boldsymbol{C}_4+\Delta\boldsymbol{C}_4)\boldsymbol{x}(k)+(\boldsymbol{D}_4+\Delta\boldsymbol{D}_4)\boldsymbol{u}(k)+\\ \qquad\sum_{a=1}^{n-1}(\boldsymbol{D}_{4a}+\Delta\boldsymbol{D}_{4a})\boldsymbol{u}(k-\tau_a)]\end{cases}$$

对上述模糊模型设计如下系统库存反馈控制器：

K^i: If $x_1(k)$ is M_1^i and $x_2(k)$ is M_2^i then

$$\begin{cases}\boldsymbol{u}(k)=-\sum_{i=1}^{r}h_i\boldsymbol{K}_{i1}\boldsymbol{x}(k)\\ \boldsymbol{u}_1(k-\tau_1')=-\sum_{i=1}^{r}h_i\boldsymbol{K}_{i11}\boldsymbol{x}(k-\tau_1')\\ \boldsymbol{u}_2(k-\tau_2')=-\sum_{i=1}^{r}h_i\boldsymbol{K}_{i21}\boldsymbol{x}(k-\tau_2')\\ \boldsymbol{u}_1(k-\tau_1'')=-\sum_{i=1}^{r}h_i\boldsymbol{K}_{i31}\boldsymbol{x}(k-\tau_1'')\\ \boldsymbol{u}_2(k-\tau_2'')=-\sum_{i=1}^{r}h_i\boldsymbol{K}_{i41}\boldsymbol{x}(k-\tau_2'')\end{cases}$$

其中，$r=4$。

令 $c_{h1}=0.016$，$c_{h2}=0.018$，$c_{h3}=0.021$，$c_{n1}=1.12$，$c_{n2}=1.25$，$c_{s1}=1.25$，$c_{s2}=1.39$，$c_{m1}=c_{m2}=1.78$，$c_{\tau1}=1.415$，$c_{\tau2}=1.222$（单位：$\times10^2$ 元）。

$$A_1=\begin{bmatrix}0&0&0\\0&0&0\\0&0&1\end{bmatrix},\ A_2=\begin{bmatrix}0&0&0\\0&1&0\\0&0&1\end{bmatrix},\ A_3=\begin{bmatrix}1&0&0\\0&1&0\\0&0&1\end{bmatrix},\ A_4=\begin{bmatrix}1&0&0\\0&0&0\\0&0&1\end{bmatrix},$$

$$B_1=\begin{bmatrix}0&0&-1&0\\0&0&0&-1\\0&0&1&1\end{bmatrix},\ B_2=\begin{bmatrix}0&0&-1&0\\0&1&0&-1\\0&0&1&1\end{bmatrix},\ B_3=\begin{bmatrix}1&0&-1&0\\0&1&0&-1\\0&0&1&1\end{bmatrix},$$

$$B_4=\begin{bmatrix}1&0&-1&0\\0&0&0&-1\\0&0&1&1\end{bmatrix},\ B'_{11}=B'_{21}=\begin{bmatrix}0&0&0&0\\0&0&0&0\\0&0&0&0\end{bmatrix},\ B'_{31}=B'_{41}=\begin{bmatrix}1&0&0&0\\0&0&0&0\\0&0&0&0\end{bmatrix},$$

$$B'_{12}=B'_{42}=\begin{bmatrix}0&0&0&0\\0&0&0&0\\0&0&0&0\end{bmatrix},\ B'_{22}=B'_{32}=\begin{bmatrix}0&0&0&0\\0&1&0&0\\0&0&0&0\end{bmatrix},$$

$$B_{13}''=B_{23}''=\begin{bmatrix}0&0&1&0\\0&0&0&0\\0&0&0&0\end{bmatrix},\ B_{33}''=B_{43}''=\begin{bmatrix}0&0&0&0\\0&0&0&0\\0&0&0&0\end{bmatrix},$$

$$B_{14}''=B_{44}''=\begin{bmatrix}0&0&0&0\\0&0&0&1\\0&0&0&0\end{bmatrix},\ B_{24}''=B_{34}''=\begin{bmatrix}0&0&0&0\\0&0&0&0\\0&0&0&0\end{bmatrix},$$

$$B_{w1}=B_{w2}=\begin{bmatrix}0&0&0\\0&0&0\\0&0&-1\end{bmatrix},\ B_{w3}=B_{w4}=\begin{bmatrix}0&0&0\\0&0&0\\0&0&-1\end{bmatrix},$$ $C_1=[0,\ 0,\ c_{h3}]$，$C_2=[0,\ c_{h2},\ c_{h3}]$，$C_3=[c_{h1},\ c_{h2},\ c_{h3}]$，$C_4=[c_{h1},\ 0,\ c_{h3}]$，$D_1=[0,\ 0,\ c_{s1},\ c_{s2}]$，$D_2=[0,\ c_{n2},\ c_{s1},\ c_{s2}]$，$D_3=[c_{n1},\ c_{n2},\ c_{s1},\ c_{s2}]$，$D_4=[c_{n1},\ 0,\ c_{s1},\ c_{s2}]$，$D_{11}=D_{21}=[0,\ 0,\ 0,\ 0]$，$D_{31}=D_{41}=[c_{n1},\ 0,\ 0,\ 0]$，$D_{12}=D_{42}=[0,\ 0,\ 0,\ 0]$，$D_{22}=D_{32}=[0,\ c_{n2},\ 0,\ 0]$，$D_{13}=[0,\ 0,\ c_{\tau1},\ 0]$，$D_{23}=[0,\ 0,\ c_{\tau1},\ 0]$，$D_{33}=D_{43}=[0,\ 0,\ 0,\ 0]$，$D_{14}=D_{44}=[0,\ 0,\ 0,\ c_{\tau2}]$，$D_{24}=D_{34}=[0,\ 0,\ 0,\ 0]$，$E_{11i}=E_{12i}=E_{13i}=0$，$L_{1i}=L_{2i}=L_{3i}=L_{4i}=0$，$E_{211}=[0,\ 0,\ 0.004]$，$E_{212}=[0,\ 0.002,\ 0.004]$，$E_{213}=[0.002,\ 0.002,\ 0.004]$，$E_{214}=[0.002,\ 0,\ 0.004]$，$E_{221}=[0,\ 0,\ 0.02,$

0.03], $\boldsymbol{E}_{222}=[0, 0.015, 0.02, 0.03]$, $\boldsymbol{E}_{223}=[0.01, 0.015, 0.02, 0.03]$, $\boldsymbol{E}_{224}=[0.01, 0, 0.02, 0.03]$, $\boldsymbol{O}_{11}=\boldsymbol{O}_{12}=[0, 0, 0, 0]$, $\boldsymbol{O}_{13}=\boldsymbol{O}_{14}=[0.01, 0, 0, 0]$, $\boldsymbol{O}_{21}=\boldsymbol{O}_{24}=[0, 0, 0, 0]$, $\boldsymbol{O}_{22}=\boldsymbol{O}_{23}=[0, 0.015, 0, 0]$, $\boldsymbol{O}_{31}=\boldsymbol{O}_{32}=[0, 0, 0.002, 0]$, $\boldsymbol{O}_{33}=\boldsymbol{O}_{34}=[0, 0, 0, 0]$, $\boldsymbol{O}_{41}=\boldsymbol{O}_{44}=[0, 0, 0, 0.04]$, $\boldsymbol{O}_{42}=\boldsymbol{O}_{43}=[0, 0, 0, 0]$, $\boldsymbol{H}_{1i}=0.1$, $\boldsymbol{H}_{2i}=0.3$, $\boldsymbol{F}_{1i}=\boldsymbol{F}_{2i}=\sin(k)$ $(i=1, 2, 3, 4)$, $\gamma=0.95$。

应用 MATLAB 软件求解定理 4-4 的式（4-49）和式（4-50），求解结果如下：

$$\boldsymbol{X}_1=\begin{bmatrix}104.2030 & 0.0189 & 0.0849\\ 0.0189 & 104.2000 & 0.0802\\ 0.0849 & 0.0802 & 104.5488\end{bmatrix},\quad \boldsymbol{Q}_{11}=\boldsymbol{Q}_{21}=\boldsymbol{Q}_{31}=\boldsymbol{Q}_{41}=\begin{bmatrix}20.8345 & -0.0001 & -0.0003\\ -0.0001 & 20.8345 & -0.0003\\ -0.0003 & -0.0003 & 20.8331\end{bmatrix}。$$

由上述结果可知，应用本节提出的模糊鲁棒控制策略可以实现考虑时变提前期压缩的不确定非线性供应链系统的鲁棒稳定。下面通过仿真分析对该模糊鲁棒控制策略的有效性进行验证。

仿真结果的输出是实际值=偏差值+标称值。设系统库存变量的初始值 $x_1(0)=-3$, $x_2(0)=-4$, $x_3(0)=3$（单位：$\times10^3$ 双）；系统变量的标称值 $\vec{x}_1(k)=120$, $\vec{x}_2(k)=100$, $\vec{x}_3(k)=80$, $\vec{u}_1(k)=125$, $\vec{u}_2(k)=115$, $\vec{u}_{13}(k)=110$, $\vec{u}_{23}(k)=100$（单位：$\times10^3$ 双），客户需求 $w_1(k)$ 满足正态分布 $w_1(k)\sim N(6, 0.8^2)$。模糊鲁棒控制策略下的仿真结果如图 4-18 至图 4-23 所示，其中图 4-18 至图 4-20 是不考虑时变提前期压缩的库存量、控制量和总成本仿真图，图 4-21 至 4-23 是考虑时变提前期压缩的库存量、控制量和总成本仿真图。

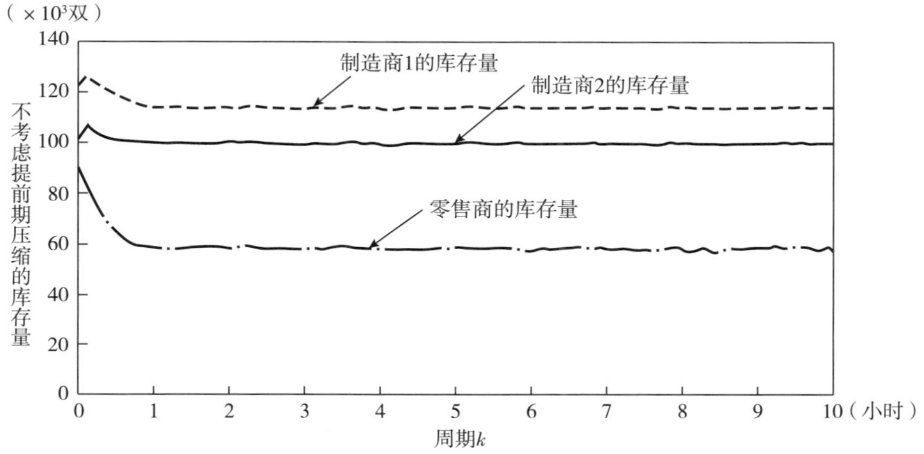

图 4-18　不考虑时变提前期压缩的库存量

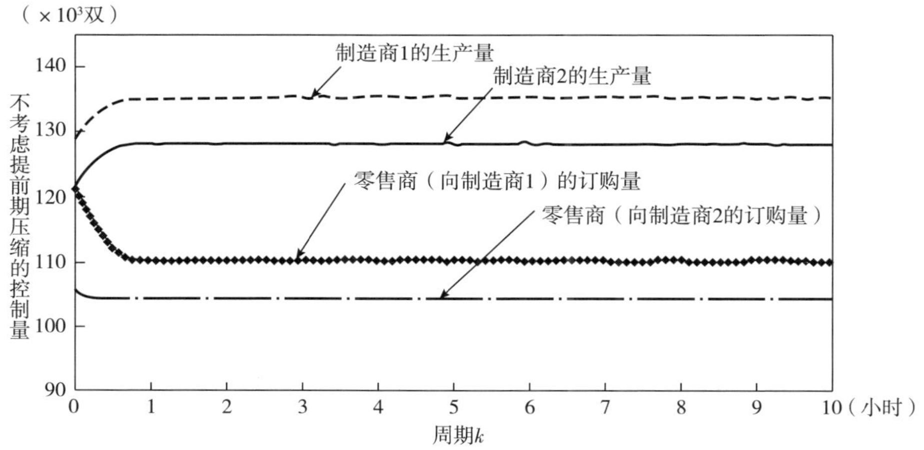

图 4-19　不考虑时变提前期压缩的控制量

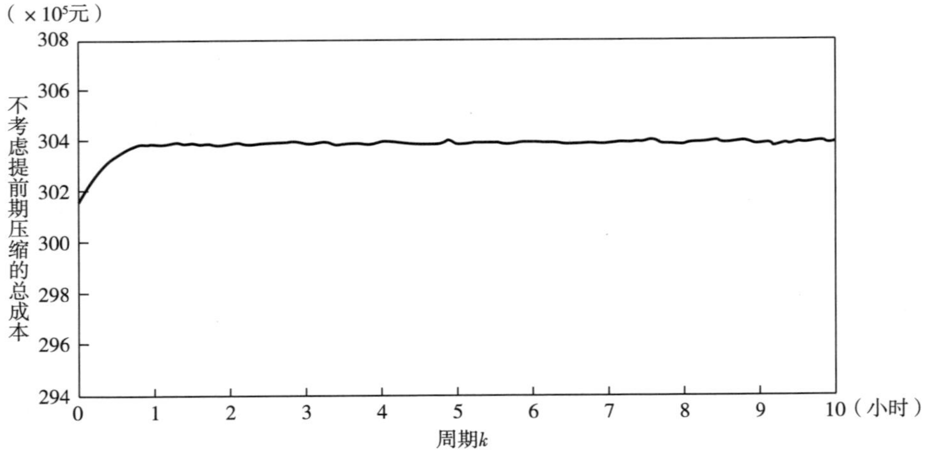

图 4-20　不考虑时变提前期压缩的总成本

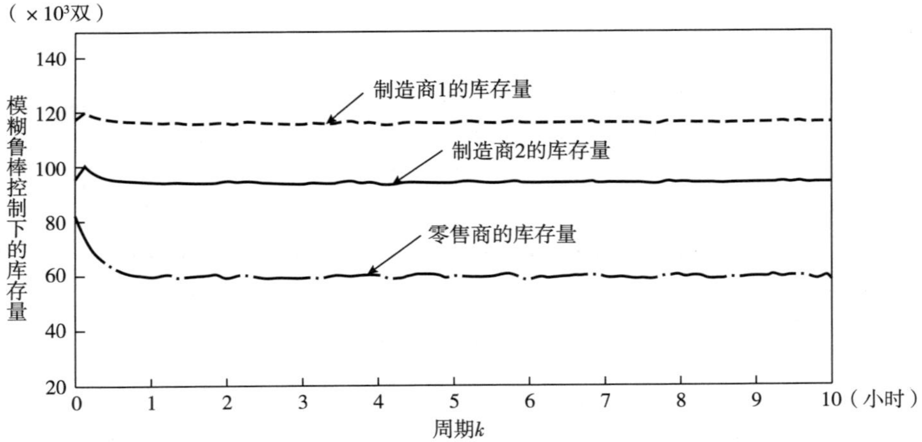

图 4-21　考虑时变提前期压缩的库存量

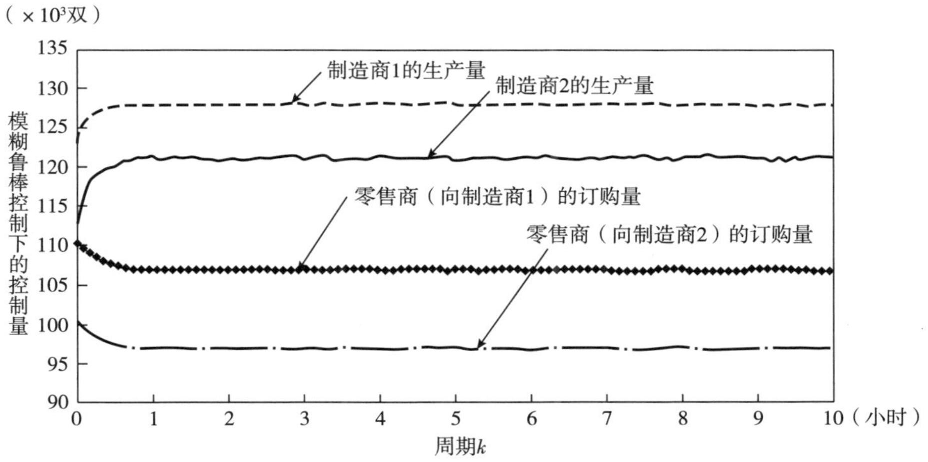

图 4-22　考虑时变提前期压缩的控制量

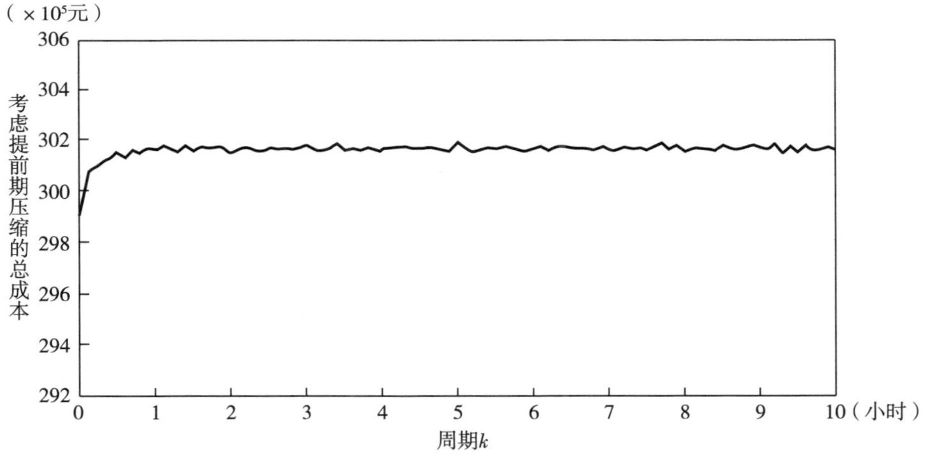

图 4-23　考虑时变提前期压缩的总成本

从图 4-18 至图 4-23 可知，应用本节提出的模糊鲁棒控制策略，可以有效抑制多时变提前期、供应链系统内多种参数不确定和随机客户需求对非线性供应链系统的干扰，实现不确定非线性供应链系统在时变提前期下鲁棒稳定运行。另外，对比图 4-20 和图 4-23 可知，采取成本优化策略，即考虑时变提前期压缩成本与缺货成本的大小，可以有效降低供应链系统的总成本。

第五章　不可控时变提前期下非线性供应链鲁棒应急策略

第一节　引言

突发事件具有引发突然性、状态失衡性等特点，所以突发事件难以预测。突发事件将造成供应链系统中的时变提前期过长而导致不可控。不可控时变提前期的危害是从提前期传递中断开始的，如果提前期传递中断状况得不到及时解决，将会产生更严重的后果，如供应链系统崩溃等，最终使供应链协调变得更加困难。因此，对于不可控时变提前期导致的提前期传递中断现象，研究供应链鲁棒应急策略，不仅能够解决供应链中的提前期传递中断问题，降低突发事件对供应链的危害，而且可以提升供应链系统应对风险的能力。

由于 Takagi-Sugeno 模糊控制具有良好的鲁棒性，即能有效地抑制由系统内外部不确定因素引起的系统扰动，且该方法可以求解得到扰动意义下最接近最优解的鲁棒解，因此，本章首先针对突发事件造成制造商对任意分销商的时变提前期传递中断，考虑系统运作过程中制造商产能的限制，建立一类基于提前期传递中断的供应链应急 Takagi-Sugeno 模糊基本模型。其次，针对该模型，提出一种模糊应急鲁棒控制策略，以降低供应链应急运作成本为原则，决策何时启用备份制造商，何时采取同级分销商之间串货，以及何时同时应用以上两种应急订购方式并确定两者的订购率，形成非线性供应链应急系统中各子系统的应急策略；通过应急鲁棒控制策略的应用，实现应急系统基于库存的柔性切换，以期减小系统各变量随切换活动产生的波动，使倾斜的供应链系统恢复平稳运行。

第二节　基于提前期传递中断的供应链鲁棒应急策略

一、提前期传递中断下供应链应急问题描述

（一）问题描述

本节考虑的供应链系统包括一个战略同盟制造商、一个备份制造商和 J 个分销商。战略同盟制造商和备份制造商提供的产品的规格、型号、技术标准均相同。订货周期开始时，分销商将采取预定备份制造商的部分生产能力，同时向战略同盟制造商订购需求量。当不可控时变提前期造成分销商的需求因提前期传递中断而不能够被战略同盟制造商满足时，启用备份制造商，即从备份制造商处采购全部或部分预订产能以满足客户需求；若战略同盟制造商未发生提前期传递中断，则分销商从战略同盟制造商处采购产品。

为了使受到提前期传递中断冲击而无法被战略同盟制造商正常供应的分销商能在供应链恢复正常前持续满足供应链的外部需求，本节设计供应链应急策略为：发生提前期传递中断的分销商可以向备份制造商订购，该二级供应链中部分没有发生提前期传递中断的分销商可以向发生提前期传递中断的分销商串货，以及以上两种应急措施同时使用。

（二）符号说明

为了便于描述应急鲁棒策略和应急模型，本章定义的相关变量如下：

$a(a=1, 2, \cdots, L)$：表示提前期传递中断的分销商。

$b(b=L+1, L+2, \cdots, J)$：表示供应正常的分销商。

$s_0(k)$：表示战略同盟制造商在 k 周期内的库存量，为状态变量。

$s_a(k)$：表示分销商 a 在 k 周期内的库存量，为状态变量。

$s_b(k)$：表示分销商 b 在 k 周期内的库存量，为状态变量。

$v_0(k)$：表示战略同盟制造商在 k 周期内的生产量，为控制变量。

$v_a(k)$：表示分销商 a 在 k 周期内的订购总量，为控制变量。

$v_b(k)$：表示分销商 b 在 k 周期内的订购总量，为控制变量。

$w_a(k)$：表示分销商 a 在 k 周期内的客户需求量，为扰动变量。

$w_b(k)$：表示分销商 b 在 k 周期内的客户需求量，为扰动变量。

g_0：表示战略同盟制造商在 k 周期内的生产系数（$g_0=1$ 表示战略同盟制造商在 k 周期内正常生产；$g_0=0$ 表示战略同盟制造商在 k 周期内停止生产）。

$g_{1,b}$：表示分销商 b 在 k 周期内向战略同盟制造商订购的订购系数。

$g_{2,a}$：表示分销商 a 在 k 周期内向备份制造商订购的订购系数。

$l_{b,a}$：表示分销商 a 向分销商 b 串货的串货采购系数（其中 $g_{2,a}$，$g_{1,b}$，$l_{b,a}\in[0,1]$，$g_{2,a}+l_{b,a}=1$）。

$C(k)$：表示供应链在 k 周期内的应急运作总成本。

c_{n0}：表示战略同盟制造商的单位库存成本。

c_{na}：表示分销商 a 的单位库存成本。

c_{nb}：表示分销商 b 的单位库存成本。

c_{r0}：表示战略同盟制造商的单位生产成本。

c_{oa}：表示分销商 a 向备份制造商紧急订购时的单位订购成本。

c_{ob}：表示分销商 b 向战略同盟制造商订购时的单位订购成本。

c_{ba}：表示分销商 a 向分销商 b 紧急订购时的单位订购成本。

（三）基本假设

假设 1：突发事件造成任意 L 个分销商发生提前期传递中断，这 L 个分销商不能被战略同盟制造商正常供应任何产品。

假设 2：备份制造商的生产能力没有上限。

假设 3：供应链系统信息共享。

假设 4：分销商从战略同盟制造商处订购的单位订购成本小于向备份制造商处订购的单位订购成本。

二、基于提前期传递中断的供应链应急模型及应急策略

（一）基于提前期传递中断的供应链应急基本模型的构建

本节构建的提前期传递中断下供应链应急系统如图 5-1 所示。

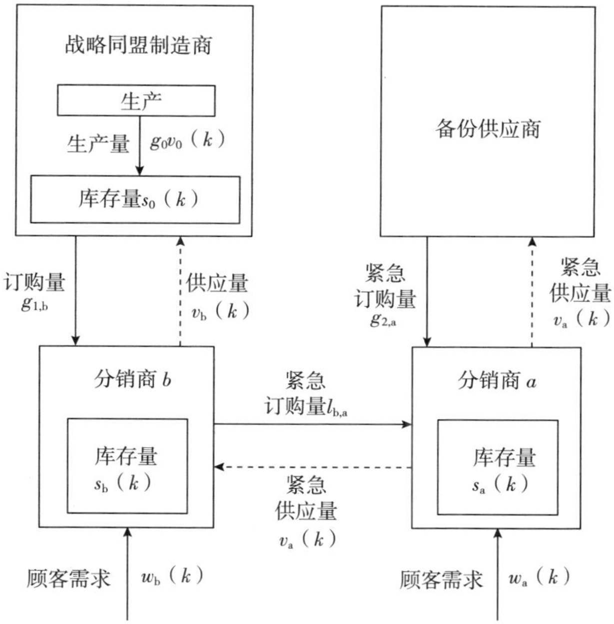

图 5-1　提前期传递中断下供应链应急系统

基于图 5-1，本节构建的提前期传递中断下供应链应急的基本库存状态演化模型和供应链应急运作总成本演化模型如下所示：

$$\begin{cases} s_0(k+1)=s_0(k)+g_0v_0(k)-\sum_{b=L+1}^{J}g_{1,b}v_b(k) \\ s_a(k+1)=s_a(k)+g_{2,a}v_a(k)+\sum_{b=L+1}^{J}l_{b,a}v_a(k)-w_a(k) \\ s_b(k+1)=s_b(k)+g_{1,b}v_b(k)-\sum_{a=1}^{L}l_{b,a}v_a(k)-w_b(k) \end{cases} \tag{5-1}$$

$$C(k)=c_{n0}s_0(k)+\sum_{a=1}^{L}c_{na}s_a(k)+\sum_{b=L+1}^{J}c_{nb}s_b(k)+c_{r0}g_0v_0(k)+\sum_{a=1}^{L}c_{oa}g_{2,\ a}v_a(k)+\sum_{b=L+1}^{J}c_{ob}g_{1,\ b}v_b(k)+\sum_{a=1}^{L}\sum_{b=L+1}^{J}c_{ba}l_{b,\ a}v_a(k) \tag{5-2}$$

基于式（5-1）和式（5-2），本节设计的战略同盟制造商和分销商在发生提前期传递中断情况下的应急策略如下：如果供应链中的每个分销商的库存水平都大于期望库存水平，则战略同盟制造商在 k 周期内不生产；否则，战略同盟制造商在 k 周期内正常生产。如果分销商 a 在 k 周期内的库存水平小于安全库存水平，则分销商 a 在 k 周期内采取同时向备份制造商订购和向分销商 b 紧急订购的策略；如果分销商 a 在 k 周期内的库存水平介于安全库存水平与期望库存水平之间，则分销商 a 在 k 周期内仅向库存水平大于期望库存水平的分销商 b 订购；如果分销商 a 在 k 周期内的库存水平大于期望库存水平，则分销商 a 在 k 周期内不订购。如果分销商 b 在 k 周期内的库存水平小于期望库存水平，则分销商 b 在 k 周期内向战略同盟制造商订购；如果分销商 b 在 k 周期内的库存水平大于期望库存水平，则分销商 b 在 k 周期内不订购，同时向需要紧急串货的分销商 a 供货。

在供应链系统的应急运作过程中，战略同盟制造商和分销商将会依据各个供应链节点企业的实时库存水平采取相应的应急生产和订购策略，因此会使应急供应链系统中包含多个供应链应急子系统。那么，第 i 个供应链应急子系统可表示如下：

$$\begin{cases}\boldsymbol{I}(k+1)=\boldsymbol{S}_i\boldsymbol{I}(k)+\boldsymbol{R}_i\boldsymbol{O}(k)+\boldsymbol{R}_{wi}\boldsymbol{W}(k)\\ \boldsymbol{C}(k)=\boldsymbol{T}_i\boldsymbol{I}(k)+\boldsymbol{H}_i\boldsymbol{O}(k)\end{cases} \tag{5-3}$$

其中，$\boldsymbol{I}^{\mathrm{T}}(k)=[s_0(k),\ s_1(k),\ \cdots,\ s_a(k),\ \cdots,\ s_L(k),\ s_{L+1}(k),\ \cdots,\ s_b(k),\ \cdots,\ s_J(k)]_{1\times(J+1)}$；

$\boldsymbol{O}^{\mathrm{T}}(k)=[v_0(k),\ v_1(k),\ \cdots,\ v_a(k),\ \cdots,\ v_L(k),\ v_{L+1}(k),\ \cdots,\ v_b(k),\ \cdots,\ v_J(k)]_{1\times(J+1)}$；

$\boldsymbol{W}^{\mathrm{T}}(k)=[0,\ w_1(k),\ \cdots,\ w_a(k),\ \cdots,\ w_L(k),\ w_{L+1}(k),\ \cdots,\ w_b(k),\ \cdots,\ w_J(k)]_{1\times(J+1)}$；

$$S_i=\begin{bmatrix}1 & & & \\ & 1 & & \\ & & \ddots & \\ & & & 1\end{bmatrix}_{(J+1)\times(J+1)}$$ 为库存状态系数矩阵；$R_i=\begin{bmatrix}g_0 & \mathbf{0} & A_1\\ \mathbf{0} & A_2 & \mathbf{0}\\ \mathbf{0} & B_1 & B_2\end{bmatrix}_{(J+1)\times(J+1)}$

（$A_1=[-g_{1,L+1},\ \cdots,\ -g_{1,b},\ \cdots,\ -g_{1,J}]$，$A_2=diag[g_{2,1}+\sum_{b=L+1}^{J}l_{b,1},\ \cdots,\ g_{2,a}+\sum_{b=L+1}^{J}l_{b,a},\ \cdots,\ g_{2,L}+\sum_{b=L+1}^{J}l_{b,L}]$，$B_1=\begin{bmatrix}-l_{L+1,1} & \cdots & -l_{L+1,a} & \cdots & -l_{L+1,L}\\ \vdots & & \vdots & & \vdots\\ -l_{b,1} & \cdots & -l_{b,a} & \cdots & -l_{b,L}\\ \vdots & & \vdots & & \vdots\\ -l_{J,1} & \cdots & -l_{J,a} & \cdots & -l_{J,L}\end{bmatrix}$，$B_2=diag[g_{1,L+1},\ \cdots,\ g_{1,b},\ \cdots,\ g_{1,J}]$）为制造商生产和分销商订购系数矩阵；$T_i=[c_{n0},\ c_{n1},\ \cdots,\ c_{na},\ \cdots,\ c_{nL},\ c_{n(L+1)},\ \cdots,\ c_{nb},\ \cdots,\ c_{nJ}]_{1\times(J+1)}$ 为库存系数矩阵；$H_i=\left[c_{r0},\ c_{o1}g_{2,1}+\sum_{b=L+1}^{J}c_{b,1}l_{b,1},\ \cdots,\ c_{oa}g_{2,a}+\sum_{b=L+1}^{J}c_{b,a}l_{b,a},\ \cdots,\ c_{oL}g_{2,L}+\sum_{b=L+1}^{J}c_{b,L}l_{b,L},\ c_{o(L+1)}g_{1,L+1},\ \cdots,\ c_{ob}g_{1,b},\ \cdots,\ c_{oJ}g_{1,J}\right]_{1\times(J+1)}$ 为制造商生产和分销商订购的成本系数矩阵。

（二）基于提前期传递中断的供应链应急 Takagi-Sugeno 模糊模型的构建

如上所述，在供应链系统的应急运作过程中，为了降低成本，各节点企业将依据自身的库存水平采取不同的生产和订购策略，因此，供应链应急子系统之间将经常发生切换活动。那么，供应链应急系统实际上是一种分段切换的非线性系统。因此，基于式（5-3），本节应用可实现柔性切换的 Takagi-Sugeno 模糊控制系统来表示基于提前期传递中断的供应链应急模型，具体如下所示：

R_i：If $s_0(k)$ is M_0^i, $s_1(k)$ is M_1^i, $\cdots$, $s_j(k)$ is M_j^i, $\cdots$, and $s_n(k)$ is M_n^i, then

$$\begin{cases}I(k+1)=S_iI(k)+R_iO(k)+R_{wi}W(k)\\ C(k)=T_iI(k)+H_iO(k)\\ I(k)=\varphi(k),\ k\in\{0,\ 1,\ \cdots,\ N\}\end{cases}\tag{5-4}$$

其中，R_i（$i=1,\ 2,\ \cdots,\ r$）代表第 i 个模糊规则，r 代表 If-then 模糊规则

的个数；M_j^i（$j=0$，1，…，n）代表供应链应急系统中各成员的库存状态模糊集合；$\boldsymbol{\varphi}$（k）代表供应链应急系统中由各成员的库存状态组成的库存初始向量。

通过单点模糊化、乘积推理和加权平均反模糊化的方法，式（5-4）被转化为如下形式：

$$\begin{cases}\boldsymbol{I}(k+1)=\sum_{i=1}^{r}h_i(\boldsymbol{I}(k))[\boldsymbol{S}_i\boldsymbol{I}(k)+\boldsymbol{R}_i\boldsymbol{O}(k)+\boldsymbol{R}_{wi}\boldsymbol{W}(k)]\\ \boldsymbol{C}(k)=\sum_{i=1}^{r}h_i(\boldsymbol{I}(k))[\boldsymbol{T}_i\boldsymbol{I}(k)+\boldsymbol{H}_i\boldsymbol{O}(k)]\end{cases} \tag{5-5}$$

其中，$h_i(\boldsymbol{I}(k))=\frac{\mu_i(\boldsymbol{I}(k))}{\sum_{i=1}^{r}\mu_i(\boldsymbol{I}(k))}$，$\mu_i(\boldsymbol{I}(k))=\prod_{j=1}^{n}M_j^i(s_j(k))$；$M_j^i(s_j(k))$表示$s_j(k)$关于模糊集 M_j^i 的隶属度函数。由于 $\mu_i(\boldsymbol{I}(k))\geqslant 0$，因此 $h_i(\boldsymbol{I}(k))\geqslant 0$，$\sum_{i=1}^{r}h_i(\boldsymbol{I}(k))=1$。为了表达方便，将 $h_i(\boldsymbol{I}(k))$记为 h_i。

由式（5-5）可知，由于 h_i 的存在，供应链应急子系统之间能够实现柔性切换。

三、基于提前期传递中断的供应链模糊鲁棒控制策略

基于并行分布补偿策略，为每一个供应链应急子系统设计一个局部库存状态反馈控制器，具体如下所示：

控制器规则 K^i ：If $s_0(k)$ is M_0^i, $s_1(k)$ is M_1^i, … , $s_j(k)$ is M_j^i , … , and $s_n(k)$ is M_n^i , then

$\boldsymbol{O}(k)=-\boldsymbol{K}_i\boldsymbol{I}(k)$，$i=1$，2，…，$r$

其中，$\boldsymbol{K}_i$ 代表供应链应急系统中各节点企业的库存状态反馈增益矩阵。

那么，全局库存状态反馈控制器可表达如下：

$$\boldsymbol{O}(k)=-\sum_{i=1}^{r}h_i\boldsymbol{K}_i\boldsymbol{I}(\mathrm{k}) \tag{5-6}$$

式（5-5）在式（5-6）作用下的供应链应急模糊控制系统可以被表示为：

$$\begin{cases}\boldsymbol{I}(k+1)=\sum_{i=1}^{r}\sum_{j=1}^{r}h_ih_j[\boldsymbol{E}_{ij}\boldsymbol{I}(k)+\boldsymbol{R}_{wi}\boldsymbol{W}(k)]\\ \boldsymbol{C}(k)=\sum_{i=1}^{r}\sum_{j=1}^{r}h_ih_j\boldsymbol{F}_{ij}\boldsymbol{I}(k)\end{cases} \tag{5-7}$$

其中，$\boldsymbol{E}_{ij}=\boldsymbol{S}_i-\boldsymbol{R}_i\boldsymbol{K}_{jc}$，$\boldsymbol{F}_{ij}=\boldsymbol{T}_i-\boldsymbol{H}_i\boldsymbol{K}_{jc}$。

对式（5-7）做进一步简化，具体如下：

$$\begin{cases}\boldsymbol{I}(k+1)=\sum\limits_{i=1}^{r}\sum\limits_{j=1}^{r}h_ih_j\overline{\boldsymbol{E}}_{ij}\overline{\boldsymbol{I}}(k)\\ \boldsymbol{C}(k)=\sum\limits_{i=1}^{r}\sum\limits_{j=1}^{r}h_ih_j\overline{\boldsymbol{F}}_{ij}\overline{\boldsymbol{I}}(k)\end{cases}\tag{5-8}$$

其中，$\overline{\boldsymbol{E}}_{ij}=[\boldsymbol{E}_{ij},\ \boldsymbol{R}_{wi}]$，$\overline{\boldsymbol{F}}_{ij}=[\boldsymbol{F}_{ij},\ \boldsymbol{0}]$，$\overline{\boldsymbol{I}}(k)=[\boldsymbol{I}(k),\ \boldsymbol{W}(k)]^{\mathrm{T}}$。

为了使式（5-8）能够达到鲁棒稳定运作，本节以定理的形式提出一种模糊鲁棒控制策略如下：

定理 5-1　对于给定的满足式（2-9）的标量 $\gamma>0$，如果在 $\boldsymbol{G}_c$ 中能够找到一个对称正定矩阵 $\boldsymbol{P}_c$ 和矩阵 $\boldsymbol{K}_{ic}$ 和 $\boldsymbol{K}_{jc}$，使得下列线性矩阵不等式成立：

$$\begin{bmatrix}-\boldsymbol{P}_c & * & * & *\\ \boldsymbol{0} & -\gamma^2\boldsymbol{I} & * & *\\ \boldsymbol{S}_i-\boldsymbol{R}_i\boldsymbol{K}_{ic} & \boldsymbol{R}_{wi} & -\boldsymbol{P}_c & *\\ \boldsymbol{T}_i-\boldsymbol{H}_i\boldsymbol{K}_{ic} & \boldsymbol{0} & \boldsymbol{0} & -\boldsymbol{I}\end{bmatrix}<\boldsymbol{0},\ i\in B_c\tag{5-9}$$

$$\begin{bmatrix}-4\boldsymbol{P}_c & * & * & *\\ \boldsymbol{0} & -\gamma^2\boldsymbol{I} & * & *\\ \boldsymbol{S}_i-\boldsymbol{R}_i\boldsymbol{K}_{jc}+\boldsymbol{S}_j-\boldsymbol{R}_j\boldsymbol{K}_{ic} & \boldsymbol{R}_{wi}+\boldsymbol{R}_{wj} & -\boldsymbol{P}_c & *\\ \boldsymbol{T}_i-\boldsymbol{H}_i\boldsymbol{K}_{jc}+\boldsymbol{T}_j-\boldsymbol{H}_j\boldsymbol{K}_{ic} & \boldsymbol{0} & \boldsymbol{0} & -\boldsymbol{I}\end{bmatrix}<\boldsymbol{0},\ i<j,\ i,\ j\in B_c\tag{5-10}$$

那么，输入采用 SFP 的式（5-8）在 H_∞ 性能指标 γ 下鲁棒渐近稳定，其中 B_c 是包含在 $\boldsymbol{G}_c$ 中的规则序号集，$\boldsymbol{G}_c$ 是第 c 个 MORG，$c=1,\ 2,\ \cdots,\ \prod\limits_{j=1}^{n}(m_j-1)$，$m_j$ 是第 j 个供应链应急系统中的各节点的库存状态变量的模糊分划数。

证明　定理 5-1 的证明思路与定理 4-1 至定理 4-4 的证明思路相同，在此不再赘述。

四、仿真分析

本节将通过仿真来验证在本节提出的应急策略能否有效地解决提前期传递中

断下的供应链在恢复正常之前持续满足客户需求的问题，同时验证在本节提出的模糊鲁棒控制策略能否使供应链应急模糊系统达到鲁棒稳定。选择钢铁行业中的一个二级供应链作为仿真对象，该二级供应链由一个战略同盟制造商、一个备份制造商、两个分销商组成，其中采购与供应的产品为型钢。假定突发事件造成一个分销商发生提前期传递中断，则设分销商 1 为发生提前期传递中断，分销商 2 为供应正常。

在供应链应急模糊系统中，分销商的库存水平均服从如图 5-2 所示的模糊分划。图 5-2 中的 $s_1(k)$ 代表分销商 1 的库存水平，$s_2(k)$ 代表分销商 2 的库存水平。假定 $s_1(k)$ 和 $s_2(k)$ 均是可测得的，$s_1(k)$ 的模糊分划为 $F_1^m(s_1(k))(m=1, 2)$，$s_2(k)$ 的模糊分划为 $F_2^p(s_2(k))(p=1, 2)$，且 $s_1(k)$ 和 $s_2(k)$ 均满足 SFP 的条件。Q_{0s}、Q_{1s} 和 Q_{smax} 分别代表了分销商 1 的三个库存水平层级：安全库存水平、期望库存水平和最大库存水平；Q_{0t}、Q_{1t} 和 Q_{tmax} 分别代表了分销商 2 的三个库存水平层级：安全库存水平、期望库存水平和最大库存水平。本节设定 $M_1^1=M_1^2=F_1^1$，$M_1^3=M_1^4=F_1^2$，$M_2^1=M_2^3=F_2^1$，$M_2^2=M_2^4=F_2^2$。

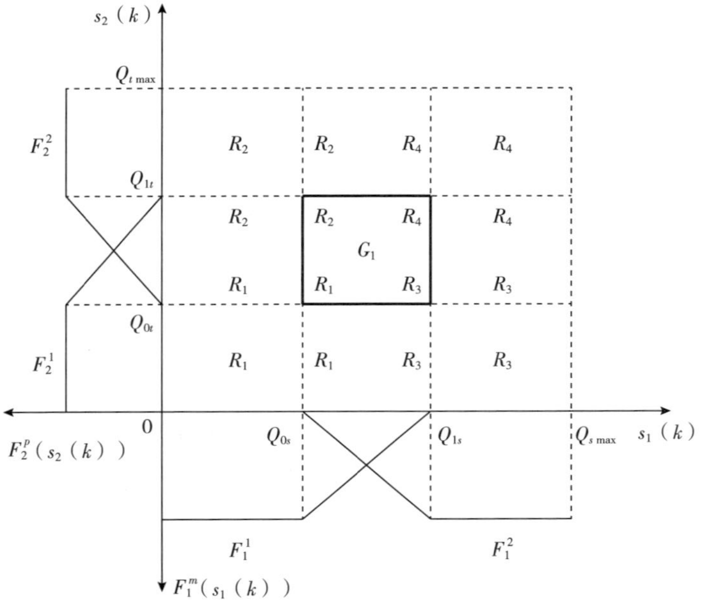

图 5-2　分销商库存的模糊分划

由图 5-2 可知，系统中仅存在一个 MORG：G_1（G_1 中包含了四个模糊规则：R_1、R_2、R_3 和 R_4）。在不同的模糊规则下，设计的战略同盟制造商的生产策略和两个分销商的订购策略如下：

R_1：战略同盟制造商正常生产型钢，分销商 1 从备份制造商处订购型钢，分销商 2 从战略同盟制造商处订购型钢。

R_2：战略同盟制造商不生产型钢，分销商 1 从备份制造商处订购型钢同时向分销商 2 紧急订购型钢，分销商 2 不订购型。

R_3：战略同盟制造商正常生产型钢，分销商 1 不订购型钢，分销商 2 从战略同盟制造商处订购型钢。

R_4：战略同盟制造商不生产型钢，分销商 1 不订购型钢，分销商 2 不订购型钢。

根据以上生产和订购策略，供应链应急模糊模型中的参数如下所示：

$$\boldsymbol{S}_i=\begin{bmatrix}1&0&0\\0&1&0\\0&0&1\end{bmatrix}(i=1,\ 2,\ 3,\ 4),\ \boldsymbol{R}_1=\begin{bmatrix}1&0&-1\\0&1&0\\0&0&1\end{bmatrix},\ \boldsymbol{R}_2=\begin{bmatrix}1&0&-1\\0&1&0\\0&-0.7&1\end{bmatrix},$$

$$\boldsymbol{R}_3=\begin{bmatrix}1&0&-1\\0&0&0\\0&0&1\end{bmatrix},\ \boldsymbol{R}_4=\begin{bmatrix}0&0&0\\0&0&0\\0&0&0\end{bmatrix},\ \boldsymbol{T}_i=[0.4,\ 0.8,\ 0.6](i=1,\ 2,\ 3,\ 4),\ \boldsymbol{H}_1=$$
$[1.5,\ 4.5,\ 3.2]$，$\boldsymbol{H}_2=[1.5,\ 1.77,\ 3.2]$，$\boldsymbol{H}_3=[1.5,\ 0,\ 3.2]$，$\boldsymbol{H}_4=[0,\ 0,\ 0]$，$\gamma=0.5$。

根据本节选择的仿真对象——钢铁行业中的一个二级供应链中各节点企业实际运作中的成本数据，得到的供应链应急模糊系统中的成本系数为：$c_{n0}=0.4$，$c_{n1}=0.8$，$c_{n2}=0.6$，$c_{r0}=1.5$，$c_{o1}=3.2$，$c_{o2}=4.5$，$c_{21}=0.6$（单位：$\times10^4$/吨）；供应链中分销商 1 和分销商 2 的安全库存值和期望库存值为：$Q_{0s}=10$，$Q_{1s}=50$ 和 $Q_{0t}=15$，$Q_{1t}=60$（单位：$\times10^5$ 吨）。

根据式（5-8），本节为研究对象设计的库存状态反馈控制器为：

K^i：If $s_1(k)$ is M_1^i and $s_2(k)$ is M_2^i, then

$$\boldsymbol{O}(k)=-\sum_{i=1}^{r} h_i\boldsymbol{K}_i\boldsymbol{I}(k),\ r=4$$

本节利用 MATLAB 软件求解器对定理 5-1 中的式（5-9）和式（5-10）进行求解，求解的结果如下：$\boldsymbol{P}_1=\begin{bmatrix}1.3404 & 0.3346 & 0.3108\\ 0.3346 & 4.7340 & 0.4067\\ 0.3108 & 0.4067 & 4.1003\end{bmatrix}$，

$\boldsymbol{K}_{11}=\begin{bmatrix}0.6575 & -0.2234 & 0.0548\\ -0.0993 & 0.1771 & -0.1067\\ -0.0827 & -0.0920 & 0.1818\end{bmatrix}$，$\boldsymbol{K}_{21}=\begin{bmatrix}0.5949 & -0.1105 & -0.0120\\ -0.0901 & 0.1577 & -0.0977\\ -0.1483 & 0.0249 & 0.1111\end{bmatrix}$，

$\boldsymbol{K}_{31}=\begin{bmatrix}0.5220 & 0.0180 & -0.0921\\ -0.1282 & 0.2283 & -0.1391\\ -0.1479 & 0.0233 & 0.1126\end{bmatrix}$，$\boldsymbol{K}_{41}=\begin{bmatrix}1.1108 & -0.0702 & -0.0571\\ -0.0928 & 0.1529 & -0.0685\\ -0.2727 & 0.0177 & 0.1697\end{bmatrix}$。

求解的结果满足定理 5-1 中鲁棒稳定的条件，因此，模糊鲁棒控制策略可以使提前期传递中断下的供应链应急系统鲁棒稳定。下面将验证供应链应急子系统之间的切换过程和不确定客户需求给供应链应急运作带来的波动的抑制效果。仿真结果采用标称值与偏差值之和来表示实际运作值。设定标称值如下：$\vec{s}_0(k)=60$，$\vec{s}_1(k)=75$ 和 $\vec{s}_2(k)=73$（$\times10^5$ 吨），$\vec{v}_0(k)=32$，$\vec{v}_1(k)=15$ 和 $\vec{v}_2(k)=18$（单位：$\times10^5$ 吨）。

第一种库存初始状态的仿真测试：当突发事件造成提前期传递中断时，该二级供应链中的各节点企业的库存初始状态为 $s_0(0)=20$，$s_1(0)=-68$ 和 $s_2(0)=5$（单位：$\times10^5$ 吨）。根据本节设计的战略同盟制造商的生产策略和两个分销商的订购策略，该二级供应链将启用本节设计的应急策略，即初期战略同盟制造商正常生产型钢，分销商 1 从备份制造商处订购总需求量的 30%，从分销商 2 处订购总需求量的 70%，分销商 2 不订购型钢。在第一种库存初始状态下，应用本节提出的模糊鲁棒控制策略得到的仿真结果如图 5-3 至图 5-5 所示。

第二种库存初始状态的仿真测试：当突发事件造成提前期传递中断时，该二级供应链中的各节点企业的库存初始状态为：$s_0(0)=20$，$s_1(0)=-70$，$s_2(0)=-63$（单位：$\times10^5$ 吨）。根据本节设计的战略同盟制造商的生产策略和两个分销商

的订购策略，该二级供应链立即启用本节设计的应急策略，即初期战略同盟制造商正常生产型钢，分销商 1 从备份制造商处订购型钢总需求量的 100%，分销商 2 从战略同盟制造商处订购型钢总需求量的 100%。在第二种库存初始状态下，应用本节提出的模糊鲁棒控制策略得到的仿真结果如图 5-6 至图 5-8 所示。

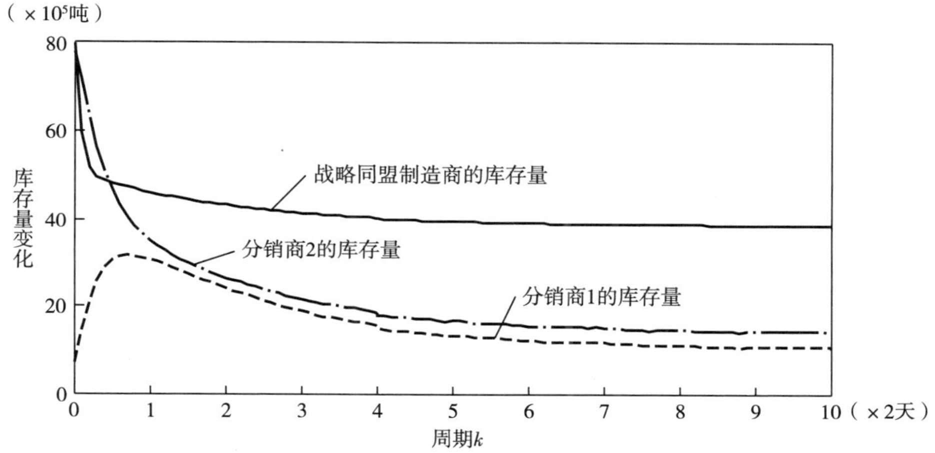

图 5-3　第一种库存初始状态下的状态变量变化进程

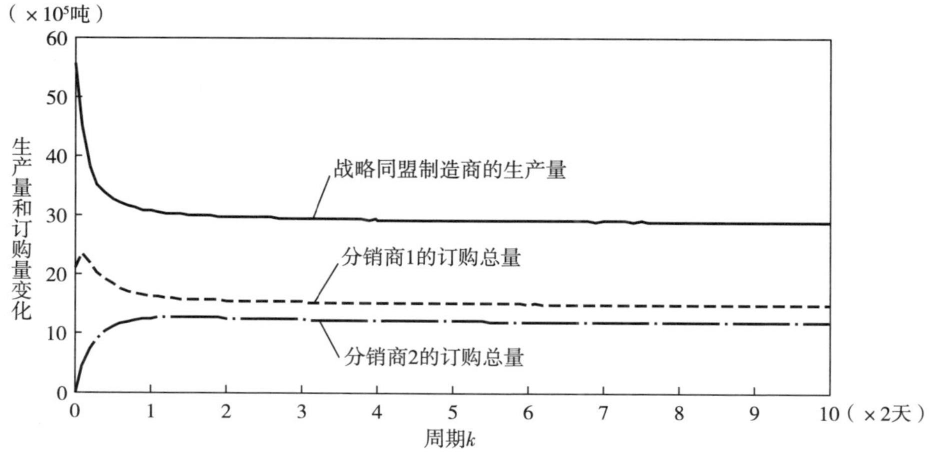

图 5-4　第一种库存初始状态下的控制变量变化进程

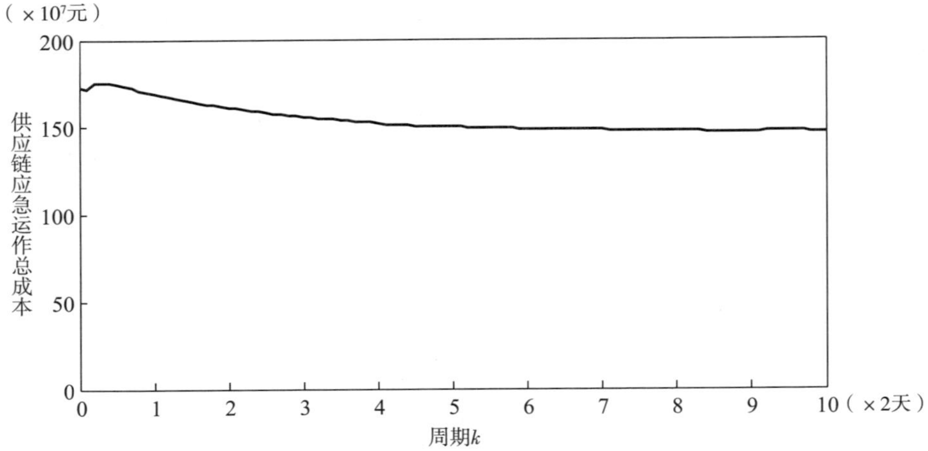

图 5-5　第一种库存初始状态下的供应链应急运作总成本

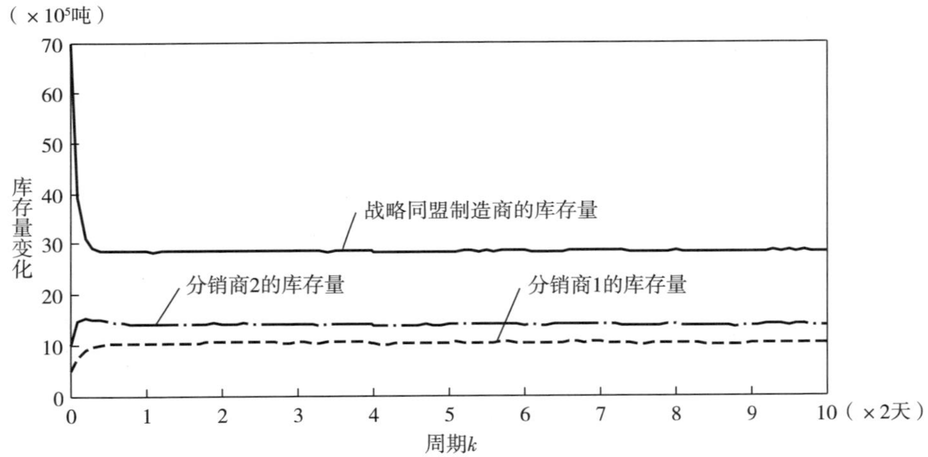

图 5-6　第二种库存初始状态下的状态变量变化进程

由图 5-3 和图 5-6 可知，使用本节设计的供应链应急策略可以使提前期传递中断的分销商 1 在供应链恢复正常状态之前持续满足客户需求。由图 5-3 至图 5-8 可知，本节提出的模糊鲁棒控制策略可以有效使控制变量、状态变量和供应链应急运作总成本在一个较小的范围内波动；同时，供应链系统在应急运作过程中的总成本可以维持在一个较低的范围内。因此，本节提出的由提前期传递中断应急策略和模糊鲁棒控制策略组成的供应链鲁棒应急策略可以使提前期传递中断下的供应链达到低成本鲁棒稳定。

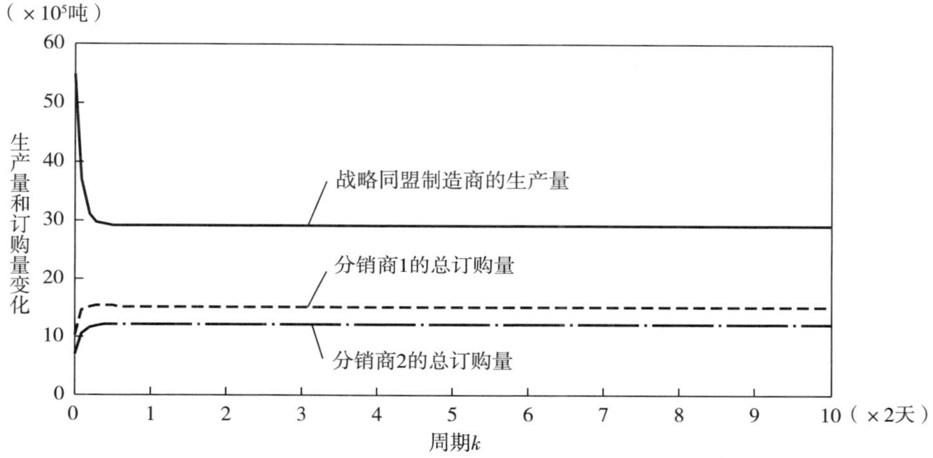

图 5-7　第二种库存初始状态下的控制变量变化进程

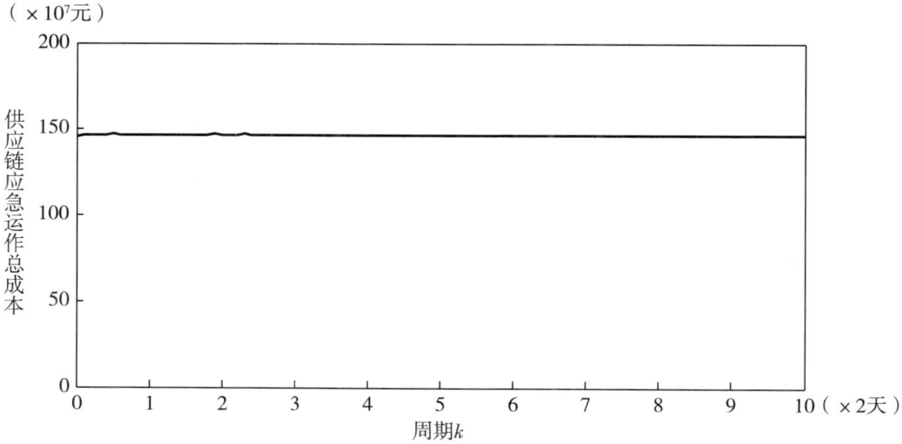

图 5-8　第二种库存初始状态下的供应链应急运作总成本

第三节　基于提前期传递中断的不确定供应链鲁棒应急策略

一、基于提前期传递中断的不确定供应链应急模型及应急策略

广泛存在于供应链系统中的不确定因素会对系统的运作造成干扰。在突发情况导致供应链出现提前期传递中断后，不确定因素更加剧了供应链系统的脆弱性和运作中的波动性。因此，在如图 5-1 所示的供应链应急系统的基础上，本节将考虑供应链运作中的多种不确定因素，包括生产数量的不确定、供应数量的不确定、库存数量的不确定、库存成本的不确定、生产成本的不确定以及客户需求的不确定，构建一种不确定供应链应急模型。该不确定供应链应急模型作为提出鲁棒应急策略的基础，以最终保证系统低成本鲁棒稳定运作。

（一）基于提前期传递中断的不确定供应链应急模型的构建

基于本章第二节提出的式（5-1）和式（5-2），考虑供应链应急系统内外多种不确定因素，构建提前期传递中断下不确定供应链的第 i 个应急模型，具体如下：

$$\begin{cases}\boldsymbol{I}(k+1)=(\boldsymbol{S}_i+\Delta\boldsymbol{S}_i)\boldsymbol{I}(k)+(\boldsymbol{R}_i+\Delta\boldsymbol{R}_i)\boldsymbol{O}(k)+(\boldsymbol{R}_{wi}+\Delta\boldsymbol{R}_{wi})\boldsymbol{W}(k)\\ \boldsymbol{C}(k)=(\boldsymbol{T}_i+\Delta\boldsymbol{T}_i)\boldsymbol{I}(k)+(\boldsymbol{H}_i+\Delta\boldsymbol{H}_i)\boldsymbol{O}(k)+(\boldsymbol{H}_{wi}+\Delta\boldsymbol{H}_{wi})\boldsymbol{W}(k)\end{cases}\tag{5-11}$$

其中，$\boldsymbol{T}_i=[c_{n0},\ d_{i1}c_{n1},\ \cdots,\ d_{ia}c_{na},\ \cdots,\ d_{iL}c_{nL},\ d_{iL}c_{n(L+1)},\ \cdots,\ d_{ib}c_{nb},\ \cdots,\ d_{iJ}c_{nJ}]_{1\times(J+1)}$（本节引入参数 $d_{iL}=-\dfrac{c_{hnL}}{c_{nL}}$来描述供应链缺货状态，$c_{hnL}$ 为制造商 L 的单位缺货成本，因此本节构建的不确定供应链应急模型将分销商由于缺货产生的成本计入供应链应急运作成本）；$\boldsymbol{R}_i=\begin{bmatrix}g_0 & 0 & \boldsymbol{A}_1\\ \boldsymbol{0} & \boldsymbol{A}_2 & \boldsymbol{0}\\ \boldsymbol{0} & \boldsymbol{B}_1 & \boldsymbol{B}_2\end{bmatrix}_{(J+1)\times(J+1)}$（$\boldsymbol{A}_1=[-g_{1,L+1},\ \cdots,$

$-g_{1,b}$，…，$-g_{1,J}$]，$\boldsymbol{A}_2=diag[g_{2,1}+\sum_{b=L+1}^{J}l_{b,1}, \cdots, g_{2,a}+\sum_{b=L+1}^{J}l_{b,a}, \cdots, g_{2,L}+\sum_{b=L+1}^{J}l_{b,L}]$，

$$\boldsymbol{B}_1=\begin{bmatrix} -l_{L+1,1} & \cdots & -l_{L+1,a} & \cdots & -l_{L+1,L} \\ \vdots & & \vdots & & \vdots \\ -l_{b,1} & \cdots & -l_{b,a} & \cdots & -l_{b,L} \\ \vdots & & \vdots & & \vdots \\ -l_{J,1} & \cdots & -l_{J,a} & \cdots & -l_{J,L} \end{bmatrix}, \boldsymbol{B}_2=diag[g_{1,L+1}, \cdots, g_{1,b}, \cdots, g_{1,J}])$$为

控制系数矩阵；$\boldsymbol{H}_i=\left[c_{r0}, c_{o1}g_{2,1}+\sum_{b=L+1}^{J}c_{b,1}l_{b,1}, \cdots, c_{oa}g_{2,a}+\sum_{b=L+1}^{J}c_{b,a}l_{b,a}, \cdots, c_{oL}g_{2,L}+\sum_{b=L+1}^{J}c_{b,L}l_{b,L}, c_{o(L+1)}g_{1,L+1}, \cdots, c_{ob}g_{1,b}, \cdots, c_{oJ}g_{1,J}\right]_{1\times(J+1)}$代表制造商生产和分销商订购的成本系数矩阵；$\boldsymbol{H}_{wi}=[0, c_{h1}, \cdots, c_{ha}, \cdots c_{hL}, c_{h(L+1)}, \cdots, c_{hb}, \cdots, c_{hJ}]_{1\times(J+1)}$为提前期传递中断下供应链应急系统维护客户需求的成本系数矩阵。$\Delta\boldsymbol{S}_i$、$\Delta\boldsymbol{R}_i$、$\Delta\boldsymbol{R}_{wi}$、$\Delta\boldsymbol{T}_i$、$\Delta\boldsymbol{H}_i$、$\Delta\boldsymbol{H}_{wi}$分别为$\boldsymbol{S}_i$、$\boldsymbol{R}_i$、$\boldsymbol{R}_{wi}$、$\boldsymbol{T}_i$、$\boldsymbol{H}_i$，$\boldsymbol{H}_{wi}$矩阵的不确定系数矩阵。

基于式（5-11），本节考虑分销商的提前期传递中断与否、战略同盟制造商的产能限制、向同一供应链中供应正常的分销商紧急串货的成本与向备份制造商紧急订购成本的大小，以及供应链中每个分销商的库存水平变化情况，设计的应急策略具体有如下几种：仅向备份制造商紧急订购；仅向同一供应链中其他分销商紧急订购；仅向战略同盟制造商订购；向备份制造商订购的同时还向同一供应链中其他分销商紧急订购。

（二）基于提前期传递中断的不确定供应链应急 Takagi-Sugeno 模糊模型的构建

在突发事件造成任意 L 个分销商提前期传递中断的情况下，由式（5-1）可知，供应链系统在不同库存状态下存在不同的应急模型，为了降低成本，各个模型之间将会经常发生切换活动。为了有效抑制系统内各变量由于切换活动、系统内部参数不确定以及系统外部需求的不确定等因素引起的波动，实现各应急模型间的柔性切换，本节基于 Takagi-Sugeno 模糊控制系统构建如下不确定供应链应急模糊模型：

R_i ：If $s_0(k)$ is M_0^i, $s_1(k)$ is M_1^i， …, $s_j(k)$ is M_j^i ，… ，and $s_n(k)$ is M_n^i ，then

$$\begin{cases} \boldsymbol{I}(k+1) = (\boldsymbol{S}_i + \Delta\boldsymbol{S}_i)\boldsymbol{I}(k) + (\boldsymbol{R}_i + \Delta\boldsymbol{R}_i)\boldsymbol{O}(k) + (\boldsymbol{R}_{wi} + \Delta\boldsymbol{R}_{wi})\boldsymbol{W}(k) \\ \boldsymbol{C}(k) = (\boldsymbol{T}_i + \Delta\boldsymbol{T}_i)\boldsymbol{I}(k) + (\boldsymbol{H}_i + \Delta\boldsymbol{H}_i)\boldsymbol{O}(k) + (\boldsymbol{H}_{wi} + \Delta\boldsymbol{H}_{wi})\boldsymbol{W}(k) \\ \boldsymbol{I}(k) = \boldsymbol{\varphi}(k),\ k \in \{0,\ 1,\ \cdots,\ N\} \end{cases} \tag{5-12}$$

基于单点模糊化、乘积推理和加权平均反模糊化的方法，式（5-12）可变换为如下形式：

$$\begin{cases} \boldsymbol{I}(k+1) = \sum_{i=1}^{r} h_i(\boldsymbol{I}(k))[(\boldsymbol{S}_i + \Delta\boldsymbol{S}_i)\boldsymbol{I}(k) + (\boldsymbol{R}_i + \Delta\boldsymbol{R}_i)\boldsymbol{O}(k) + \\ \qquad (\boldsymbol{R}_{wi} + \Delta\boldsymbol{R}_{wi})\boldsymbol{W}(k)] \\ \boldsymbol{C}(k) = \sum_{i=1}^{r} h_i(\boldsymbol{I}(k))[(\boldsymbol{T}_i + \Delta\boldsymbol{T}_i)\boldsymbol{I}(k) + (\boldsymbol{H}_i + \Delta\boldsymbol{H}_i)\boldsymbol{O}(k) + \\ \qquad (\boldsymbol{H}_{wi} + \Delta\boldsymbol{H}_{wi})\boldsymbol{W}(k)] \end{cases} \tag{5-13}$$

为了量化系统内外部的不确定参数对供应链应急模型运作性能的影响，本节引入已知的常数矩阵和时变矩阵表示应急系统中的参数不确定变动：常数矩阵为 $\boldsymbol{D}_{1i}$、$\boldsymbol{D}_{2i}$、$\boldsymbol{E}_{11i}$、$\boldsymbol{E}_{12i}$、$\boldsymbol{E}_{13i}$、$\boldsymbol{E}_{21i}$、$\boldsymbol{E}_{22i}$，时变不确定矩阵为 $\boldsymbol{F}_{1i}(k)$、$\boldsymbol{F}_{2i}(k)$，其中 $i=1$，2，…，r，且 $\boldsymbol{F}_{1i}(k)$ 和 $\boldsymbol{F}_{2i}(k)$ 是 Lebesgue 可测，$\boldsymbol{F}_{1i}^T(k)\boldsymbol{F}_{1i}(k) \leqslant \boldsymbol{I}$ 和 $\boldsymbol{F}_{2i}^T(k)\boldsymbol{F}_{2i}(k) \leqslant \boldsymbol{I}$，那么，式（5-13）中的不确定系数可表示为：$\Delta\boldsymbol{S}_i = \boldsymbol{D}_{1i}\boldsymbol{F}_{1i}(k)\boldsymbol{E}_{11i}$，$\Delta\boldsymbol{R}_i = \boldsymbol{D}_{1i}\boldsymbol{F}_{1i}(k)\boldsymbol{E}_{12i}$，$\Delta\boldsymbol{R}_{wi} = \boldsymbol{D}_{1i}\boldsymbol{F}_{1i}(k)\boldsymbol{E}_{13i}$，$\Delta\boldsymbol{T}_i = \boldsymbol{D}_{2i}\boldsymbol{F}_{2i}(k)\boldsymbol{E}_{21i}$，$\Delta\boldsymbol{H}_i = \boldsymbol{D}_{2i}\boldsymbol{F}_{2i}(k)\boldsymbol{E}_{22i}$，$\Delta\boldsymbol{H}_{wi} = \boldsymbol{D}_{2i}\boldsymbol{F}_{2i}(k)\boldsymbol{E}_{23i}$。

二、基于提前期传递中断的不确定供应链模糊鲁棒控制策略

采用并行分布补偿算法为突发事件后的不确定供应链的各应急子系统设计如下局部反馈控制律：

K^i ：If $s_0(k)$ is M_0^i, $s_1(k)$ is M_1^i, … , $s_j(k)$ is M_j^i , … ， and $s_n(k)$ is M_n^i , then

$\boldsymbol{O}(k) = -\boldsymbol{K}_i\boldsymbol{I}(k)$，$i=1$，2，…，$r$

其中，$\boldsymbol{K}_i$ 代表供应链应急系统中各节点企业的库存水平状态反馈增益矩阵。整个不确定供应链应急系统的库存状态反馈控制器可以表示为：

$$\boldsymbol{O}(k) = -\sum_{i=1}^{r} h_i \boldsymbol{K}_i \boldsymbol{I}(k) \tag{5-14}$$

将式（5-14）代入式（5-13）可得：

$$\begin{cases} \boldsymbol{I}(k+1) = \sum_{i=1}^{r}\sum_{j=1}^{r} h_i h_j [\widetilde{\boldsymbol{E}}_{ij}\boldsymbol{I}(k) + \widetilde{\boldsymbol{R}}_{wi}\boldsymbol{W}(k)] \\ \boldsymbol{C}(k) = \sum_{i=1}^{r}\sum_{j=1}^{r} h_i h_j [\widetilde{\boldsymbol{F}}_{ij}\boldsymbol{I}(k) + \widetilde{\boldsymbol{H}}_{wi}\boldsymbol{W}(k)] \end{cases} \tag{5-15}$$

其中，$\widetilde{\boldsymbol{E}}_{ij} = \widetilde{\boldsymbol{S}}_i - \widetilde{\boldsymbol{R}}_i \boldsymbol{K}_{jc}$（$\widetilde{\boldsymbol{S}}_i = \boldsymbol{S}_i + \Delta \boldsymbol{S}_i$，$\widetilde{\boldsymbol{R}}_i = \boldsymbol{R}_i + \Delta \boldsymbol{R}_i$），$\widetilde{\boldsymbol{F}}_{ij} = \widetilde{\boldsymbol{T}}_i - \widetilde{\boldsymbol{H}}_i \boldsymbol{K}_{jc}$（$\widetilde{\boldsymbol{T}}_i = \boldsymbol{T}_i + \Delta \boldsymbol{T}_i$，$\widetilde{\boldsymbol{H}}_i = \boldsymbol{H}_i + \Delta \boldsymbol{H}_i$），$\widetilde{\boldsymbol{R}}_{wi} = \boldsymbol{R}_{wi} + \Delta \boldsymbol{R}_{wi}$，$\widetilde{\boldsymbol{H}}_{wi} = \boldsymbol{H}_{wi} + \Delta \boldsymbol{H}_{wi}$。

对式（5-15）进一步整理，可以得到如下不确定供应链应急模糊系统：

$$\begin{cases} \boldsymbol{I}(k+1) = \sum_{i=1}^{r}\sum_{j=1}^{r} h_i h_j \widetilde{\widetilde{\boldsymbol{E}}}_{ij} \widetilde{\boldsymbol{I}}(k) \\ \boldsymbol{C}(k) = \sum_{i=1}^{r}\sum_{j=1}^{r} h_i h_j \widetilde{\widetilde{\boldsymbol{F}}}_{ij} \widetilde{\boldsymbol{I}}(k) \end{cases} \tag{5-16}$$

其中，$\widetilde{\widetilde{\boldsymbol{E}}}_{ij} = [\widetilde{\boldsymbol{E}}_{ij} \quad \widetilde{\boldsymbol{R}}_{wi}]$，$\widetilde{\widetilde{\boldsymbol{F}}}_{ij} = [\widetilde{\boldsymbol{F}}_{ij} \quad \widetilde{\boldsymbol{H}}_{wi}]$，$\bar{\boldsymbol{I}}(k) = \begin{bmatrix} \boldsymbol{I}(k) \\ \boldsymbol{W}(k) \end{bmatrix}$。

下面将提出提前期传递中断下的供应链系统的鲁棒控制策略，该策略以定理的形式表述如下。

定理 5-2　对于给定的满足式（2-9）的标量 $\gamma>0$，如果在 $\boldsymbol{G}_c$ 中存在正定矩阵 $\boldsymbol{X}_c$、矩阵 $\boldsymbol{Y}_{ic}$ 和常数 ε_{ijc} 满足：

$$\begin{bmatrix} -\boldsymbol{X}_c & * & * & * & * & * \\ \boldsymbol{0} & -\gamma^2\boldsymbol{I} & * & * & * & * \\ \boldsymbol{LS}_{ii} & \boldsymbol{B}_{wi} & \boldsymbol{\Phi}_{33} & * & * & * \\ \boldsymbol{TS}_{ii} & \boldsymbol{D}_{wi} & \boldsymbol{0} & \boldsymbol{\Phi}_{44} & * & * \\ \boldsymbol{U}_{ii} & \boldsymbol{E}_{13i} & \boldsymbol{0} & \boldsymbol{0} & -\varepsilon_{iic}\boldsymbol{I} & * \\ \boldsymbol{V}_{ii} & \boldsymbol{E}_{23i} & \boldsymbol{0} & \boldsymbol{0} & \boldsymbol{0} & -\varepsilon_{iic}\boldsymbol{I} \end{bmatrix} < \boldsymbol{0},\ i \in I_c \tag{5-17}$$

$$\begin{bmatrix} -4\boldsymbol{X}_c & * & * & * & * & * & * & * \\ \boldsymbol{0} & -4\gamma_2\boldsymbol{I} & * & * & * & * & * & * \\ \boldsymbol{\Gamma}_{31} & \boldsymbol{\Gamma}_{32} & \boldsymbol{\Gamma}_{33} & * & * & * & * & v \\ \boldsymbol{\Gamma}_{41} & \boldsymbol{\Gamma}_{42} & \boldsymbol{0} & \boldsymbol{\Gamma}_{44} & * & * & * & * \\ \boldsymbol{U}_{ij} & \boldsymbol{E}_{13i} & \boldsymbol{0} & \boldsymbol{0} & \boldsymbol{\Gamma}_{55} & * & * & * \\ \boldsymbol{V}_{ij} & \boldsymbol{E}_{23i} & \boldsymbol{0} & \boldsymbol{0} & \boldsymbol{0} & \boldsymbol{\Gamma}_{66} & * & * \\ \boldsymbol{U}_{ji} & \boldsymbol{E}_{13j} & \boldsymbol{0} & \boldsymbol{0} & \boldsymbol{0} & \boldsymbol{0} & \boldsymbol{\Gamma}_{77} & * \\ \boldsymbol{V}_{ji} & \boldsymbol{E}_{23j} & \boldsymbol{0} & \boldsymbol{0} & \boldsymbol{0} & \boldsymbol{0} & \boldsymbol{0} & \boldsymbol{\Gamma}_{88} \end{bmatrix} < \boldsymbol{0},\ i<j,\ i,\ j \in I_c \quad (5-18)$$

那么，输入采用 SFP 的式（5-16）在 H_∞ 性能指标 γ 下鲁棒渐近稳定，其中 $\boldsymbol{LS}_{ii}=\boldsymbol{S}_i\boldsymbol{X}_c-\boldsymbol{R}_i\boldsymbol{Y}_{jc}$，$\boldsymbol{TS}_{ii}=\boldsymbol{T}_i\boldsymbol{X}_c-\boldsymbol{H}_i\boldsymbol{Y}_{jc}$，$\boldsymbol{U}_{ii}=\boldsymbol{E}_{11i}\boldsymbol{X}_c-\boldsymbol{E}_{12i}\boldsymbol{Y}_{jc}$，$\boldsymbol{V}_{ii}=\boldsymbol{E}_{21i}\boldsymbol{X}_c-\boldsymbol{E}_{22i}\boldsymbol{Y}_{jc}$，$\boldsymbol{\Phi}_{33}=-\boldsymbol{X}_c+\varepsilon_{iic}\boldsymbol{H}_{1i}\boldsymbol{H}_{1i}^T$，$\boldsymbol{\Phi}_{44}=-\boldsymbol{I}+\varepsilon_{iic}\boldsymbol{H}_{2i}\boldsymbol{H}_{2i}^T$，$\boldsymbol{\Gamma}_{31}=\boldsymbol{LS}_{ij}+\boldsymbol{LS}_{ji}$，$\boldsymbol{\Gamma}_{32}=\boldsymbol{R}_{wi}+\boldsymbol{R}_{wj}$，$\boldsymbol{\Gamma}_{33}=-\boldsymbol{X}_c+\varepsilon_{ijc}\boldsymbol{H}_{1i}\boldsymbol{H}_{1i}^T+\varepsilon_{jic}\boldsymbol{H}_{1j}\boldsymbol{H}_{1j}^T$，$\boldsymbol{\Gamma}_{41}=\boldsymbol{TS}_{ij}+\boldsymbol{TS}_{ji}$，$\boldsymbol{\Gamma}_{42}=\boldsymbol{H}_{wi}+\boldsymbol{H}_{wj}$，$\boldsymbol{\Gamma}_{44}=\boldsymbol{I}+\varepsilon_{ijc}\boldsymbol{H}_{2i}\boldsymbol{H}_{2i}^T+\varepsilon_{jic}\boldsymbol{H}_{1j}\boldsymbol{H}_{1j}^T$，$\boldsymbol{\Gamma}_{55}=\boldsymbol{\Gamma}_{66}=-\varepsilon_{ijc}\boldsymbol{I}$，$\boldsymbol{\Gamma}_{77}=\boldsymbol{\Gamma}_{88}=-\varepsilon_{jic}\boldsymbol{I}$，$I_c$ 是 $\boldsymbol{G}_c$ 中包含的所有模糊规则的序号集合，$\boldsymbol{G}_c$ 是第 c 个 MORG，$c=1, 2, \cdots, \prod_{j=1}^{n}(m_j-1)$，$m_j$ 是第 j 个应急系统中节点企业表示库存水平集合的模糊分划数，$\boldsymbol{K}_{ic}=\boldsymbol{Y}_{ic}\boldsymbol{X}_c^{-1}$ 为库存状态反馈增益矩阵。

证明 定理 5-2 的证明思路与定理 4-1 至定理 4-4 的证明思路相同，在此不再赘述。

三、仿真分析

本节选取钢铁行业的一个二级供应链作为仿真对象，来验证由本节设计的应急策略和提出的模糊鲁棒控制策略组成的鲁棒应急策略能否有效抑制不确定参数对供应链应急系统中的影响，能否使不确定供应链应急系统达到鲁棒渐近稳定的运作状态。该二级供应链系统包含一个战略同盟制造商、一个备份制造商和两个分销商。假定突发事件造成战略同盟制造商对分销商 1 的提前期传递中断，供应链系统启用备份制造商和分销商之间同级串货两种应急订购策略。

分销商 1 的库存模糊分划 $F_1^m(s_1(k))$ 和分销商 2 的库存模糊分划 $F_2^q(s_2(k))$ 如图 5-9 所示，其满足 SFP 的条件，其中 $t, s=1, 2$。在图 5-9 中，$s_1(k)$ 表示

分销商 1 的库存状态，$s_2(k)$ 表示分销商 2 的库存状态；D_{0s} 表示分销商 1 的安全库存水平，D_{smax} 表示分销商 1 的期望库存水平，D_{0t} 表示分销商 2 的安全库存水平，D_{tmax} 表示分销商 2 的期望库存水平。设定 $M_1^1=M_1^2=F_1^1$，$M_1^3=M_1^4=F_1^2$，$M_2^1=M_2^3=F_2^1$，$M_2^2=M_2^4=F_2^2$。设定参数如下：$D_{0s}=10$，$D_{0t}=12$（单位：$\times10^3$ 台）；$c_{n0}=0.3$，$c_{n1}=0.6$，$c_{n2}=0.5$，$c_{r0}=0.1$，$c_{o1}=1.2$，$c_{o2}=1.8$，$c_{21}=0.4$，$c_{hn1}=0.72$，$c_{hn2}=0.65$（单位：$\times10^5$ 元/台）。

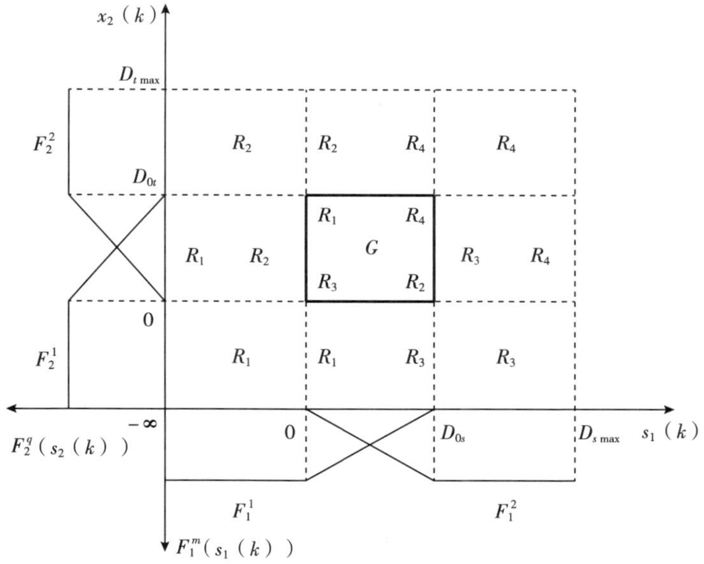

图 5-9　分销商模糊库存分划

考虑制造商对分销商 1 的提前期传递中断、战略同盟制造商的产能限制和各成员订购成本参数的大小，以供应链系统总成本较低为原则，制定四个规则，具体如下：

R_1：战略同盟制造商正常生产，分销商 1 从备份制造商处采购，分销商 2 从战略同盟制造商采购。

R_2：战略同盟制造商正常生产，分销商 1 从备份制造商采购部分需求量，同时从分销商 2 采购部分需求量，分销商 2 从战略同盟制造商采购。

R_3：战略同盟制造商正常生产，分销商 1 从备份制造商采购部分需求量，同时从分销商 2 采购部分需求量，分销商 2 从战略同盟制造商采购。

R_4：战略同盟制造商正常订购，分销商 1 从分销商 2 串货，分销商 2 从战略同盟制造商采购。

根据以上生产和订购策略：构建四个供应链应急子模型，具体如下：

$$R_1:\begin{cases}s_0(k+1)=s_1(k)+g_0v_0(k)-g_{1,2}v_2(k)\\ s_1(k+1)=s_1(k)+g_{2,1}v_1(k)-w_1(k)\\ s_2(k+1)=s_2(k)+g_{1,2}v_2(k)-w_2(k)\\ C(k)=c_{n0}s_0(k)+d_{11}c_{n1}s_1(k)+d_{12}c_{n2}s_2(k)+c_{r0}g_0v_0(k)+c_{o2}g_{1,2}v_2(k)+c_{o1}g_{2,1}v_1(k)\end{cases}$$

$$R_2:\begin{cases}s_0(k+1)=s_0(k)+g_0v_0(k)-g_{1,2}v_2(k)\\ s_1(k+1)=s_1(k)+g_{2,1}v_1(k)+l_{2,1}v_1(k)-w_1(k)\\ s_2(k+1)=s_2(k)+g_{1,2}v_2(k)-w_2(k)\\ C(k)=c_{n0}s_0(k)+d_{21}c_{n1}s_1(k)+d_{22}c_{n2}s_2(k)+c_{r0}g_0v_0(k)+c_{o2}g_{1,2}v_2(k)+\\ \qquad c_{o1}g_{2,1}v_1(k)+c_{2,1}l_{2,1}v_1(k)\end{cases}$$

$$R_3:\begin{cases}s_0(k+1)=s_0(k)+g_0v_0(k)-g_{1,2}v_2(k)\\ s_1(k+1)=s_1(k)+g_{2,1}v_1(k)+l_{2,1}v_1(k)-w_1(k)\\ s_2(k+1)=s_2(k)+g_{1,2}v_2(k)-w_2(k)\\ C(k)=c_{n0}s_0(k)+d_{31}c_{n1}s_1(k)+d_{32}c_{n2}s_2(k)+c_{r0}g_0v_0(k)+c_{o2}g_{1,2}v_2(k)+\\ \qquad c_{o1}g_{2,1}v_1(k)+c_{2,1}l_{2,1}v_1(k)\end{cases}$$

$$R_4:\begin{cases}s_0(k+1)=s_0(k)+g_0v_0(k)-g_{1,2}v_2(k)\\ s_1(k+1)=s_1(k)+l_{2,1}v_1(k)-w_1(k)\\ s_2(k+1)=s_2(k)+g_{1,2}v_2(k)\\ C(k)=c_{r0}s_0(k)+d_{41}c_{n1}s_1(k)+d_{42}c_{n2}s_2(k)+c_{r0}g_0v_0(k)+c_{2,1}l_{1,2}v_1(k)+\\ \qquad c_{o2}g_{2,1}v_2(k)\end{cases}$$

将上述四个供应链应急子模型转化为模糊控制模型，具体如下所示：

R_i ：If $s_1(k)$ is M_1^i and $s_2(k)$ is M_2^i，then

$$\begin{cases} \boldsymbol{I}(k+1) = \sum_{i=1}^{r} h_i(\boldsymbol{I}(k))[\widetilde{\boldsymbol{S}}_i\boldsymbol{I}(k) + \widetilde{\boldsymbol{R}}_i\boldsymbol{O}(k) + \widetilde{\boldsymbol{R}}_{wi}\boldsymbol{W}(k)] \\ C(k) = \sum_{i=1}^{r} h_i(\boldsymbol{I}(k))[\widetilde{\boldsymbol{T}}_i\boldsymbol{I}(k) + \widetilde{\boldsymbol{H}}_i\boldsymbol{O}(k) + \widetilde{\boldsymbol{H}}_{wi}\boldsymbol{W}(k)] \end{cases} \tag{5-19}$$

对于式（5-19），设计如下库存状态反馈控制器：

K^i ：If $s_1(k)$ is M_1^i and $s_2(k)$ is M_2^i，then

$$\boldsymbol{O}(k) = -\sum_{i=1}^{r} h_i\boldsymbol{K}_i\boldsymbol{I}(k) \tag{5-20}$$

其中，$r=4$，$\boldsymbol{S}^{\mathrm{T}}(k)=[s_0(k), s_1(k), s_2(k)]$，$\boldsymbol{O}^{\mathrm{T}}(k)=[v_0(k), v_1(k), v_2(k)]$，

$$\boldsymbol{S}_i=\begin{bmatrix}1&0&0\\0&1&0\\0&0&1\end{bmatrix},\ \boldsymbol{R}_1=\begin{bmatrix}1&-1&0\\0&1&0\\0&0&1\end{bmatrix},\ \boldsymbol{R}_2=\begin{bmatrix}1&-0.8&-1\\0&1&-1\\0&0&1\end{bmatrix},\ \boldsymbol{R}_3=\begin{bmatrix}1&-0.3&-1\\0&1&-1\\0&0&1\end{bmatrix},$$

$$\boldsymbol{R}_4=\begin{bmatrix}1&-1&0\\0&1&-1\\0&0&1\end{bmatrix},\ \boldsymbol{R}_{wi}=\begin{bmatrix}0&0&0\\0&-1&0\\0&0&-1\end{bmatrix},$$ $d_{11}=d_{21}=-1.2$，$d_{12}=d_{32}=-1.3$，

$d_{22}=d_{31}=d_{41}=d_{42}=1$，$\boldsymbol{T}_1=[c_{n0}, d_{11}c_{n1}, d_{12}c_{n2}]$，$\boldsymbol{T}_2=[c_{n0}, d_{21}c_{n1}, d_{22}c_{n2}]$，$\boldsymbol{T}_3=[c_{n0}, d_{31}c_{n1}, d_{32}c_{n2}]$，$\boldsymbol{T}_4=[c_{n0}, d_{41}c_{n1}, d_{42}c_{n2}]$，$\boldsymbol{H}_1=[c_{r0}, c_{o1}, c_{o2}]$，$\boldsymbol{H}_2=[c_{r0}, 0.8c_{o1}+0.2c_{21}, c_{o2}]$，$\boldsymbol{H}_3=[c_{r0}, 0.3c_{o1}+0.7c_{21}, c_{o2}]$，$\boldsymbol{H}_4=[c_{r0}, c_{21}, c_{o2}]$，

$$\boldsymbol{D}_{wi}=\boldsymbol{0},\ \boldsymbol{E}_{11i}=\begin{bmatrix}0.01&0&0\\0&0.01&0\\0&0&0.01\end{bmatrix},\ \boldsymbol{E}_{121}=\begin{bmatrix}0.05&0.03&0\\0&0.04&0.02\\0&0&0.05\end{bmatrix},$$

$$\boldsymbol{E}_{122}=\begin{bmatrix}0.05&0.07&0\\0&0.04&0.06\\0&0&0.05\end{bmatrix},\ \boldsymbol{E}_{123}=\begin{bmatrix}0.05&0.06&0\\0&0.04&0.07\\0&0&0.05\end{bmatrix},\ \boldsymbol{E}_{124}=\begin{bmatrix}0.05&0.06&0\\0&0.04&0.06\\0&0&0.05\end{bmatrix},$$

$$\boldsymbol{E}_{13i}=\begin{bmatrix}0&0&0\\0&0.01&0\\0&0&0.01\end{bmatrix},$$ $\boldsymbol{E}_{211}=[0.04, 0.05, 0.06]$，$\boldsymbol{E}_{212}=[0.04, 0.05,$

0.03]，$\boldsymbol{E}_{213}$=[0.04，0.02，0.06]，$\boldsymbol{E}_{214}$=[0.04，0.02，0.03]，$\boldsymbol{E}_{221}$=[0.02，0.12，0.15]，$\boldsymbol{E}_{222}$=[0.02，0.11，0.05]，$\boldsymbol{E}_{223}$=[0.02，0.1，0.06]，$\boldsymbol{E}_{224}$=[0.02，0.1，0.05]，$\boldsymbol{E}_{23i}=\boldsymbol{0}$，$\boldsymbol{D}_{1i}=0.1$，$\boldsymbol{D}_{2i}=0.05$，$\boldsymbol{F}_{1i}=\boldsymbol{F}_{1i}=\sin(k)$，$i=1$，2，3，4。

设 $\gamma=0.6$，则式（5-17）和式（5-18）的求解结果如下：$\varepsilon_{111}=17.7152$，$\varepsilon_{121}=10.2224$，$\varepsilon_{131}=8.9129$，$\varepsilon_{141}=7.7006$，$\varepsilon_{211}=10.1830$，$\varepsilon_{221}=19.2806$，$\varepsilon_{231}=10.2579$，$\varepsilon_{241}=9.9350$，$\varepsilon_{311}=8.6284$，$\varepsilon_{321}=10.0379$，$\varepsilon_{331}=19.7387$，$\varepsilon_{341}=9.5947$，$\varepsilon_{411}=7.7577$，$\varepsilon_{421}=9.7735$，$\varepsilon_{431}=9.8080$，$\varepsilon_{441}=14.1796$；

$$\boldsymbol{P}_1=\boldsymbol{X}_1^{-1}=\begin{bmatrix}0.0013 & -0.0025 & -0.0055\\ -0.0025 & 0.0205 & 0.0175\\ -0.0055 & 0.0175 & 0.0403\end{bmatrix};\ \boldsymbol{K}_{11}=\begin{bmatrix}1.2129 & -3.4931 & -4.3876\\ 0.0336 & 0.6228 & -0.3657\\ 0.0652 & -0.6049 & 0.1517\end{bmatrix},$$

$$\boldsymbol{K}_{21}=\begin{bmatrix}1.2539 & -3.5834 & -3.0040\\ 0.0435 & 0.4634 & 0.1540\\ 0.0681 & -0.6647 & 0.3561\end{bmatrix},\ \boldsymbol{K}_{31}=\begin{bmatrix}1.3225 & 0.3181 & -4.6396\\ 0.0447 & 0.8195 & -0.0491\\ 0.0669 & -0.2530 & -0.0779\end{bmatrix},$$

$$\boldsymbol{K}_{41}=\begin{bmatrix}1.2538 & 0.4488 & -2.3305\\ 0.0465 & 0.7804 & -0.4286\\ 0.0748 & -0.2667 & 0.1062\end{bmatrix}。$$

求解的结果满足定理 5-2 中鲁棒稳定的条件。因此，本节提出的模糊鲁棒控制策略可以使提前期传递中断下的不确定供应链应急系统鲁棒稳定。以下将进行仿真实验，来验证突发事件造成一个分销商提前期传递中断后应用本节提出的鲁棒应急策略对不确定供应链系统的控制效果（下文将战略同盟制造商记为制造商 1）。

仿真结果采用标称值与偏差值之和来表示实际运作值。设系统的标称值为 $\overleftarrow{s}_0(k)=72$，$\overleftarrow{s}_1(k)=13$，$\overleftarrow{s}_2(k)=18$（单位：×10³ 台）；库存初始值为 $s_0(0)=5$，$s_1(0)=1.6$，$s_2(0)=0.5$（单位：×10³ 台）。客户需求设为（$w_1(k)\sim N(30,\ 0.4^2)$，$w_2(k)\sim N(35,\ 0.5^2)$）。图 5-10 至图 5-12 分别表示不确定供应链的应急系统的状态变量演化过程、控制变量演化过程以及供应链总成本演化过程。

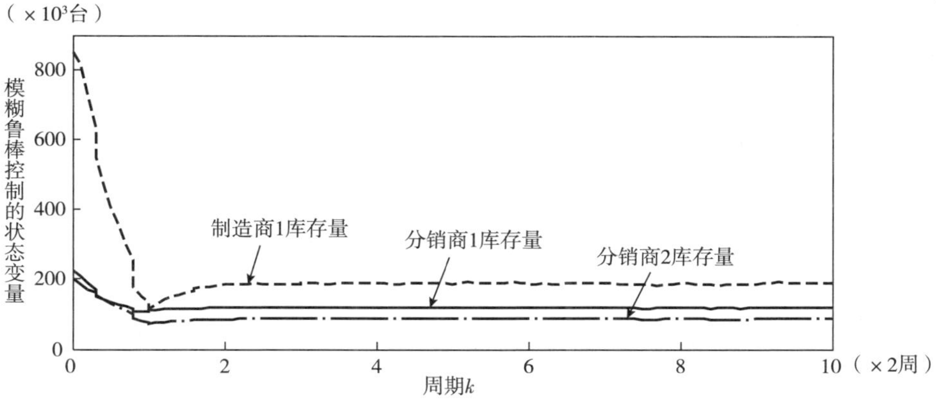

图 5-10　不确定供应链应急系统的状态变量演化过程

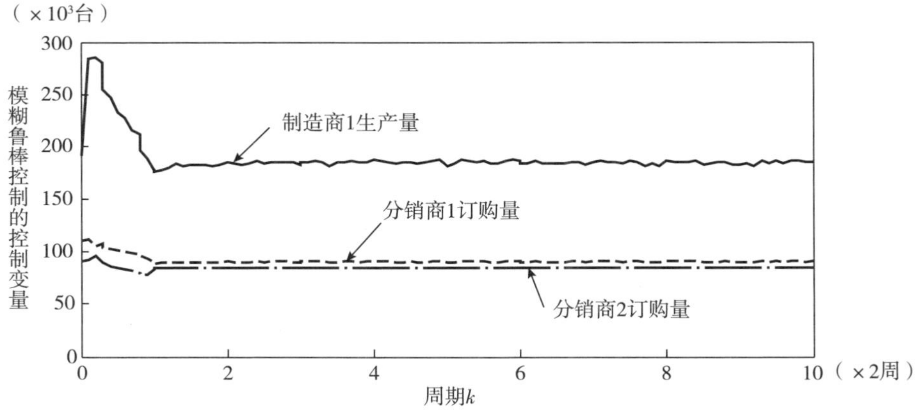

图 5-11　不确定供应链应急系统的控制变量演化过程

由图 5-10 至图 5-12 可知，本节设计的鲁棒应急策略，不仅能够使提前期传递中断的分销商 1 持续地满足外部客户需求，同时供应链系统的各变量在模糊鲁棒控制器的作用下经过暂时较大波动以后进入平稳切换阶段，即一方面有效地抑制了供应链应急系统中各种不确定因素对应急运作的影响，另一方面保证了应急过程中投入的运作成本始终维持在较低水平。因此，本节构建的供应链鲁棒应急策略不但能抑制多种不确定因素对供应链系统的干扰，还能使提前期传递中断的供应链系统恢复稳定运作。

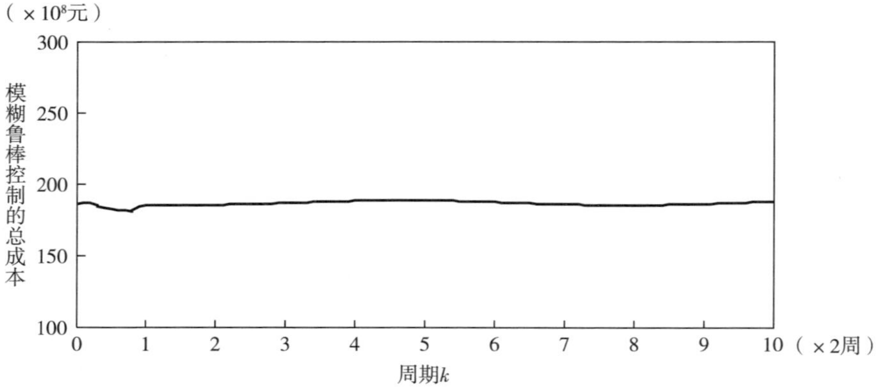

图 5-12　不确定供应链应急系统的总成本演化过程

第四节　提前期下基于提前期传递中断的供应链鲁棒应急策略

一、提前期下基于提前期传递中断的供应链应急模型

在实际运营过程中，供应链系统中同时存在着多个提前期。因此，本节在考虑部分提前期传递中断的情况下，同时也考虑其他未产生提前期传递中断的正常的制造商的生产提前期和分销商的采购提前期，即在如图 5-1 所示的供应链应急系统的基础上，构建一种含提前期的供应链应急模型。该含提前期的供应链应急模型作为提出鲁棒应急策略的基础，以最终保证系统低成本鲁棒稳定运作。

（一）提前期下基于提前期传递中断的供应链应急模型的构建

基于式（5-1）和式（5-2），本节构建的提前期下基于提前期传递中断的供应链应急库存状态演化模型和总成本演化模型可表示为：

$$\begin{cases} s_0(k+1)=s_0(k)+g_0v_0(k)+g_0v_0(k-\tau_1)-\sum\limits_{b=L+1}^{J}g_{1,b}v_b(k) \\ s_a(k+1)=s_a(k)+g_{2,a}v_a(k)+\sum\limits_{b=L+1}^{J}l_{b,a}v_a(k)-w_a(k) \\ s_b(k+1)=s_b(k)+g_{1,b}v_b(k)+g_{1,b}v_b(k-\tau_b)-\sum\limits_{a=1}^{L}l_{b,a}v_a(k)-w_b(k) \end{cases} \tag{5-21}$$

$$\begin{aligned} C(k)=&c_{n0}s_0(k)+\sum_{a=1}^{L}c_{na}s_a(k)+\sum_{b=L+1}^{J}c_{nb}s_b(k)+c_{r0}g_0v_0(k)+c_{r0}g_0v_0(k-\tau_1)+ \\ &\sum_{a=1}^{L}c_{oa}g_{2,a}v_a(k)+\sum_{b=L+1}^{J}c_{ob}g_{1,b}v_b(k)+\sum_{b=L+1}^{J}c_{ob}g_{1,b}v_b(k-\tau_b)+ \\ &\sum_{a=1}^{L}\sum_{b=L+1}^{J}c_{ba}l_{b,a}v_a(k) \end{aligned} \tag{5-22}$$

在不同的库存状态下，供应链各节点企业将采取不同的生产和订购策略，因而形成了由多个子系统构成的非线性供应链切换系统。在第 i 个库存状态下形成的供应链应急子系统如下所示：

$$\begin{cases} \boldsymbol{I}(k+1)=\boldsymbol{S}_i\boldsymbol{I}(k)+\boldsymbol{R}_i\boldsymbol{O}(k)+\sum\limits_{e=1}^{J-L+1}\boldsymbol{R}_{ie}\boldsymbol{O}(k-\tau_e)+\boldsymbol{R}_{wi}\boldsymbol{W}(k) \\ \boldsymbol{C}(k)=\boldsymbol{T}_i\boldsymbol{I}(k)+\boldsymbol{H}_i\boldsymbol{O}(k)+\sum\limits_{e=1}^{J-L+1}\boldsymbol{H}_{ie}\boldsymbol{O}(k-\tau_e) \end{cases} \tag{5-23}$$

其中，$\boldsymbol{S}_i$ 表示库存状态系数矩阵，$\boldsymbol{R}_i$ 表示制造商生产和分销商订购的系数矩阵，$\boldsymbol{R}_{ie}$ 表示由提前期导致的延迟系数矩阵，$\boldsymbol{R}_{wi}$ 表示客户需求的系数矩阵，$\boldsymbol{T}_i$ 表示供应链中各节点企业的库存成本系数矩阵，$\boldsymbol{H}_i$ 表示供应链应急系统的生产成本和应急订货成本系数矩阵，$\boldsymbol{H}_{ie}$ 表示提前期引起的制造商的生产成本和分销商的订购成本的系数矩阵。本节对式（5-23）采用偏差量描述，即系统的实际运作值与标称值之差。

注 5-1　本节设计的突发事件导致提前期传递中断的分销商 a 采取的应急订购策略（向战略同盟制造商订购和向同一供应链中供应正常的分销商订购）为紧急订供货方式，考虑在应急状态下，一旦启用以上两种应急订货方式，供应链中各节点会立即响应，因此本节不考虑以上两种紧急订供货方式的提前期。

注 5-2 突发事件造成任意 L 个分销商的提前期传递中断后，根据供应链中各节点企业的不同库存水平构建了式（5-23）的提前期下基于提前期传递中断的供应链应急模型。该模型中的各节点企业的库存状态有三个等级：期望库存、安全库存、零库存。设计各节点企业在不同库存状态下的应急策略具体为：

对于战略同盟制造商，当 k 周期内 J 个分销商的库存均大于期望库存，此时战略同盟制造商不生产（$g_0=0$）；反之战略同盟制造商生产（$g_0=1$）。

对于提前期传递中断的分销商 a，当 k 周期内分销商 a 的库存水平低于安全库存，分销商 a 仅向战略同盟制造商订购；当 k 周期内分销商 a 的库存大于期望库存，分销商 a 不订购，同时向提前期传递中断的分销商 b 串货。

对于供应正常的分销商 b，当 k 周期内分销商 b 的库存小于期望库存，分销商 b 向备份制造商订购，同时向大于期望库存的分销商 a 订购；当 k 周期内分销商 b 的库存大于安全库存而小于期望库存，分销商 b 向大于期望库存的分销商 a 订购；当 k 周期分销商 b 的库存大于期望库存，分销商 b 不订购，同时向期望库存低于安全库存的分销商 a 串货。

（二）提前期下基于提前期传递中断的供应链应急 Takagi-Sugeno 模糊模型的构建

将式（5-23）转换为供应链应急模糊模型，具体如下所示：

R_i：If $s_1(k)$ is $M_1^i\cdots$, $s_j(k)$ is M_j^i，$\cdots$, and $s_J(k)$ is M_J^i, then

$$\begin{cases}\boldsymbol{I}(k+1)=\boldsymbol{S}_i\boldsymbol{I}(k)+\boldsymbol{R}_i\boldsymbol{O}(k)+\sum\limits_{e=1}^{J-L+1}\boldsymbol{R}_{ie}\boldsymbol{O}(k-\tau_e)+\boldsymbol{R}_{wi}\boldsymbol{W}(k)\\ \boldsymbol{C}(k)=\boldsymbol{T}_i\boldsymbol{I}(k)+\boldsymbol{H}_i\boldsymbol{O}(k)+\sum\limits_{e=1}^{J-L+1}\boldsymbol{H}_{ie}\boldsymbol{O}(k-\tau_e)\\ \boldsymbol{I}(k)=\boldsymbol{\varphi}(k),\ i=1,2,\cdots,r,\ k\in\{0,1,\cdots,N\}\end{cases} \tag{5-24}$$

基于单点模糊化、乘积推理和加权平均反模糊化的方法，式（5-24）可以转化为如下形式：

$$\begin{cases} \boldsymbol{I}(k+1)= \sum_{i=1}^{r} h_i(\boldsymbol{I}(k))\left[\boldsymbol{S}_i\boldsymbol{I}(k)+\boldsymbol{R}_i\boldsymbol{O}(k)+\sum_{e=1}^{J-L+1}\boldsymbol{R}_{ie}\boldsymbol{O}(k-\tau_e)+\boldsymbol{R}_{wi}\boldsymbol{W}(k)\right] \\ \boldsymbol{C}(k)= \sum_{i=1}^{r} h_i(\boldsymbol{I}(k))\left[\boldsymbol{T}_i\boldsymbol{I}(k)+\boldsymbol{H}_i\boldsymbol{O}(k)+\sum_{e=1}^{J-L+1}\boldsymbol{H}_{ie}\boldsymbol{O}(k-\tau_e)\right] \end{cases} \tag{5-25}$$

二、提前期下基于提前期传递中断的供应链鲁棒应急策略

对式（5-25）设计如下局部反馈控制律：

R_i ： If $s_1(k)$ is $M_1^i\cdots$， and $s_j(k)$ is M_j^i ，$\cdots$，and $s_J(k)$ is M_J^i ，then

$$\begin{cases} \boldsymbol{O}(k)=-\boldsymbol{K}_i\boldsymbol{I}(k),\ i=1,\ 2,\ \cdots,\ r \\ \boldsymbol{O}(k-\tau_e)=-\boldsymbol{K}_{ie}\boldsymbol{I}(k-\tau_e),\ e=1,\ 2,\ \cdots,\ J-L+1 \end{cases}$$

其中，$\boldsymbol{K}_i$ 为供应链应急系统中节点企业库存状态的反馈增益矩阵，$\boldsymbol{K}_{ie}$ 为含提前期的供应链应急系统中节点企业库存状态的反馈增益矩阵。那么，全局库存状态反馈控制器可以被表示为：

$$\begin{cases} \boldsymbol{O}(k)=-\sum_{i=1}^{r} h_i\boldsymbol{K}_i\boldsymbol{I}(k) \\ \boldsymbol{O}(k-\tau_e)=-\sum_{i=1}^{r} h_i\boldsymbol{K}_{ie}\boldsymbol{I}(k-\tau_e) \end{cases} \tag{5-26}$$

将式（5-26）代入式（5-25）有：

$$\begin{cases} \boldsymbol{I}(k+1)=\sum_{i=1}^{r}\sum_{j=1}^{r} h_ih_j\left[(\boldsymbol{S}_i-\boldsymbol{R}_i\boldsymbol{K}_j)\boldsymbol{I}(k)-\sum_{e=1}^{J-L+1}\boldsymbol{R}_{ie}\boldsymbol{K}_{je}\boldsymbol{I}(k-\tau_e)+\boldsymbol{R}_{wi}\boldsymbol{w}(k)\right] \\ \boldsymbol{C}(k)=\sum_{i=1}^{r}\sum_{j=1}^{r} h_ih_j\left[(\boldsymbol{T}_i-\boldsymbol{H}_i\boldsymbol{K}_j)\boldsymbol{I}(k)-\sum_{e=1}^{J-L+1}\boldsymbol{H}_{ie}\boldsymbol{K}_{je}\boldsymbol{I}(k-\tau_e)\right] \end{cases} \tag{5-27}$$

下面将提出提前期传递中断下的含提前期的供应链系统的鲁棒控制策略，该策略以定理的形式表述如下：

定理 5-3　对于给定的满足式(2-9)的标量 $\gamma>0$，如果在 $\boldsymbol{G}_c$ 中存在正定矩阵 $\boldsymbol{P}_c$ 和 $\boldsymbol{Q}_{ec}$，矩阵 $\boldsymbol{K}_{ic}$、$\boldsymbol{K}_{jc}$、$\boldsymbol{K}_{iec}$ 和 $\boldsymbol{K}_{jec}$ 满足：

$$\begin{bmatrix} -\boldsymbol{P}_c + \sum_{e=1}^{J-M+1} \boldsymbol{Q}_{ec} & * & * & * & * \\ \boldsymbol{0} & -\hat{\boldsymbol{Q}} & * & * & * \\ \boldsymbol{0} & \boldsymbol{0} & -\gamma^2 \boldsymbol{I} & * & * \\ \boldsymbol{S}_i - \boldsymbol{R}_i \boldsymbol{K}_{ic} & -\boldsymbol{\Pi}_1 & \boldsymbol{R}_{wi} & -\boldsymbol{I} & * \\ \boldsymbol{T}_i - \boldsymbol{H}_i \boldsymbol{K}_{ic} & -\boldsymbol{\Pi}_2 & \boldsymbol{0} & \boldsymbol{0} & -\boldsymbol{I} \end{bmatrix} < \boldsymbol{0},\ i \in I_c \tag{5-28}$$

$$\begin{bmatrix} -4\boldsymbol{P}_c + 4\sum_{e=1}^{J-M+1} \boldsymbol{Q}_{ec} & * & * & * & * \\ \boldsymbol{0} & -4\hat{\boldsymbol{Q}} & * & * & * \\ \boldsymbol{0} & \boldsymbol{0} & -4\gamma^2 \boldsymbol{I} & * & * \\ \boldsymbol{S}_i - \boldsymbol{R}_i \boldsymbol{K}_{jc} + \boldsymbol{S}_j - \boldsymbol{R}_j \boldsymbol{K}_{ic} & -\boldsymbol{\Phi}_1 & \boldsymbol{R}_{wi} + \boldsymbol{R}_{wj} & -\boldsymbol{I} & * \\ \boldsymbol{T}_i - \boldsymbol{H}_i \boldsymbol{K}_{jc} + \boldsymbol{T}_j - \boldsymbol{H}_j \boldsymbol{K}_{ic} & -\boldsymbol{\Phi}_2 & \boldsymbol{0} & \boldsymbol{0} & -\boldsymbol{I} \end{bmatrix} < \boldsymbol{0},\ i<j,\ i,\ j \in I_c \tag{5-29}$$

则输入采用 SFP 的式（5-27）在 H_∞ 性能指标 γ 下鲁棒渐近稳定，I_c 为 G_c（第 c 个 MORG）中所有模糊规则的序号集合，$c=1，2，\cdots，\prod_{j=1}^{L+1}(m_j-1)$，$m_j$ 为第 j 个应急系统中节点企业的表示库存水平集合的模糊分划数，$\hat{\boldsymbol{Q}}=diag\{\boldsymbol{Q}_{1c}，\cdots，\boldsymbol{Q}_{ec}，\cdots，\boldsymbol{Q}_{(J-M+1)c}\}$，$\boldsymbol{\Pi}_1=[\boldsymbol{R}_{i1}\boldsymbol{K}_{i1c}，\cdots，\boldsymbol{R}_{ie}\boldsymbol{K}_{iec}，\cdots，\boldsymbol{R}_{i(J-M+1)}\boldsymbol{K}_{i(J-M+1)c}]$，$\boldsymbol{\Pi}_2=[\boldsymbol{H}_{i1}\boldsymbol{K}_{i1c}，\cdots，\boldsymbol{H}_{ie}\boldsymbol{K}_{iec}，\cdots，\boldsymbol{H}_{i(J-M+1)}\boldsymbol{K}_{i(J-M+1)c}]$，$\boldsymbol{\Phi}_1=[\boldsymbol{R}_{i1}\boldsymbol{K}_{j1c}+\boldsymbol{R}_{j1}\boldsymbol{K}_{i1c}，\cdots，\boldsymbol{R}_{ie}\boldsymbol{K}_{jec}+\boldsymbol{R}_{je}\boldsymbol{K}_{iec}，\cdots，\boldsymbol{R}_{i(J-M+1)}\boldsymbol{K}_{j(J-M+1)c}+\boldsymbol{R}_{j(J-M+1)}\boldsymbol{K}_{i(J-M+1)c}]$，$\boldsymbol{\Phi}_2=[\boldsymbol{H}_{i1}\boldsymbol{K}_{j1c}+\boldsymbol{H}_{j1}\boldsymbol{K}_{i1c}，\cdots，\boldsymbol{H}_{ie}\boldsymbol{K}_{jec}+\boldsymbol{H}_{je}\boldsymbol{K}_{iec}，\cdots，\boldsymbol{H}_{i(J-M+1)}\boldsymbol{K}_{j(J-M+1)c}+\boldsymbol{H}_{j(J-M+1)}\boldsymbol{K}_{i(J-M+1)c}]$，$e=1，2，\cdots，J-M+1$）。

证明 定理 5-3 的证明思路与定理 4-1 至定理 4-4 的证明思路相同，在此不再赘述。

三、仿真分析

本节选取钢铁行业中的一个由一个战略同盟制造商、一个备份制造商和两个分销商构成的二级供应链系统为仿真对象，来验证由本节设计的应急策略和提出的模糊鲁棒控制策略组成的鲁棒应急策略能否有效抑制提前期对供应链应急系统的影响，能否使含提前期的供应链应急系统达到鲁棒渐近稳定的运作状态。假设当突发事件造成系统中的一个分销商发生提前期传递中断时，启用备份制造商和分销商同级串货。将提前期传递中断的分销商记为分销商 1，将供应正常的分销商记为分销商 2。为了简化计算，采用 τ_1 表示制造商 1 的生产提前期，采用 τ_2 表示分销商 2 向战略同盟制造商订购的订购提前期，战略同盟制造商记为制造商 1。

分销商 1 的库存模糊分划 $F_1^t(s_1(k))$ 和分销商 2 的库存模糊分划 $F_2^s(s_2(k))$ 如图 5-13 所示，其中 t，$s=1$，2。在图 5-13 中，$s_1(k)$ 表示分销商 1 的库存状态，$s_2(k)$ 表示分销商 2 的库存状态，D_{0m} 和 D_{1m} 分别表示分销商 1 的安全库存水平以及期望库存水平，D_{0r} 和 D_{1r} 分别表示分销商 2 的安全库存水平以及期望库存水平。设 $M_1^1=M_1^2=F_1^1$，$M_1^3=M_1^4=F_1^2$，$M_2^1=M_2^4=F_2^1$ 和 $M_2^2=M_2^3=F_2^2$，且 $D_{0m}=130$，$D_{1m}=170$，$D_{0r}=115$，$D_{1r}=160$（单位：$\times 10^5$ 吨）。

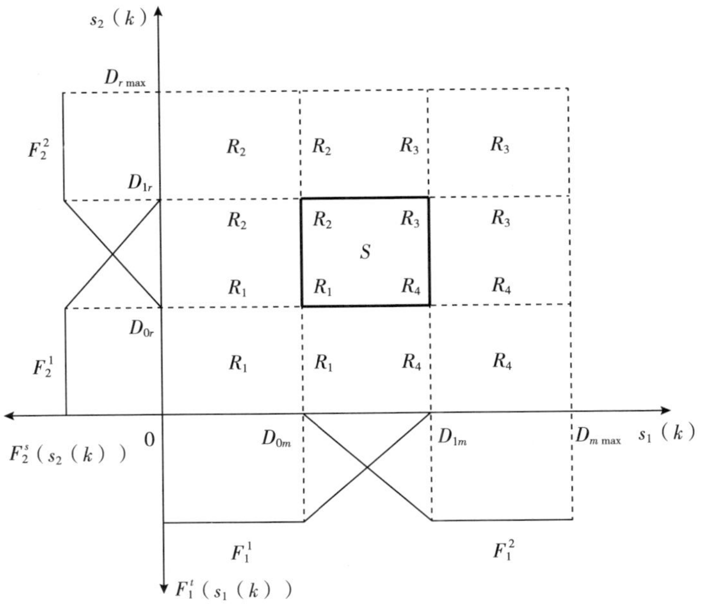

图 5-13　分销商的库存模糊分划

由图 5-13 可知，该供应链应急模糊系统仅含有一个 MORG，即 S，S 中包含四个模糊规则（R_1、R_2、R_3 和 R_4），这四个模糊规则描述了制造商和分销商基于不同的库存水平执行的相应的应急策略：

R_1：制造商 1 正常生产，分销商 1 从备份制造商处紧急订购需求产品，分销商 2 从制造商 1 处订购需求产品。

R_2：制造商 1 正常生产，分销商 1 从备份制造商和分销商处紧急订购需求产品，分销商 2 向制造商 1 订购。

R_3：制造商 1 正常生产，分销商 1 不订购，分销商 2 从制造商 1 处订购需求产品。

R_4：制造商 1 不生产，分销商 1 和分销商 2 均不订购。

基于上述的应急策略，供应链应急系统的子模型可构建如下：

$$R_1:\begin{cases}s_0(k+1)=s_0(k)+g_0v_0(k)+g_0v_0(k-\tau_1)-g_{1,2}v_2(k)-g_{1,2}v_2(k-\tau_2)\\s_1(k+1)=s_1(k)+g_{2,1}v_1(k)-w_1(k)\\s_2(k+1)=s_2(k)+g_{1,2}v_2(k)+g_{1,2}v_2(k-\tau_2)-w_2(k)\end{cases}$$

$$\begin{aligned}C(k)=&c_{n0}s_0(k)+c_{n1}s_1(k)+c_{n2}s_2(k)+c_{r0}g_0v_0(k)+c_{r0}g_0v_0(k-\tau_1)+\\&c_{o1}g_{2,1}v_1(k)+c_{o2}g_{1,2}v_2(k)+c_{o2}g_{1,2}v_2(k-\tau_2)\end{aligned}$$

$$R_2:\begin{cases}s_0(k+1)=s_0(k)+g_0v_0(k)+g_0v_0(k-\tau_1)-g_{1,2}v_2(k)-g_{1,2}v_2(k-\tau_2)\\s_1(k+1)=s_1(k)+g_{2,1}v_1(k)+l_{2,1}v_1(k)-w_1(k)\\s_2(k+1)=s_2(k)+g_{1,2}v_2(k)+g_{1,2}v_2(k-\tau_2)-w_2(k)\end{cases}$$

$$\begin{aligned}C(k)=&c_{n0}s_0(k)+c_{n1}s_1(k)+c_{n2}s_2(k)+c_{r0}g_0v_0(k)+c_{r0}g_0v_0(k-\tau_1)+\\&c_{o1}g_{2,1}v_1(k)+c_{21}l_{2,1}v_1(k)+c_{o2}g_{1,2}v_2(k)+c_{o2}g_{1,2}v_2(k-\tau_2)\end{aligned}$$

$$R_3:\begin{cases}s_0(k+1)=s_0(k)+g_0v_0(k)+g_0v_0(k-\tau_1)-g_{1,2}v_2(k)-g_{1,2}v_2(k-\tau_2)\\s_1(k+1)=s_1(k)-w_1(k)\\s_2(k+1)=s_2(k)+g_{1,2}v_2(k)+g_{1,2}v_2(k-\tau_2)-w_2(k)\end{cases}$$

$$\begin{aligned}C(k)=&c_{n0}s_0(k)+c_{n1}s_1(k)+c_{n2}s_2(k)+c_{r0}g_0v_0(k)+c_{r0}g_0v_0(k-\tau_1)+\\&c_{o2}g_{1,2}v_2(k)+c_{o2}g_{1,2}v_2(k-\tau_2)\end{aligned}$$

$$R_4:\begin{cases}s_0(k+1)=s_0(k)\\s_1(k+1)=s_1(k)-w_1(k)\\s_2(k+1)=s_2(k)-w_2(k)\end{cases}$$

$$C(k)=c_{n0}s_0(k)+c_{n1}s_1(k)+c_{n2}s_2(k)$$

将上述供应链应急子模型转换成如下模糊模型：

R_i ：If $s_1(k)$ is M_1^i and $s_2(k)$ is M_2^i， then

$$\begin{cases}\boldsymbol{I}(k+1)=\sum_{i=1}^{4}h_i\left[\boldsymbol{S}_i\boldsymbol{I}(k)+\boldsymbol{R}_i\boldsymbol{O}(k)+\sum_{e=1}^{2}\boldsymbol{R}_{ie}\boldsymbol{O}(k-\tau_e)+\boldsymbol{R}_{wi}\boldsymbol{W}(k)\right]\\\boldsymbol{C}(k)=\sum_{i=1}^{4}h_i\left[\boldsymbol{T}_i\boldsymbol{I}(k)+\boldsymbol{H}_i\boldsymbol{O}(k)+\sum_{e=1}^{2}\boldsymbol{H}_{ie}\boldsymbol{O}(k-\tau_e)\right]\end{cases}$$

对上述模糊模型设计如下库存反馈控制器：

K^i ：If $s_1(k)$ is M_1^i and $s_2(k)$ is M_2^i， then

$$\begin{cases}\boldsymbol{O}(k)=-\sum_{i=1}^{4}h_i\boldsymbol{K}_{i1}\boldsymbol{I}(k)\\\boldsymbol{O}(k-\tau_1)=-\sum_{i=1}^{4}h_i\boldsymbol{K}_{i11}\boldsymbol{I}(k-\tau_1)\\\boldsymbol{O}(k-\tau_2)=-\sum_{i=1}^{4}h_i\boldsymbol{K}_{i21}\boldsymbol{I}(k-\tau_2)\end{cases}$$

依据该供应链实际运作情况，设定如下参数：$c_{n0}=0.4$，$c_{n1}=0.8$，$c_{n2}=0.6$，$c_{r0}=1.5$，$c_{o1}=4.7$，$c_{o2}=3.5$，$c_{21}=0.6$（$\times10^4$ 元/吨），$\boldsymbol{S}_i=\begin{bmatrix}1&0&0\\0&1&0\\0&0&1\end{bmatrix}$（$i=1$，2，3，4），$\boldsymbol{R}_1=\begin{bmatrix}1&0&-1\\0&1&0\\0&0&1\end{bmatrix}$，$\boldsymbol{R}_2=\begin{bmatrix}1&0&-1\\0&1&0\\0&-0.5&1\end{bmatrix}$，$\boldsymbol{R}_3=\begin{bmatrix}1&0&-1\\0&0&0\\0&0&1\end{bmatrix}$，$\boldsymbol{R}_4=\begin{bmatrix}0&0&0\\0&0&0\\0&0&0\end{bmatrix}$，$\boldsymbol{R}_{11}=\boldsymbol{R}_{21}=\boldsymbol{R}_{31}=\begin{bmatrix}1&0&0\\0&0&0\\0&0&0\end{bmatrix}$，$\boldsymbol{B}_{41}=\begin{bmatrix}0&0&0\\0&0&0\\0&0&0\end{bmatrix}$，$\boldsymbol{B}_{12}=\boldsymbol{B}_{22}=\boldsymbol{B}_{32}=$

$\begin{bmatrix} 0 & 0 & -1 \\ 0 & 0 & 0 \\ 0 & 0 & 1 \end{bmatrix}$，$\boldsymbol{B}_{42}=\begin{bmatrix} 0 & 0 & 0 \\ 0 & 0 & 0 \\ 0 & 0 & 0 \end{bmatrix}$，$\boldsymbol{B}_{wi}=\begin{bmatrix} 0 & 0 & 0 \\ 0 & -1 & 0 \\ 0 & 0 & -1 \end{bmatrix}$，$\boldsymbol{C}_i=[c_{h1},\ c_{n1},\ c_{n2}]$，$\boldsymbol{D}_1=[c_{r1},\ 1\times c_{o1},\ 1\times c_{o2}]$，$\boldsymbol{D}_2=[c_{r1},\ 0.5\times c_{o1}+0.5\times c_{21},\ 1\times c_{o2}]$，$\boldsymbol{D}_3=[c_{r1},\ 0,\ 1\times c_{o2}]$，$\boldsymbol{D}_4=\boldsymbol{0}$，$\boldsymbol{D}_{11}=\boldsymbol{D}_{21}=\boldsymbol{D}_{31}=[1.5,\ 0,\ 0]$，$\boldsymbol{D}_{41}=[0,\ 0,\ 0]$，$\boldsymbol{D}_{12}=\boldsymbol{D}_{22}=\boldsymbol{D}_{32}=[0,\ 0,\ 1\times c_{o2}]$，$\boldsymbol{D}_{42}=[0,\ 0,\ 0]$，$\gamma=1.1$。

通过 MATLAB 软件求解定理 5-3 中的式（5-28）和式（5-29），得到如下结果：

$$\boldsymbol{P}_1=\begin{bmatrix} 1.3366 & 0.2041 & 0.1728 \\ 0.2041 & 2.4922 & 0.2330 \\ 0.1728 & 0.2330 & 2.3576 \end{bmatrix},\ \boldsymbol{Q}_{11}=\boldsymbol{Q}_{21}=\begin{bmatrix} 0.0881 & -0.0018 & -0.0009 \\ -0.0018 & 0.0231 & -0.0296 \\ -0.0009 & -0.0296 & 0.0405 \end{bmatrix},$$

$$\boldsymbol{K}_{11}=\begin{bmatrix} 0.8603 & -0.7730 & 0.4412 \\ -0.0950 & 0.7676 & -0.3801 \\ -0.0833 & -0.4351 & 0.6666 \end{bmatrix},\ \boldsymbol{K}_{21}=\begin{bmatrix} 0.8169 & -0.4036 & 0.2677 \\ -0.0894 & 0.6970 & -0.3577 \\ -0.1285 & -0.0668 & 0.4860 \end{bmatrix},$$

$$\boldsymbol{K}_{31}=\begin{bmatrix} 0.7225 & 0.3336 & -0.1101 \\ -0.1196 & 0.9561 & -0.4786 \\ -0.1508 & 0.1062 & 0.3971 \end{bmatrix},\ \boldsymbol{K}_{41}=\begin{bmatrix} 1.4511 & 0.6246 & -0.1960 \\ -0.0516 & 0.4141 & -0.2062 \\ -0.2989 & 0.1945 & 0.8045 \end{bmatrix},$$

$\boldsymbol{K}_{111}=\boldsymbol{K}_{211}=\boldsymbol{K}_{311}=\boldsymbol{K}_{411}=0$，$\boldsymbol{K}_{121}=\boldsymbol{K}_{221}=\boldsymbol{K}_{321}=\boldsymbol{K}_{421}=0$。

设系统初始值为 $y_1(0)=25$，$x_1(0)=5$，$x_2(0)=15$（单位：$\times10^5$ 吨）；设系统标称值为 $\overleftarrow{y}_1(k)=140$，$\overleftarrow{x}_1(k)=120$，$\overleftarrow{x}_2(k)=110$，$\overleftarrow{v}_0(k)=200$，$\overleftarrow{v}_1(k)=110$，$\overleftarrow{v}_2(k)=90$（单位：$\times10^5$ 吨），设客户需求服从正态分布 $w_1(k)=w_2(k)\sim N(30,\ 0.85^2)$，且 $\tau_1=\tau_2=1$（单位：周）。应用鲁棒应急策略后的供应链系统的仿真结果如图 5-14 至图 5-16 所示。

由图 5-14 可知，本节设计的应急策略可以使突发事件造成提前期传递中断的分销商 1 在恢复正常之前持续采购以满足客户需求。由图 5-14 至图 5-16 可知，本节提出的模糊鲁棒控制策略可以使含提前期的供应链应急系统的控制变量、状态变量和应急总成本均在较小的范围内波动。因此，本节提出的由应急策略和模糊鲁棒控制策略组成的鲁棒应急策略可以使含提前期的供应链应急系统达到低成本鲁棒稳定。

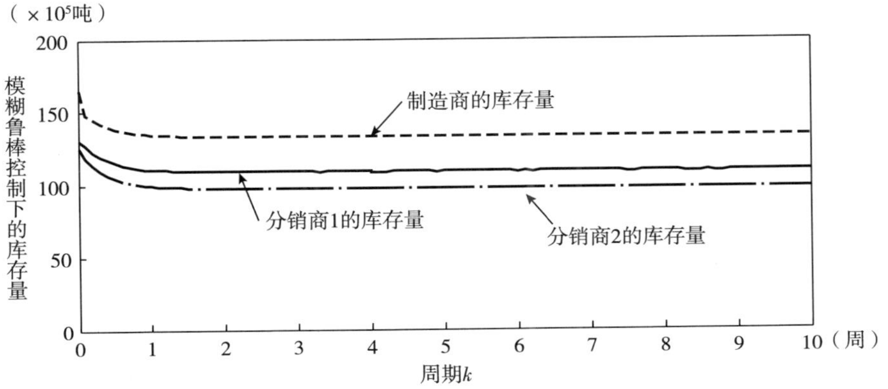

图 5-14 含提前期的供应链应急系统的状态变量演化过程

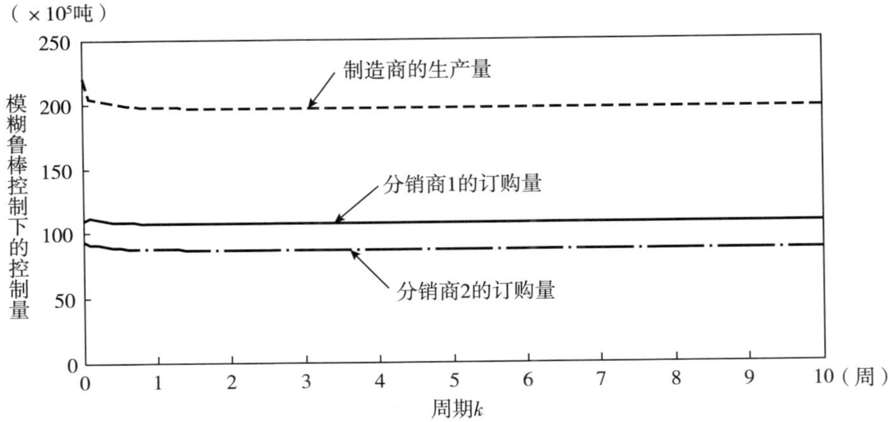

图 5-15 含提前期的供应链应急系统的控制变量演化过程

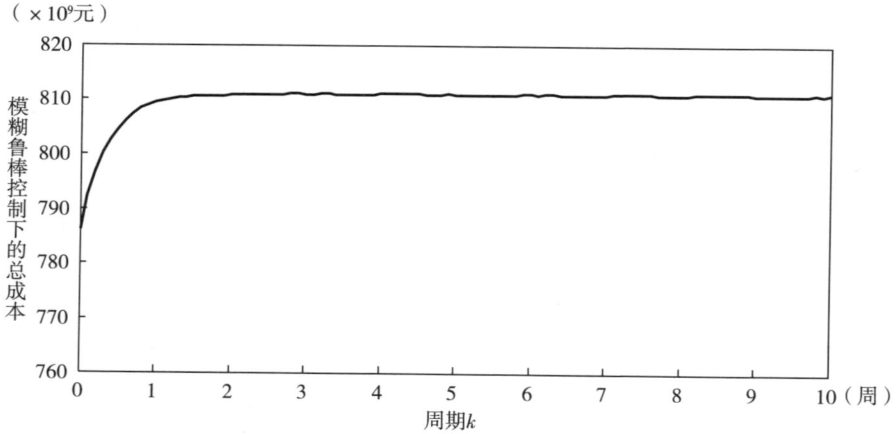

图 5-16　含提前期的供应链应急系统的总成本演化过程

结　论

在竞争日趋激烈与科学技术日新月异的背景下，企业间的竞争已经转向了基于时间的竞争和基于供应链间的竞争。企业为了提高自身的竞争力，一方面组建了供应链系统，另一方面在供应链系统中加强了提前期管理。而提前期由于受到供应链系统内外部诸多因素的影响，实际上是随时间变化的。时变的提前期增加了非线性供应链系统的复杂性，成为系统平稳运作的一个主要障碍。

本书对时变提前期进行了预防管理、控制管理以及应急管理，并提出了时变提前期的预防策略、可控时变提前期的控制策略以及不可控时变提前期的应急策略。本书的具体结论如下：

1. 提前期时变的预防策略

依据不同的分类方法，将提前期分为了不同的类别。其中，依据是否随时间变化，将提前期分为固定提前期和时变提前期，进一步地，将时变提前期分为随机提前期和突变提前期。并且，依据是否可控，将时变提前期分为可控时变提前期和不可控时变提前期。在对时变提前期进行分类的基础上，对形成提前期时变的 11 个因素进行了分析，并将这 11 个因素分为可控因素和不可控因素。基于灰色关联分析方法，通过对时变提前期关键形成因素进行识别，得出供应链系统结构、企业间信息互联程度、外部随机扰动因素是形成提前期时变的关键因素。针对上述三种关键因素，提出了提前期时变的预防策略。

2. 可控时变提前期下非线性供应链鲁棒控制策略

一方面，压缩可控时变提前期可以降低非线性供应链系统的成本和提高客户满意度，最终可以提高节点企业的竞争能力，但是压缩提前期一定会产生额外的压缩成本。另一方面，由于供应链系统所处的环境经常发生变化，由此导致了系统参数和客户需求均具有不确定性，这些不确定因素将严重影响供应链系统的持续平稳运行。针对上述问题，本书的主要结论有：

（1）为了降低系统成本，本书针对库存水平小于0的情况，通过比较时变提前期压缩成本与缺货成本的高低，提出了一种成本优化策略来优化非线性供应链系统的总成本。

（2）基于模糊控制系统，本书分别考虑时变提前期压缩、系统参数和客户需求均具有不确定性的情形，建立了三类非线性供应链模糊模型，并提出了相应的模糊鲁棒控制策略。

由仿真分析可知：一方面，相较于不采用成本优化策略，采用成本优化策略的非线性供应链系统的总成本可以降到更低，因此，在不同的库存水平下，在考虑压缩时变提前期的同时，也要比较时变提前期压缩成本与缺货成本的大小，这样才能实现非线性供应链系统总成本的最低；另一方面，提出的模糊鲁棒控制策略可以降低系统不确定参数、客户不确定需求和时变提前期对非线性供应链系统的影响，保证非线性供应链系统鲁棒稳定运行。

3. 不可控时变提前期下非线性供应链鲁棒应急策略

针对突发事件造成供应链中提前期传递中断的情况，本书考虑启用供应链备份制造商，在供应链应急系统中应用模糊鲁棒控制策略，使临近崩溃的供应链具有鲁棒稳定性，即低成本地恢复到正常运作的状态。针对上述问题，本书的主要结论有：

（1）考虑了供应链应急系统中存在一个备份制造商以及分销商之间可同级串货的应急方式，分析了提前期传递中断后分销商在不同库存水平下的应急策略，构建了一类基于提前期传递中断的供应链应急非线性动态模型，提出了基于提前期传递中断的供应链应急模糊鲁棒控制策略。仿真结果表明，提出的鲁棒应急策略可使受损的供应链能持续满足客户需求，并实现了供应链应急系统的鲁棒稳定性。

（2）针对供应链应急系统中的多种参数不确定，考虑供应链应急系统中分销商的缺货成本，设计了一类基于提前期传递中断的不确定供应链应急策略，提出了抑制不确定因素对非线性供应链应急系统运作带来扰动的模糊鲁棒控制策略。仿真结果表明，不确定因素给供应链应急系统造成的运作波动可在本书设计的鲁棒应急策略下得到抑制，而且还能使不确定供应链应急系统的总成本增长控制在合理的范围内。

（3）考虑部分分销商的提前期传递中断、部分分销商的正常订购提前期和战略同盟制造商的正常生产提前期、分销商的安全库存水平和期望库存水平，设计了含提前期的供应链应急策略，提出了抑制提前期对供应链应急系统运作带来扰动的模糊鲁棒控制策略。仿真结果表明，本书提出的鲁棒应急策略保证了提前期传递中断的供应链能够实现低成本鲁棒稳定运行。

研究不足与今后的研究方向：

（1）本书是以供应链成本最小化为研究目标，设计了相应的策略并假设系统节点企业可以缺货。而缺货将损害客户的利益，降低客户的满意度，可能会导致部分客户的流失。因此，后续的研究将在优化成本的同时兼顾客户的利益和满意度。

（2）本书实现了非线性供应链 Takagi–Sugeno 模糊应急模型中各子系统之间的柔性切换。今后可研究常态供应链系统与供应链应急系统之间的柔性切换，实现应急预案糅合在系统常规运作方案中的供应链管理。

参考文献

[1] Abginehchi S, Farahani R Z. Modeling and analysis for determining optimal suppliers under stochastic lead times [J]. Applied Mathematical Modelling, 2010, 34 (5): 1311-1328.

[2] Ben-Tal A, Do Chung B, Mandala S R, et al. Robust optimization for emergency logistics planning: Risk mitigation in humanitarian relief supply chains [J]. Transportation Research Part B: Methodological, 2011, 45 (8): 1177-1189.

[3] Bhatnagar R, Sohal A S. Supply chain competitiveness: Measuring the impact of location factors, uncertainty and manufacturing practices [J]. Technovation, 2005, 25 (5): 443-456.

[4] Chen K B, Yang L. Random yield and coordination mechanisms of a supply chain with emergency backup sourcing [J]. International Journal of Production Research, 2014, 52 (16): 4747-4767.

[5] Chern C C, Chen Y L, Kung L C. A heuristic relief transportation planning algorithm for emergency supply chain management [J]. International Journal of Computer Mathematics, 2010, 87 (7): 1638-1664.

[6] Clause J, Larse J, Larse A, et al. Disruption management-operations research between planning and execution [R]. Informatical and Mathematical Modelling, Technical University of Denmark, DTU, 2001.

[7] Das R, Hanaoka S. Relief inventory modelling with stochastic lead-time and demand [J]. European Journal of Operational Research, 2014, 235 (3): 616-623.

[8] Fleischmann M, Bloemhof-Ruwaard J M, Dekkor R, et al. Quantitative

models for reverse logistics: A review [J]. European Journal of Operational Research, 1997, 103 (1): 1-17.

[9] Hahn G J, Kuhn H. Value-based performance and risk management in supply chains: A robust optimization approach [J]. International Journal of Production Economics, 2012, 139 (1): 135-144.

[10] Hayya J C, Harrison T P, He X J. The impact of stochastic lead time reduction on inventory cost under order crossover [J]. European Journal of Operational Research, 2011, 211 (2): 274-281.

[11] Heydari J, Mahmoodi M, Taleizadeh A A. Lead time aggregation: A three-echelon supply chain model [J]. Transportation Research Part E: Logistics & Transportation Review, 2016, 89: 215-233.

[12] Hole D, Marsh J, Hudson M. Re-designing a complex, multi-customer supply chain [J]. Logistics Information Management, 1996, 9 (2): 31-35.

[13] Huang E, Goetschalckx M. Strategic robust supply chain design based on the Pareto-optimal tradeoff between efficiency and risk [J]. European Journal of Operational Research, 2014, 237 (2): 508-518.

[14] Huang X Y, Yan N N, Qiu R Z. Dynamic models of closed-loop supply chain and robust H_∞ control strategies [J]. International Journal of Production Research, 2009, 47 (9): 2279-2300.

[15] Jamshidi R, Ghomi S F, Karimi B. Flexible supply chain optimization with controllable lead time and shipping option [J]. Applied Soft Computing, 2015, 30: 26-35.

[16] Jha J K, Shanker K. Single-vendor multi-buyer integrated production-inventory model with controllable lead time and service level constraints [J]. Applied Mathematical Modelling, 2013, 37 (4): 1753-1767.

[17] Jian M, Fang X, Jin L Q, et al. The impact of lead time compression on demand forecasting risk and production cost: A newsvendor model [J]. Transportation Research Part E: Logistics and Transportation Review, 2015, 84 (6): 61-72.

[18] Kleindorfer P R, Saad G H. Managing disruption risks in supply chains [J]. Production and Operations Management Society, 2005, 14 (1): 53-68.

[19] Larsen E R, Morecroft J D, Thomsen J S. Complex behaviour in a production-distribution model [J]. European Journal of Operational Research, 1999, 119 (1): 61-74.

[20] Lee K, Lei L, Dong H. A solvable case of emergency supply chain scheduling problem with multi-stage lead times [J]. Journal of Supply Chain and Operations Management, 2013, 11 (2): 30-45.

[21] Leng M, Parlar M. Lead-time reduction in a two-level supply chain: Non-cooperative equilibria vs. coordination with a profit-sharing contract [J]. International Journal of Production Economics, 2009, 118 (2): 521-544.

[22] Li C, Liu S F. A robust optimization approach to reduce the bullwhip effect of supply chains with rendor order placement lead time delays in an uncertain environment [J]. Applied Mathematical Modelling, 2013, 37 (3): 707-718.

[23] Li X, Marlin T E. Robust supply chain performance via model predictive control [J]. Computers & Chemical Engineering, 2009, 33 (12): 2134-2143.

[24] Li Y, Xu X, Zhao X, et al. Supply chain coordination with controllable lead time and asymmetric information [J]. European Journal of Operational Research, 2012, 217 (1): 108-119.

[25] Lin H J. Investing in lead-time variability reduction in a collaborative vendor-buyer supply chain model with stochastic lead time [J]. Computers & Operations Research, 2016, 72: 43-49.

[26] Liu W H, Xu X C, Ren Z X, et al. An emergency order allocation model based on multi-provider in two-echelon logistics service supply chain [J]. Supply Chain Management, 2011, 16 (6): 391-400.

[27] Liu X D. Zhang Q L. Approaches to quadratic stability conditions and H_∞ control designs for T-S fuzzy systems [J]. IEEE Transactions on Fuzzy Systems, 2003, 11 (6): 830-839.

[28] Mahajan S, Venugopal V. Value of information sharing and lead time reduction in a supply chain with autocorrelated demand [J]. Technology Operation Management, 2011, 2 (1): 39-49.

[29] Mirzapour Al-e-hashem S M J, Malekly H, Aryanezhad M B. A multi-objective robust optimization model for multi-product multi-site aggregate production planning in a supply chain under uncertainty [J]. International Journal of Production Economics, 2011, 134 (1): 28-42.

[30] Mohammaddust F, Rezapour S, Farahani R Z, et al. Developing lean and responsive supply chains: A robust model for alternative risk mitigation strategies in supply chain designs [J]. International Journal of Production Economics, 2017, 183: 632-653.

[31] Nagatani T. Dynamical transition in random supply chain [J]. Physica A: Statistical Mechanics and its Applications, 2004, 335 (3-4): 661-670.

[32] Nasri F, Paknejad J, Affisco J F. An analysis of flexibility and quality improvement in a quality-adjusted EOQ model with finite-range stochastic lead-time [J]. Computers & Industrial Engineering, 2012, 63 (2): 418-427.

[33] Norouzi Nav H, Jahed Motlagh M R, Makui A. Robust controlling of chaotic behavior in supply chain networks [J]. Journal of the Operational Research Society, 2017, 68 (6): 711-724.

[34] Omrani H, Adabi F, Adabi N. Designing an efficient supply chain network with uncertain data: A robust optimization-data envelopment analysis approach [J]. Journal of the Operational Research Society, 2017, 68 (7): 816-828.

[35] Peidro D, Mula J, Poler R, et al. Quantitative models for supply chain planning under uncertainty: A review [J]. International Journal of Advanced Manufacturing Technology, 2009, 10 (43): 400-420.

[36] Perdikaki O, Kostamis D, Swaminathan J M. Timing of service investments for retailers under competition and demand uncertainty [J]. European Journal of Operational Research, 2016, 254 (1): 188-201.

[37] Pishvaee M S, Razmi J, Torabi S A. Robust possibilistic programming for socially responsible supply chain network design: A new approach [J]. Fuzzy Sets and Systems, 2012, 206 (1): 1-20.

[38] Ramezani M, Bashiri M, Tavakkoli-Moghaddam R. A robust design for a closed-loop supply chain network under an uncertain environment [J]. The International Journal of Advanced Manufacturing Technology, 2013, 66 (5-8): 825-843.

[39] Rodrigues L, Boukas E K. Piecewise-linear H_∞ controller synthesis with applications to inventory control of switched production systems [J]. Automatica, 2006, 42 (8): 1245-1254.

[40] Sajadieh M S, Akbari Jokar M R. An integrated vendor-buyer cooperative model under stochastic supply lead-time [J]. The International Journal of Advanced Manufacturing Technology, 2009, 41 (9-10): 1043-1050.

[41] Song D P. Optimal integrated ordering and production policy in a supply chain with stochastic lead-time, processing-time, and demand [J]. IEEE Transactions on Automatic Control, 2009, 54 (9): 2027-2041.

[42] Takagi T, Sugeno M. Fuzzy identification of systems and its applications to modeling and control [J]. IEEE Transaction on Systems, Man, and Cybernetics, 1985, 15 (1): 116-132.

[43] Tanaka K, Sugeno M. Stability analysis and design of fuzzy control systems [J]. Fuzzy Sets and Systems, 1992, 45 (2): 135-156.

[44] Taskin S, Lodree Jr E J. A Bayesian decision model with hurricane forecast updates for emergency supplies inventory management [J]. Journal of the Operational Research Society, 2011, 62 (6): 1098-1108.

[45] Uthayakumar R, Rameswari M. Supply chain model with variable lead time under credit policy [J]. The International Journal of Advanced Manufacturing Technology, 2013, 64 (1-4): 389-397.

[46] Wang X, Disney S M. Mitigating variance amplification under stochastic lead-time: The proportional control approach [J]. European Journal of Operational

Research, 2017, 256 (1): 151-162.

[47] Wei Y C, Wang H W, Qi C. On the stability and bullwhip effect of a production and inventory control system [J]. International Journal of Production Research, 2013, 51 (1): 154-171.

[48] Xie L. Output feedback H_∞ control of systems with parameter uncertainty [J]. International Journal of Control, 1996, 63 (4): 741-750.

[49] Yang M F, Lo M C. Considering single-vendor and multiple-buyers integrated supply chain inventory model with lead time reduction [J]. Proceedings of the Institution of Mechanical Engineers, Part B: Journal of Engineering Manufacture, 2011, 225 (5): 747-759.

[50] Zhang D H, Sheng Z H, Du J G, et al. A study of emergency management of supply chain under supply disruption [J]. Neural Computing and Applications, 2014, 24 (1): 13-20.

[51] Zheng Y J, Ling H F. Emergency transportation planning in disaster relief supply chain management: A cooperative fuzzy optimization approach [J]. Soft Computing, 2013, 17 (7): 1301-1314.

[52] Zipkin P H. Foundations of inventory management [M]. New York: McGraw-Hill, 2000.

[53] 柴跃廷，刘义．敏捷供需链管理［M］．北京：清华大学出版社，2001.

[54] 陈震，吴严亮，赵秋红．可变提前期下采购商独立订货及联合订货研究［J］．工业工程与管理，2015，20（4）：61-67.

[55] 丛建春，杨玉中．随机提前期条件下的多级库存系统优化［J］．统计与决策，2010（3）：65-68.

[56] 崔玉泉，张宪．非对称信息下供应链应急管理和信息价值研究［J］．中国管理科学，2016，24（4）：83-93.

[57] 丁胡送，徐晓燕．收益共享协调机制下两阶段供应链提前期压缩的博弈分析［J］．系统管理学报，2009，18（5）：544-550.

［58］杜少甫，梁樑，董骏峰，等．考虑随机且可控提前期的时基补货发货策略［J］．管理科学学报，2009，12（6）：34-44.

［59］方新，蹇明，靳留乾，等．考虑提前期压缩的 Newsvendor 型产品供应链契约协调模型［J］．管理工程学报，2017，31（3）：174-182.

［60］傅克俊，胡祥培，王旭坪．供应链系统中的应急策略与模型［J］．中国软科学，2007（5）：119-124.

［61］葛汝刚，黄小原．具有外包选择的闭环供应链切换模型及其鲁棒控制［J］．计算机集成制造系统，2009，15（10）：2012-2016.

［62］桂华明．考虑可控提前期和缺货损失的供应链费用分担策略研究［J］．管理评论，2014，26（1）：168-176.

［63］黄小原，晏妮娜．供应链鲁棒性问题的研究进展［J］．管理学报，2007，4（4）：521-528.

［64］黎继子，马士华，李柏勋，等．集群式供应链跨链库存应急互补的仿真和优化［J］．系统工程与电子技术，2009，31（5）：1117-1123.

［65］李明，戴更新，韩广华，等．二级供应链中提前期压缩的价格协调机制［J］．运筹与管理，2008，17（2）：87-92.

［66］李群霞，马风才，张群．供应链提前期供需联合优化库存模型研究［J］．中国管理科学，2015，23（4）：117-122.

［67］李怡娜，徐学军．信息不对称条件下可控提前期供应链协调机制研究［J］．管理工程学报，2011，25（3）：194-199.

［68］刘春玲，黎继子，孙祥龙，等．基于 Robust 优化的多链库存系统动态切换模型及仿真［J］．系统仿真学报，2012，24（7）：1465-1469+1473.

［69］刘春玲，孙林夫，黎继子．多级集群式供应链跨链库存合作及鲁棒优化算法［J］．控制理论与应用，2009，26（9）：1046-1050.

［70］刘浪，史文强，冯良清．多因素扰动情景下应急数量弹性契约的供应链协调［J］．中国管理科学，2016，24（7）：163-176.

［71］刘永胜．供应链管理中协调问题研究［D］．天津：天津大学博士学位论文，2003.

［72］卢戈梅．提前期要素分析与可控提前期的供应链优化研究［D］．上海：上海海事大学硕士学位论文，2007.

［73］吕芹，霍佳震．基于提前期压缩的供应链博弈模型［J］．系统管理学报，2009，18（6）：625-630.

［74］马雪松，陈荣秋．基于公平关切和服务合作价值的服务供应链应急协调策略［J］．控制与决策，2017，32（6）：1047-1056.

［75］梅晚霞，马士华．（Q，r）库存中的提前期压缩问题研究［J］．中国管理科学，2007，15（6）：73-77.

［76］邱晗光，张旭梅，但斌，等．可控提前期下复杂部分短缺量拖后的库存模型［J］．系统工程学报，2010，25（5）：689-695+711.

［77］邱若臻，黄小原．基于最小最大后悔值准则的供应链鲁棒协调模型［J］．系统管理学报，2011，20（3）：296-302.

［78］邱若臻．供应链鲁棒优化与控制策略［M］．北京：科学出版社，2012.

［79］宋华明，马士华．二阶段供应链中提前期压缩的影响与协调［J］．管理科学学报，2007，10（1）：46-53.

［80］苏菊宁，刘晨光，陈菊红．提前期压缩对预测精度时变供应链的影响及其协调［J］．系统管理学报，2013，22（6）：814-822.

［81］苏菊宁，杨变红，陈菊红．具有时变参数的短生命周期产品供应链协调［J］．工业工程与管理，2011，2（8）：91-95+125.

［82］孙磊，朱琼，张洁．随机提前期下考虑动态紧急订货的库存模型［J］．上海交通大学学报，2010，44（3）：317-321.

［83］唐亮，靖可．H_∞鲁棒控制下动态供应链系统牛鞭效应优化［J］．系统工程理论与实践，2012，32（1）：155-163.

［84］田俊峰，杨梅，岳劲峰．具有遗憾值约束的鲁棒供应链网络设计模型研究［J］．管理工程学报，2012，26（1）：48-55.

［85］汪传旭，许长延．两级供应链中短生命周期产品应急转运策略［J］．管理科学学报，2015，18（9）：61-71.

[86] 王立新．自适应模糊系统与控制：设计与稳定性分析 [M]．北京：国防工业出版社，1995.

[87] 王圣东，周永务．考虑提前期压缩的 Newsvendor 型产品供应链协调模型 [J]．控制与决策，2010，25（9）：1292-1296.

[88] 吴忠和，陈宏，赵千，等．时间约束下鲜活农产品供应链应急协调契约 [J]．系统管理学报，2014，23（1）：49-56+61.

[89] 吴忠和，陈宏，赵千，等．需求和零售商购买成本同时扰动的供应链应急协调 [J]．中国管理科学，2012，20（6）：110-117.

[90] 修智宏，张运杰，任光．输入采用标准模糊分划的模糊控制系统性质及稳定性分析 [J]．模糊系统与数学，2004（4）：99-106.

[91] 徐君群．动态供应链网络的 H_∞ 控制 [J]．管理科学学报，2012，15（9）：58-63.

[92] 徐贤浩，蔡成元，沈古文．基于可控提前期和延迟供货的短生命周期产品库存模型 [J]．中国管理科学，2010，18（2）：42-47.

[93] 闫妍，刘晓，庄新田．基于节点失效的弹性供应链应急管理策略 [J]．控制与决策，2010，25（1）：25-30.

[94] 杨飞雪，胡劲松．模糊随机提前期的连续盘点存储策略研究 [J]．计算机集成制造系统，2009，15（3）：566-575.

[95] 姚珣，唐小我，潘景铭．关于供应链应急事件的发生机理研究 [J]．管理工程学报，2010，24（2）：36-39.

[96] 姚珣，唐小我，潘景铭．基于新消费者行为理论的供应链应急预案研究 [J]．管理工程学报，2011，25（2）：8-13.

[97] 于辉，邓亮，孙彩虹．供应链应急援助的 CVaR 模型 [J]．管理科学学报，2011，14（6）：68-75.

[98] 于丽萍，黄小原，徐家旺．资本成本不确定的供应链的多目标运作鲁棒模型 [J]．管理工程学报，2010，24（3）：98-102.

[99] 余大勇，骆建文．基于提前期压缩的最优采购策略 [J]．系统工程理论与实践，2011，31（9）：1652-1660.

［100］俞立．鲁棒控制：线性矩阵不等式处理方法［M］．北京：清华大学出版社，2002.

［101］曾顺秋，骆建文，钱佳．可控提前期下基于交易信用契约的供应链协调模型［J］．管理工程学报，2014，28（2）：93-99.

［102］张宝琳，刘丽萍，魏丽．基于组合预测的供应链系统建模及其鲁棒状态反馈镇定［J］．控制与决策，2017，32（4）：695-702.

［103］张松．树形供应链中断风险应急模型研究［J］．运筹与管理，2011，20（1）：186-191.

［104］张雪峰，刘秀英，刘海霞．双渠道闭环供应链动态模型及其鲁棒 H_∞ 控制［J］．东北大学学报（自然科学版），2011，32（11）：1542-1545.

［105］赵林度．供应链与物流管理［M］．北京：机械工业出版社，2003.

［106］赵晓宇，贾涛，徐渝．条件延期付款下一体化可控提前期模型研究［J］．运筹与管理，2011，20（5）：86-93.

［107］赵志刚，李向阳．基于约束满意的供应链应急制造采购策略研究［J］．管理工程学报，2008，22（2）：36-40.

［108］周欣，霍佳震．基于循环取货的多产品供应链提前期波动压缩模型［J］．系统管理学报，2015，24（2）：289-295.

［109］周欣，霍佳震．循环取货下基于随机提前期波动压缩的库存优化模型［J］．系统工程理论与实践，2012，32（4）：760-768.

［110］朱传波，季建华，陈祥国．突发性需求下的供应链能力决策及应急协调机制［J］．计算机集成制造系统，2011，17（5）：1071-1077.

［111］朱雷，黎建强，汪明．不确定条件下应急管理人力供应链多功能资源配置鲁棒优化问题［J］．系统工程理论与实践，2015，35（3）：736-742.

［112］朱晓迪，刘家国，王梦凡．基于可拓的供应链突发事件应急协调策略研究［J］．软科学，2011，25（2）：72-75+93.

［113］朱云龙，徐家旺，黄小原，等．逆向物流流量不确定闭环供应链鲁棒运作策略设计［J］．控制与决策，2009，24（5）：711-716.

附　录

提前期时变关键因素调查问卷

尊敬的供应链相关工作人员：

您好！为了给企业管理决策者在供应链提前期的管理方面提出合理的建议，我们拟分析影响提前期时变的关键因素，特邀您参加本次问卷调查。您宝贵的意见和建议将是我们的重要参考资料。我们将对您的答案予以保密，非常感谢！

请对如下评价表中的11个因素打分，10分表示该因素对提前期时变的影响作用最大，1分表示该因素对提前期时变的影响作用最小。

附表-1　评价表

序号	时变提前期的形成因素	得分
1	采购批量的变动	
2	配送条件	
3	供应链成员间的供需关系	
4	资金状况	
5	供应链系统结构	
6	企业间信息互联程度	
7	供应商能力	
8	生产方式的转变	

续表

序号	时变提前期的形成因素	得分
9	价格变动	
10	产品生命周期的变化	
11	外部随机扰动因素	

非常感谢您的参与！